三元地理陽宅方位學
室內佈局

彭聖元　著

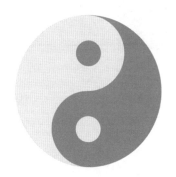

博客思出版社

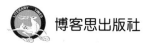

楊公先師神像

楊公先師九牛破土金鋼訣

拜請天上三奇日月星，通天透地鬼神驚諸神咸見低頭拜，惡煞逢之走不停，天靈靈、地靈靈，六丁六甲聽吾令，金童玉女首領天兵，何神不伏何鬼不驚，欽吾符令，掃除妖精，時到奉行，吾奉九天玄女急急如律令（三稱），雨字蓋下雨二字斤用神，車子當中坐，耳字顯威靈，退煞。

作者　道熙

彭聖元

民國二十九年生

台灣省新竹縣

目前任職：

聖元堂三元地理擇日館長

著作：

三元地理陽宅方位學室內佈局

服務項目：

陽宅室內佈局

陽宅方位學傳授

公司行號佈局

三元擇日（補財庫、富貴吉課）

排解疑難雜症

專門替眾（轉運盤）防止癌細胞入侵

服務處：

地址：新北市板橋區自由路 51 巷一號四樓

電話：(02)22570506

行動：0905603181

郵撥帳號：50401973　戶名：彭聖元

自序

余在民國七十年春開始學堪輿學的風水地理，起初有關陰陽宅的書籍買了一大堆，每本書都寫祖傳真訣，都說是楊公留下來的祕笈，真假難分，後來才買到一本曾子南老師出版的陽宅與人生，看了之後余對於三元地理陽宅學產生莫大的興趣，便收集有關陽宅學的書籍，陽宅學的書只有曾子南出版的最多參考資料，市面上所能買到的三合家用的陽宅三要，台灣的地理門都用陽宅三要替人家佈局，起初還不知陽宅三要的偽訣，也研究了許久，自從學到三元的玄空大卦之後，才認知三合家用的陽宅三要是偽訣，用之會害人，台灣的地師們十之八九都用陽宅三要看陽宅，什麼天文學的玄空大卦一竅不通，古代的明師真訣只傳子，傳孫絕不外傳，後來便失傳了。想學也找不到「明師」來拜師學藝，有教學的老師都是三合家的工夫而已，三合家只學會陰宅風水，尋龍點穴。

做風水的工夫確實很不錯，造就台灣許多大企業家。學會三元陽宅學的大師並不多，在電視上看到的大師們都把陰宅的工夫來斷陽宅。都偏重外局的看法，確不知陽宅內局一樣重要。

陽宅內局以方位的磁場為主，有方位便有運，為後天的運，後天的運是天運在掌管的，算風水輪流轉，九星怎麼轉便知其詳。陰陽宅的興衰都是天運在左右，一般的三合家未學到天文學的玄空學，是不知道陰陽宅是天運在管局。

上有天文，下才有地理，為天文地理，學會者才能真正了解其中的妙理。

古代的人會觀天星，狀元不出門能知天下事。一流先生觀星目斗，二流先生斷水口，三流先生滿山跑之傳說，可惜觀天星的工夫已失傳了。不過現代的世人也可用算方法來算「天心」知道過去也可欲知未來，例如：歷年來全世界所發生的重大事故算九星支流年、流月、流日也列知一二，知道過去也可欲知未來，風水輪流轉，三年一輪，好壞照輪，用三元九星一四七、二五八、三六九，三般卦入中宮便知曉。三合家用天干地支是無法算出來。

陽宅學是論方位，有了方位便可論流年的運勢。陽宅所重是住家的大門為一家之口的磁場，及晚上睡覺的床位，三餐煮飯的灶爐，會直接影響人們的健康及事業，大門有大門的運勢，床位有床運，灶爐位也有灶運，最重要是每個人晚上睡覺的床位，在那裡時間最長，影響每個人的後天運勢甚鉅。人們會發生重大傷害，如：車關、得癌症、患官符之事，都是陽宅方位患煞所致，算風水輪流轉知流年便可查一清二礎。

余所學的三元地裡陽宅方位學，移星換位法門是自創的，也是上天之安排恩賜的。本人家裡自學三元地理就恭奉 楊公先師之神尊，每天早晚誠心恭奉，能學成三元地理陽宅方位學也是楊公先師所賜。

民國七十八年學成方位學之後，第一次幫人家鑑定陽宅，因主人的長子得了血癌之症已經末期，必須找出那一卦出了毛病，屈指一算天運之流年，是東北卦氣受煞之故，小孩子才會得血癌之症，老天爺刻意安排遇到空亡線是癸山與丑山的中間線為空亡線，量了又量，不知如何定位，在深思之後，算天運流年便可論座向，因為是主人陽宅左後方艮卦灶爐位出毛病，若用丑山未向論斷左後角是震卦，震卦的卦象不會得血癌之症，若用癸山丁向論斷，左後方角為東北卦，卦氣患煞才會影響小孩血癌之症，後來用客廳的左邊牆格方向為癸山丁向才是正確的定位法。

一般的老師都在客廳中心點下羅盤是會有誤差，由其都市高樓大廈更難定坐向，因有鋼鐵會干擾羅盤的精準度，十個老師斷法及看法都不同，不知誰說的才是對的，改了又改，還是沒把事情解決，導致人們越來越不信風水地理了。造成現代社會亂象。

余替眾造福時，本着救人的精神，看後必筆記，追蹤到底成功與否，作為研究參考，精益求精，真訣可救人，偽訣會害人，不得不慎重。

余有三十幾年累積經驗及心得，將著作一本陽宅方位學室內佈局圖。將公諸於世，希望今後對有興趣天文地理陽宅方位學者。都能學會陽宅方位學，自己可自行調整居家的磁場，能順天而行，避凶趨吉，對社會亂象有所幫助。

但願天下早日太平。是余最大的願望。

中華民國一〇六年九月

台灣彭聖元於板橋

地址：新北市板橋區自由路五十一巷

電話：〇九〇五 六〇三 一八一

目錄

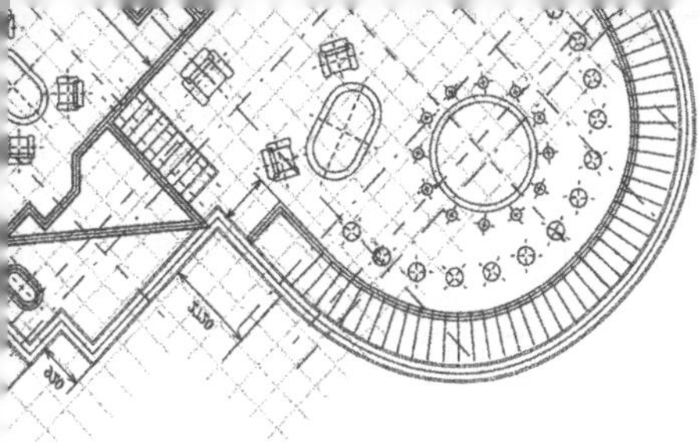

如何看陽宅定方向：

都市的房屋，高樓大廈居多，很難定方向，大樓的房子鋼筋很大會干擾羅盤的精準度，會無法定位。要如何處理？應先在樓下空曠之地測量一下參考，也可以用衛星定位、查看。一般的地理師們大都是在人家的客廳中央下羅盤或者在進大客廳的大門下羅盤，大樓的前後都分不清楚，如何定方向，正確的量法是在客廳中心點量一下，左青龍方牆面格一下，右方的虎方格一下，有二個同樣的便可下定位較精準。誤差較小，還是如何看房子的前後。一般的公寓前面有馬路、巷弄，有前陽台較好看，若遇到大棟的高樓，便很難分前後了。因有前、後棟，左、右棟，應以門牌號為前面，萬丈高樓從地起，以一樓的方向為主，一樓什麼方向，樓層再高也是跟同樣的方向才對。有一次在電視上看到主持人打電話，請教台大地理教授有關風水問題時，他答：都市的大樓無法論方向，真是好笑極了，不知如何看陽宅。看陽宅最怕的是遇到空亡線，例：癸山與丑山中間，不知以癸山論，還有丑山論斷，癸山為座北向南，丑山為座東北向西南，這就要經驗了。余學成方位學之後，第一次幫人家鑑定陽宅時，便遇空亡線的問題。民國七十八年去台北莊敬路有位陳先生他兒子癸亥生，現年才七歲得了血癌之症已末期，聘請本人去鑑定居家風水，打開羅盤一量，切是空亡線，不知如何來測量定位，量之又量，左青龍方量是癸山丁向，右虎方量為丑山未向，在這種情況下，要用其他方法來測量，陳先生兒子會得血癌症是左青龍的後角灶爐位出毛病，若以丑山未向論斷左後角是東方震卦，震卦不會得血癌之症癸山丁向，左後角為東北方艮卦，因在天運七運時艮卦，艮卦為一五九，是受到五黃煞星照臨所致，而天盤一白屬水得血癌無疑，這就是本人所得到最寶貴的經驗，所以遇到空亡線時一定要從左方牆面量是最正確的量法無誤。

命與運：

一、命運有先天八字命與後天運，各得其所。八字命是每個人生下來註定的命，算再多還是那個命，但是後天的運，隨時可以轉，差別在此，後天運可以用陽宅方位學來「轉運盤」。古人云：山不轉，路轉，路不轉，人轉的道理。轉過「運盤」的人，算命師是無法算出來的。

二、本人也學過四柱八字、紫微斗數、梅花易術的六親卦，只學一半這不想學了，為什麼？因為學算命只知道運不好而無法替人解決問題，學到只能作參考而已，還是專精研習天文學的陽宅方位學較為實用。方位學的移星換位法，可以替人排解疑難雜症，而且還可以救人之用。可惜啊！可惜，現代的命理師沒學到天文學，只知其一，不知其二。

三、用方位學「轉運盤」後命理師算不到實例：

本人有位同事住板橋仁愛新村，黃先生育有兩男一女，買新家，住進去沒多久，夫妻失和鬧離婚，正想辦理離婚手續之際，本人去到他家，查看他家風水，發現夫妻床位安錯方位，安在在五黃煞星干擾的方位，難怪夫妻會失和，他告訴我，夫妻一開口便意見不合吵架，順便告訴大家吧！夫妻會離婚，百分之百是床位安錯地方，受到煞星干擾所致，只要把床位用移星換位法，換在有一卦純清，不受煞星干擾的方位來安床，便可化解夫妻失和，不再吵架，感情會完好如初。

經過三個多月後，本人事後追蹤，專程去拜訪，黃先生，他告訴我夫妻感情很好，不會再吵架了，小孩讀書已名列前茅，在前五名左右。而且還告訴我前幾天有去知名的算命師算命，老師斷言：說黃先生夫妻八字不合，會走離婚之路，還說他兩男一女都不會讀書，結果命理大師什麼都沒算到，然後我才告訴他，是「轉過運盤」的人，命理師會算不到之故，後來才明白如此。

余也一樣遇到命理師算不到的事情，本人有兩位客戶告訴我說：他也去命理大師算命，老師斷言：在某月、某日、某時會患車關，結果到時什麼都沒發生，聽說他斷別人車關很準。為什麼我的顧客會斷不準呢！因為轉過運盤的人可化解車關、小人、官符之故。

楊公咒語印證：

三元地理陽宅風水方位學的移星換位法門，是救人救世之玄學，為「玄空學」，先賢　楊公先師有段咒語：說「玄空大卦，大神奇，救人救世大救星」之銘言可證明玄空學確實可以救人之用。玄空學的移星換位法，也可以防止癌細胞入侵人體，達到預防的效果。易經八卦九星的流年便可精準的算出來，人們什麼時候，會得了什麼病，可以知道那個方位會出什麼毛病，便可移星換位來替代病人「轉運盤」達到治病的效果。天上的九大行星跟著地球運轉，為「天運」，天運掌管整個宇宙的人、事、物。九星的巨門與五黃廉貞星兩個凶星，凶悍無比，流年所到之處會破壞地球的一切，包括人、事、物，也會釋出無形的毒素破壞人體的組織細胞，「人」久而久之便會生重病，如癌症之重病，得了重病之人，可以用方位學的移星換位，替病人「轉運盤」，死馬當活馬醫，還有一線生機，有七成以上存活機率，屢試屢驗，救人不計其數。

應驗了楊公先賢所說的救人救世大救星之銘言。

台灣的風水師及命理師，為什麼有共同的盲點？人人都知道上有天文，下有地理，在電視上所看的的風水師們，都把學陰宅的功夫拿來看陽宅，陰陽不分，陰宅有陰宅的看法，陰宅重看山水看外局，而陽宅是重看內局、外局固然重要，但內局方位的佈局更加重要，有了方位便有方位的磁場，看內局方位的磁場可查出住的人興衰，算風水輪流轉之「天運」便知其詳，陽宅內局也可看出人的五臟六腑之毛病，人會生病在陽宅方位學裏可看出一清二楚，看外局是查不出來的，陽宅的方位是天上的九大行星管局的，為後天運勢，沒學會天文學的大師們是不懂的。

天有天運，地有地運，人有人運，天、地、人，息息相關，相互配合，才能完整算出人的命與運，所以說風水師的盲點這在此，那命理師更不用談，什麼叫天文一竅不通，幫人家算命只能到一半而已，盲點更多。

一、台灣的風水師十之八九都學三合的，都學成一般的基本常識而已，經驗再多、再老，也是國小畢業而已，無法上大學，同等的道理，難怪現在的社會越來越亂，社會亂象越來多，不知道如何順天而行，走逆天之路而不自知，而且自我感覺良好，可惜啊！可惜！

二、古代的「明師」會「觀天星」，便能上知天文，下知地理，狀元不出門能知天下事，知道過去及未來，可惜觀天星的工夫失傳了，不過現代的人可用算天星，算出天上的九大行星如何運轉，風水如何輪流轉，算九星「流年」「天運」也可知一二，而且還可以實用在日常生活的陽宅方位學裡，可避凶趨吉，人們時運不濟之時可用陽宅方位學的移星換之法來「轉運盤」，便可順天而行，得到吉星照應。古人言；山不轉，路轉。路不轉，人轉的道理在此。退一步海闊天空，何樂而不為。

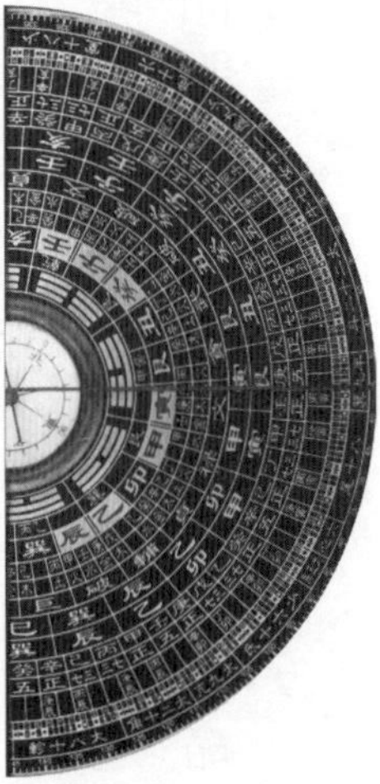

考不上大學實例：

民國八十九年新北市中和區有彭太太的兒子，考了三次大學都未上榜，參加第四考大學時，他兒子跟媽媽講：這次又考不上大學要跳海自殺無面見人，他母親聽說非常緊張，聽說本人會看陽宅，聘請本人為他查看，查看結果，發現兒子床位安錯方位。

煞氣很重的方位，床位安錯地方會影響考運，難怪怎麼考也考不上大學，知其原因之後立刻用方位學的移星換位把原來的床位，移到有文昌星高照及加持的地方，安床保證考運會很好，說也奇怪，床位換方位後三個多月的時間盡順利考上理想大學，彭太太高興不得了，到底是時也、命也、運也。

兩目一瞥可以扭轉乾坤，轉敗為勝之例：

民國八十五年住新北市板橋區重慶路有位涂太太，他的長男六十五年次，上初中時交了壞朋友，每天上學時跟著不良少年到處遊蕩，不上學讀書。涂太太為了兒子，放下工作為了孩子而煩惱，兒子跑到那裡就找到那裡，有學校讀到沒學校好讀，每個學校都不敢收留，涂太太有空之時，到處去求神卜卦，問不出她兒子變壞孩子的原因，去算命說他兒子沒有讀書的命，問神說：前世因果，始終找不到答案。涂太太平時做人很實在，為什麼會出一個逆子，在無奈之情況下，經友人介紹聘請本人為她鑑定住家風水，檢查結果是他兒子床位安錯方位所致，太太住家是坐北向南，在天運七運時，床安在東北方的艮位「卦氣」有一九五，有向盤的五黃煞星照臨，難怪涂太太的孩子變不良少年。奉勸各位大德南北向的房屋在天運七運、八運、九運小孩的床位絕不要設在東北方的艮位，會毀掉孩子的一生前途。原因找到，之後立刻擇日三元吉課為他移星換位「轉運盤」移到有文昌星高照的方位安床，南北向的房子在西方的兌卦有九、一、四同宮在那裡安床，會得到文昌文曲星加持，小孩子睡在那裡一定很快想讀書。修改方位之後，還跟涂太太保證在一個月後，小孩會自動想讀書。涂太太半信半疑不敢相信。本人事後追蹤兩個星期過後，打電話問涂太太兒子情形，她答：完全沒動靜，等四個星期二十八天再打電話問涂太太兒子情形時，涂太太高興不得了，說她兒子想要補習參加聯考，離聯考還有三個月，本人還特別叮嚀只要孩子想讀書，不管多少錢，要讓他去補習，就是好的開始。由此可見小孩的床位非常重要，不好的床位會毀掉小孩的一生的前途，安床時要非常慎重，不可馬虎，涂太太兒子補習三個月後還順利考上淡江職校，這又到底是「時也」「命也」「運也」。

大門是嘴巴，適當住興發：

一、住家每戶都有進客廳的大門，大門是嘴巴，也是氣口，一家之口，是吸納宅前之靈氣，供給宅內各部使用，提供充足的營養，會影響人們的健康、福壽、生子蔭發富貴，所以大門的地位是很重要的，好的大門可以納吉利的靈氣，如果大門開在有煞氣的方位，會吸納不吉的死氣，住的人會很不平安，事業也會失敗，所以購買房子時要慎重，不可馬虎。

二、一般三合家都喜歡把大門設在龍邊，位左青龍，右白虎，白虎方開門不吉，把學陰宅拿來看陽宅。三元地理以玄空大卦的旺衰來開大門，陽宅開大門應取向星的旺氣方，開大門最佳的選擇，前面若有沒有旺氣方時也可找一卦純清之卦位來開大門。

三、一般公寓店面公司行號，大門開在中間是最佳的開法。大門最忌開在煞氣方，住者會很不平安，流年煞氣到時事業會失敗，也會受到重傷害，不可馬虎。

四、風水會輪流轉，開大門不是永生不變的，要順天而行，要順着天運走，才可避凶趨吉，才能住者平安。

五、天運七運酉山卯向，坐旺向旺是財丁兩旺的格局，住在這裡的人不管是公司行號或住家一定很賺錢，但門路、灶位及神位必須配合元運得宜才會發大財，若門路及灶位、床位不合元運的話，照樣會破財。

六、板橋市有位徐太太，家住酉山卯向，一樓公寓，原先大門開在虎邊，住了許多年都合家平安無事，做生意又賺錢，因坐酉山卯向的房子到了天運七運時虎邊的東南卦氣為六一六三吉星臨照是為最吉的大門。其餘的正東震卦氣為五、

二、七煞星照臨，開中間門最不吉，龍邊東北方艮卦的卦氣為一、二、六有二黑病星臨照也是不吉之門。徐太太後來聽三合地仙指點把大門換在龍較佳，不知龍邊有煞星照臨，修改之後，事業一落千丈，車禍連連，官訟不斷，合家不安。所以開大門不能亂開，應配合元運來開是最的選擇。

血癌實例一：

醫生治不好的病，便是風水病，得了風水病的人們，藥物是很難治療，一定要在住家的陽宅那裡找出毛病，用陽宅方位學便可查一清二楚，知道那方位出毛病，便用陽宅學的移星換位法來調整磁場，便可藥到病除，民國七十八年歲次己巳，在台北莊敬路有位陳先生其兒子七十二次出生，癸亥生人現年才七歲得了血癌之症，在台大治療換了三次血清，醫生忽然宣佈其兒癌細胞已擴散全身，癌症已經末期，恰巧陳先生有位親戚是本人同事，知道我會看陽宅，便聘請本人為他鑑定住家陽宅，經過詳查之後，發現只有灶爐出了問題，灶爐設在左後方東北角「艮位」，陳先生的住家是癸山丁向在天運七運時東北方的「艮位」卦氣為一九五有五黃煞氣照臨，非常不利小孩，因艮位屬少男卦，而且民國七十八年流年天運二黑入中，五黃煞氣又飛到東北艮位，煞星重疊會發凶，其兒得血癌之症是因為有天盤的一白水星受到五黃煞氣破壞所致，水為血得血癌無疑。血癌症已經末期，死馬當活馬醫，看看還有沒有一線生機，必須用最快的方法，建言陳先生立刻停止灶爐開火，可斷其源頭，原因是血癌細胞也要提供養份才能生存，不開伙癌細胞得不到供應養份，會自動消失的原理。

陳先生很配合，三餐都外食，等兒子康復後再修改灶位。本人斷言：一個半月四十五天便可知曉。說也奇怪，剛好一個多月接到陳先生來電告知其兒去台大醫院檢查結果，醫生說查不出任何的癌細胞存在，消失無影無蹤，可見死馬當活馬醫會奇蹟出現，這件案例是本人學成移星換位後，第一次經驗，聽到陳先生來電告知其兒完全康復的訊息，本人也半信半疑，次日還專程去陳先生府上拜訪其兒認證無誤，才放心。又因本人學成陽宅學第一次有癌症者，經驗不是老道，切不知用移星換位有這麼神奇，事後探討，天上的九大行星，跟着地球運轉生生不息，也有生命，凶星所到之處，所釋出的（無形毒素，入侵人體的癌細胞也常需要繼續供應養份才能生存，陳先生住家的灶爐停止開火，可切斷其源頭，入侵人體的，癌細胞得不到繼續供應的養份，便會活不了，會自動消失，其原理這是這麼簡單而已，由此可見，得癌症患者可用移星換位法，切實可避開凶星之侵範，便可遠離病魔入侵，會生重病者，百分之百是受到二黑及五黃煞星入侵迫害所致，是無庸質疑的。風水地理在醫學上是沒有科學根據，不知其道理者都說是迷信，其實不然，只是科學家沒有深入研究出來而已。

血癌康復後實例二：

醫生治不好的病，便是風水病，有實例可證，民國八十年，新北市中和員山路有位許太太來電告訴我說，他的女兒嫁到日本去，他外長孫得血癌之症，在日本的大醫院治療已經三年多了，醫生宣佈血癌的癌細胞已擴散身體，癌症已經末期，許太太想聘請去日本幫他堪查陽宅風水，因本人很忙，無法答應許太太請求，後來想出一個很好辦法，不必去到日本，一樣可以替他堪查陽宅，因本人有靈魂出竅的功力，不管在千里之外，照樣可以查得一清二楚，只要有正確的坐向，屈指一算便可知道一切事情，便開始問答，「問」許太太有常去日本嗎？「答」有去日本都在那裡住一個多月才回來，又問：那你可知道日本陽宅的坐向嗎？「答」坐北朝南，許太太對於方位很內行，又很熟習方向，本人「答」那日本這一趟不必去了。告訴許太太你外孫會得血癌之症「床位」一定是安在東北方的艮位是嗎？

許太太「答」正是，又再問是不是在七十八年得血癌，「答」「是」，許太太外孫是民國七十八年出生的，現年才三歲兒已，一出生這得了血癌重症，真是可憐！因天運七運時東北方的「艮」位一、九、五的卦氣，有五黃煞星照臨之故。血癌已經末期，死馬當活馬醫，看看還有沒有一線生機，立刻為他「轉運盤」，把受煞的床位，移星換位，到西方的「兌」卦安床，因天運七運時兌卦的卦氣有九一四三吉星照臨，好在許太太對方位很內行，沒移錯方位，經過一個半月後，不可思議的奇蹟出現，許太太來電告知，在日本的外孫血癌之症完全康復，醫生檢查不出癌細胞的存在，消失無影無蹤，日本醫生也想不出什麼道理，沒科學根據，只有說是奇蹟出現，後來許太太拿他外孫的照片給我看，看到相片頭大面四方，很有福相，真是命不該絕，遇到貴人。

奉勸各位大德南北向的房子，在天運七運、八運、九運六十年間東北方的卦氣有煞星照臨，千萬不要把爐灶、床位、書桌位安在東北艮位。若小孩的床位在東北方對小孩非常不利，會交壞朋友，不聽說，不讀書，也會吸毒，會毀掉小孩的一生的前途。

血癌實例三：

一、民國八十七年在新竹縣竹東鎮有位黃先生住家為丙山壬向的透天厝，第三兒子三十五次出生戊戌生人，床安在正東方震卦，一般三合家以出生的五行來配合安床位居多，戊戌生人五行屬木，震卦也屬木，這是三合家安排法，切不知道天運七運時五黃煞星飛到東方掌管二十年，卦氣為五四一向星的一白水被五黃煞星迫害，所致水為血會得血癌之症無疑，立刻擇日用移星換位把床移到正北方，「坎」卦安床，坎卦卦氣為三八八有旺星照臨，癌細胞會自動消失，無藥而癒的奇蹟出現，絕不虛言。

二、新莊有位詹先生丙戌生人，家住丙山壬向公寓三樓，本身也是位地理師，而自稱自己是四柱專家，自己算到自己先天八字命有行五年好運，自己便開起公司來，在新莊湯城租公司。自己當董事長。洋洋得意，詹先生也教本人四柱的老師，余有去過他幾次，查看他的住宅，丙山壬向天運七運時灶位設在西南方坤卦，卦氣為四五九有五黃煞是照臨甚為不吉，床位安在正東方震卦，卦氣為五四一，有天盤五黃煞星照射也是不吉利，辦公桌位安在東南方巽，卦氣為六三二，有向盤二黑病符星照臨，如此的安排必敗無疑，詹先生以自己命格來算，八十一年、八十二年、八十三年行大運，他告訴我說，我便回答他，你這三年是大破財運，本人提醒他，不吉的方位須移星換位。命格才會行大運，他本身是地理師，不聽我勸告，結果開了三年公司，當了三年的董事長，敗了一大糊塗，欠債伍佰多萬元，最後住的房子也被查封，還欠人家不少錢。本人斷他三年破財運為何，是因天運流剛好八十一年五黃煞星飛到西南方，八十二年飛到東方，八十三年方到東南方受煞星迫害之故，所以算詹先生開公司必敗無疑，這樣斷法，精準無比，絕不不會失誤及失算。可見住的房子，是管後天運。比「先天運」重要，不管先天運都好，還是抵不過後天的阻礙。這可證古人所說的，「頭居、二命、三風水、四讀書、五積陰德的道理」。

這又到底是時也、命也、運也。見仁見智。

大腸癌實例：

醫生治不好的病，便是風水病，民國八十六年春在新竹縣竹東有位黃太太，民國六年出生，丁巳生人，得大腸癌共開三次刀，開第三次時醫生宣佈已經末期，只剩四個月的存活，黃太太跟本人有親戚關係，第一次開刀時本人有建言，他的床位患五黃煞必須換位，老人家聽不進去，作罷。因為他的床是八卦床，睡八卦床已經有感情了要移走很不捨，風水輪流轉三年後又開第二次刀，又再建議把八卦床掉了換單人床睡，老人家又沒聽，第三次開刀時，聽醫生斷言已經末期了，才答應把八卦床移走換單人床睡，因房間不大只能放單人床，才能移星換位，換到有一卦純清，而且要有天醫星加持的方位，病才會很快康復。說也奇怪，重症之人，床換位後一個半月去給醫生檢查，醫生說奇蹟呀奇蹟！後來黃太太多活了五年之久，八十四歲才壽終。時也，命也，運也。

肝硬化實例：

醫生治不好的病，便是風水病，移星換位法替病人「轉運盤」治好肝硬化成功實例。民國八十二年春在新竹縣峨眉鄉有位彭太太，得了肝癌，肝硬化，在林口長庚醫院治療一段時間，醫生忽然宣佈彭太太肝癌已經末期了，只剩四個月之生命，叫彭太太回家休養，回家後，經親友介紹本人去他家鑑定住家風水，發現他家有三個方位都患煞，難怪彭太太會得了重症，彭太太住家是坐西北朝東南的透天厝，戌山辰向在天運七運時因是財丁兩旺才對，如大門、灶爐、床位安錯方位也枉然住了會很不平安。彭太太床位在東北方，灶爐位安在西北方，大門開在南方。這三個方位都患煞，彭太太會得肝硬化無疑，立刻用移星換位法為他「轉運盤」改在一卦純清不受凶星干擾的方位，開大門、安灶、及安床，便可「轉運盤」癌細胞會自動消失。說也神奇，修改一個半月後，彭太太回長庚復診，醫生驚奇的告訴彭太太肝硬化的癌細胞已經消失了一半，真是奇蹟呀奇蹟，後來彭太太多活了十一年才壽終。

時也，命也，運也。

洗腎實例：

醫生治不好的病便是風水病，民國八十六年在新竹縣北埔鄉有位黃太太得了腎臟病在新竹省立醫院治療，醫生宣佈黃太太要開始洗腎了。黃太太其兒子與本人是同鄉，黃先生告訴我她母親要洗腎不知陽宅哪裡出問題，叫本人替他堪查居家風水，經詳查結果是他床位出了問題，床位安在有煞干擾的方位，他的住家是坐東南向西北的透天厝，在「天運」七運時，床安在東北方有一二九之卦氣，一白星受到二黑病符星破壞，一白屬水得腎臟病無疑。本人建言跟黃先生姊弟商量叫黃太太立刻辦理出院手續，回家調養，兄弟姊妹不敢接受我的建言，因為兄弟姊們從來沒聽過有這一招，難怪會不相信，黃太的腎病功能失調而已不算很嚴重，兩支腳有些水腫而已，算輕微的症狀，若洗腎等於判黃太太死刑，最後還是拖時間等死。沒有聽說有洗腎洗可治好腎臟病的，最後本人跟他打個賭？說黃太太出院回來一個月三十天的時間腎功能會完全康復。黃先生兄弟姊妹最後聽我的建言他黃太太辦理出院手續，接回家調養，在黃太太未回家之前，必須先把患煞的床位運用移星換位法移到一卦純清，而且要有天醫星加持的方位安床，保證病很快康復，說也奇怪，打賭一個月的期限二十八天去給醫生檢查，腎功能一切正常，又是一件成功的案例。好加在打賭沒失敗，慶幸也，古人云有法必有破的道理。

腳氣病實例：

醫生治不好的病，便是風水病，得風水病的人，醫生是看不好的，一定要從三元地理陽宅方位學裏便可一目了然查出來陽宅那裡出了問題？知道問題出在那裡用方位學移星換位調整室內磁場後，病魔便會自動消失。民國八十五年夏在新竹縣峨眉鄉有位黃老生年約八十歲了，得了腳去病整年待在家裡，無法出去走動。在一次機緣中我去到他家，老人家告訴我，他的腳病好幾年了，到處求醫都治不好的病，老人家在我面前怨天、怨地，說他本人一生行善積功德，這麼老了才來受苦受難，老天爺對他很不公平，聽他陳述之後也替他難過人生這是這麼無常。後來經過老人家同意，查看住家的風水發現他的灶爐位出了毛病，影響老人家的腳病，他的住家是鄉下一間平房是坐丙山壬向在天運七運時，灶爐安在左方的西方「兌卦」兌卦患五黃煞之故也。「兌卦」卦氣九九五。立刻用移星換位法將患煞的灶爐位移到前面西北角「乾卦」為一卦純清的方位。「乾卦」的卦氣為八一四。乾卦沒有二黑與五黃干擾迫害。保證病很快會好。移灶爐三天後說也奇怪貴人出現了，去中壢人家報青草藥方買回煎服，一服見效。一個星期後腳去病完全康復。那疊藥方真是仙丹妙藥，到底為何？後來老人家感謝，再感謝。又是一件救人之實例。

轉運盤成功案例：

【例一】

新北市有位縣議員，住家是做庚山甲向的大樓十樓，在天運七運時，第一次參加縣議員選舉，本人也在那時才結緣認識的，後來幫他佈局補官運，本來他的床位是安在北方「坎卦」的，因坎卦的卦氣為三一五，有五黃煞星照臨不吉利，非常不利這次選舉，速用移星換位法幫他「轉運盤」把床位移到西北方「乾卦」方位安床，因乾卦的卦氣為八六一，有一六八吉星照臨有助此次的選舉，果真如此，順利選上縣議員，還有一直連任屆，這就是「轉運盤」的功效，有一六八共宗的方位安床及辦公桌位必得天助、人助。不像電視上看到了地理大師們把陰宅的斷法拿來斷陽宅，想升官發財者平時就可在陽宅方位來佈局，只要找出宅運有一六同宮及一四同宮的方位安床，無論參加任何競選，便有相當把握的勝算。民國九十三年天運交八運時，縣議員佈局的床位，安在乾卦床位失運卦氣便九二五有二五煞星照臨，必須移星換位，順天而行把床位重新佈局，床移到東方「震卦」去，有卦氣六八八三吉星照臨，六為官星雙八為旺星有可補財庫，議員而後開始賺很多錢，房子一間的買，後有次告訴我說，紫微斗術專家幫他算命，斷言：說他官運，只能到五十三歲而已，官運沒了，因這位議員是丙申生人民國四十五次出生，照算命說官運到九十七年止，結果這位議員連任到一〇六年。所以說「轉過運盤的人，順天而行，已得天助，算命是算不出來之因也，人算不如天算的道理在此。

【例二】

板橋客屬會理事長選上時聘請本人為他佈局會館是租的，是丁山癸向公寓一樓，再天運七運時，理事長的辦公桌設在東南方「巽卦」卦氣為六一四，有三吉星照臨，文武雙全，六為武曲星有掌權，是最佳的方位，理事長住家也是丁山癸向，本來床是安在西北方「乾卦」不吉利有二黑煞星干擾易患小人，也替他移星換位到西方「兌卦」卦氣為九一四，有一、四同宮有助官運宏達，而且有一乎百應之勢。理事長佈局得宜可帶動整個團隊起來，佈局後本人斷言，開三張支票給理事長，一、是理事長半年之內聲勢大好，二、為客屬會的一切開消有人會自動捐獻。三、為一年之內會有公家機關參與。果真如此，一年之後，支票驗收對現一張客屬會有三千多位會員，第二、客屬會辦活動的經費，有議員們自動提撥。三張是公家機關參與才有千人挑擔的組合。怪哉，三張支票全部對現。那時也是板橋客屬會最旺盛之期。

【例三】

客屬會理事長四年期滿，換下任理事長會館也租一樣的坐庚山甲向，天運七運時，理事長也是本人幫他佈局的辦公桌位安在西北「乾卦、卦氣八一六，有一六八三星照臨又是難得的好方位。幫理事長佈局的辦公桌，可惜的好運只剩兩年而已，一交天運八運時，庚山甲向的房子，西北方的乾卦便為二五同宮，有煞星照臨，理事長辦公桌為必須移星換位，在民國九十二年本人跟他提起，可是理事長切回答我說，他也會安排辦公桌位，本人聽了想想也好，讓他自己安排看看，免得勞心，當官的都是一樣人紅的時候都認為自己很行，切不知有天在助他，若得不到天助之時又會如何呢？民國九十三年一交天運八運時，理事長安在「乾卦」的辦公桌位變為煞氣重重，有二五煞星照臨，理事長把自己的辦公桌位安於背後正對西北方的角，為一方之角頭，想當一方的角頭，本人也在電視上某大師說過，這樣的理論真是害人不淺，民國九十四年歲次丁酉四入中時五黃煞星流年到時，理事長患官符，差一點抓去關，就這是得不到天助的下場，逆天而行而不自知，理事長四年做滿時虧公款六十幾萬，負債累累，自理事長不聽建言，後本人也離開了客屬會，因看不慣自私不團結的行為，從此不管客屬會的家務事，客屬會便走下坡運至今。

【例四】

新北市勞工處，有位處長聘請本人為他堪查勞工處風水，勞工處是在板橋介壽路，坐甲山庚向的辦公室大樓，一樓為辦公室，辦公桌位大部份安置正中央，沒隔間，斷言：說今年流年很不利員工會有打鬧之嫌，因天運七運時中央的卦氣七九五，有五黃煞星照臨，流年二黑入中宮必患小人，員工不合鬧事、打鬪，處長聽我說不太相信，說他聘請過無數的地理們，從來沒有人敢如此斷言，反問我為什麼如此斷言？敢斷言是本人從經驗得來的，才敢「鐵口直斷」，而且很少失誤過，一定會發生的事情才敢斷言，果真如此，斷言神準，遇月令五黃入中時員工打鬪翻桌發生了。處長親口告訴我的。處長辦公桌設在二樓，原來的辦公桌是安在東方「艮位」天運七運時「艮卦」卦氣為一三八，因處長是丁亥生人，五行屬土，艮位也土，三合家把他辦公說安在那裡還不錯。不過聽處長告訴我，他在那裡壓力很重，又忙碌，想換較輕鬆的單位任職，經本再考慮之下，只有把他的辦公桌位再移星換位到東南方「巽卦」安置辦公桌位，巽卦的卦氣為六八四，因巽卦有地盤的四為遷移星有那哩，又適逢流年二黑入中，一白星飛到「巽卦」時必升遷調職，果真如此，經過三個月後接到調職通知，處長還考考本人的功力如何！說他會調到那個方位去，本人立刻回答：會調到西邊去，處長說不對，結果拿台灣地圖一看桃園市在板橋的西方無誤，處長不無語可言，為什麼本人會知道處長調到桃園西方去呢？因辦公桌位安在東南方，巽卦，巽卦的後天為兌卦是也，離不開先、後、天、位，如此斷法絕對錯不了。幫處長佈局還一段小插曲是本人看如此安辦公桌位子的日課，處長很細心，還我看三元日課告訴以前所聘請老師父，老師父年約八十歲左右，老父師是為三合家，說我看的日課不行，好像要興師問罪的口氣，便問本人看日子如何看的，害得本人不知回答，本人知道三合家的工夫只學到國民小學的層次而已，什麼三元地理、三元日課一概不知，多說他聽不懂，也不想得罪老先生；只好回答說本人看的日課是暗藏天機的日課，說到天機老先生才知難而退，還算識相，不然老先生會難看，為什麼老先生會說我看的日課不行呢？是因為處長是丁亥生人，我取的日課是丙申日以三合家看法亥與申帶刑破，三元擇日看天干同氣，暗藏九星萬無一失的看法，好在處長相信三元的日課。用之後馬上升遷調職。想起來老先生依老賣老，切不知天上有天，人外有人，一山還有一山高之成語。

【例五】

台北市康寧路有徐老師父是位三合家，專門替人做陰宅風水，老先生已經八十歲身體還很健康，本人同學介紹認識，這位老師父是同學的親戚，聽說他幫人造福做陰宅生意很好，徐老師父為人正直風評很好，也因本人對陰宅還沒很深入了解，也想在老先生那裡學吸收一點經驗而已，因徐老師父很會找陰地，找的陰地很不錯深受好評，第一次見面時，徐老先生問起本人有學什麼？本人回答：專門學三元地理陽宅方位學，老師父聽不懂我在說什麼？聽都沒聽過，徐老先生回答：從來起本人才知道學三合的老師們，什麼叫三元地理一竅不通，只學到三合的基本學識工夫而已，這也難怪啦，因三元地理早就失傳多時，只有曾子南老師在七十年代起才開始著作三元地理的書出版，三合家只學會三合的地理五訣，用長生水來斷水口。學點、點穴的工夫便做爪爪叫，徐老先生替人作風水賺了少錢，在台北東寧路置產買了一棟公寓一至四樓，樓下他兒子開自助餐，二樓住家，三、四樓出租，樓下自助餐請兩位人手幫忙，徐老先生夫婦有空時還幫忙，生意算普通。但每月結帳時只賺三萬多元而已，不知問題出在那裡，生意看起來不錯，為什結算會沒賺錢，錢跑到那裡去呢？後來本人幫他查看一下發現，炒菜主灶爐位安在南方「離卦」他的店面坐辛山乙向的透天厝，天運七運時南方「離卦」卦氣為二一五，有二五同宮煞星照臨非常不吉利，因有一白水星受煞變水賊會有第三支手出現，叫徐老先生把灶爐移位到西南角去，徐老先生本身是地理師不聽建言，因三合家安灶位都如此，南方屬火，灶爐也屬火是最佳方位，切不知風水會輪流轉，南方流年不利時會破大財，有一天早上本人很早去到他家，跟其兒聊天時談到自助餐沒賺錢的問題，告訴其兒把炒菜的灶爐移到後面角去，灶爐移西南方坤卦會有什麼轉變，因「坤卦」卦氣為四八三，有三八木星及四綠木星照臨的方位應是最佳的灶爐位，而且八旺星加持可補財庫又可防小人。何樂而不為。偷移灶經過一個月後，本人又去到徐老先生家，告訴我說樓下的自助餐現在已經人山人海排隊買便當等吃飯，本人聽了也大吃一驚，偷移的灶爐位有如此的功效，也是本人行走江湖得到寶貴的經驗，後來聽徐夫人告訴我，他炒菜不及給客人買累死了，還禮拜天想要休息暫停營業都不行，外面訂便當的客戶硬着要指定他家訂，全家吃不消工作繁忙，又把偷移灶的灶爐放回以前的原位，說也奇怪生意又回到以前的樣子，本人也常在想這又到底是天時、地利、人和，還是時也、命也、運也。值得去探討研究。

【例一】

樹林有高先生家住甲山庚向，其兒床位設在北方坎卦，在天運七運時坎卦的卦氣三五一，有向盤的五黃煞照臨，天盤有三碧賊星管局，床位在坎卦的小孩會不聽話，不聽管教，而且不讀書，變壞孩子，會變不良少年，高先生兒子八十七年流年七赤破軍星小人星到時其兒偷人家東西被抓去管訓，這又到底是命也，還是運也。

【例二】

天運七運卯山西向的房子，坐旺向旺，位這方向的人，大部會賺大錢很聚財，人緣很好，屬財丁兩旺的格局，也有住之破財連連，會賺錢的人，有配合宅運佈置得宜，才能賺大錢，若大門床位，灶爐位安置錯誤一樣會破大財，一般三合家最喜歡把住宅的灶位設在後面的正東方震卦，因震卦屬木，木來火爐為最好，豈不知天運七運時，有天盤五黃煞星照，灶爐安在震卦的人們身體會欠安，也會大破財丁，無一幸免。

【例三】

住苗栗縣在位徐先生，住家乙山辛向三合院，灶爐位設在東方震卦天運七運時震卦卦氣為五七二，有天盤五黃及二黑病符照臨，灶位設在此非常不利，徐太太常年藥碗不斷，所賺的錢都用在醫藥費上，胃癌在長庚醫院開二次刀，第三次又要開刀時才聘請本人為他查看，聽本人建言把灶爐位移至東南角「巽卦」卦氣為六六一，一卦純清的方位，立刻可以「轉運盤」，移星換位候，徐太太胃癌未開刀，慢慢康復，真是幸運的一人。又是遇奇蹟出現的案例之一。

【例四】

天運七運庚山甲向之宅運，是上山下水的格局，旺星不到山，也不到向，住在這裡的人，絕對要破財連連，不聚財的房子，賺錢不夠開支，而且還會欠債，錢借人家拿不回來。天地的運轉是永不休止，天上的星座隨時都在移動，最明顯的是太陽和月球，對地上的萬物都有吸引及感應的作用，所以對人們有很大的影響，因此對萬物之靈的人類的窮通得失，富貴貧賤都莫大的關係，住宅的旺衰便是其中之一。

如果住宅的門路、灶爐、床位、神位、辦公桌位等不合元運，事業會不順，怪病叢生，會損丁破財。

【例五】

有位沈先生原住的房子是坐北朝南，住之平安事業順利，賺了不少錢，添子又發財，便買下一片土地，造了一座房子，庚山甲向，裝潢十分華麗皇宮似的，照理說，這樣的環境，陽光充足，空氣又新鮮，應該住之平安，發大財，豈知搬進去住沒多久，災禍已降臨，有一天兩個兒子同床，次日二人都未起來，入房查看二人已皆已往生，這就樣一睡不起，父母痛不欲生，正忙辦喪事之時，一不小心孫子又因乏人照顧，掉入水溝淹死，連折三丁，從此事業不順，破財連連，不數年主人沈先生夫妻二人也生怪病，久醫不好，前後去世，真是福無雙全，禍不單行，鄰居都嘖嘖稱怪，不知原因出在哪裏，本人有去他家鑑定過其床位都安在北方坎卦，天運七運時坎卦卦氣為三五一，有向星五黃煞星照臨之故，五黃煞星流年所到之處，絕不留情，所致。

【例六】

民國八十一年中和有位江先生租店面為「乾山巽向」每月租金三萬多元，江先生是做賣魷魚羹麵生意的，開業三個多月，虧損不少，每天收入不到伍仟元。

正在進退兩難之際，經朋友介紹聘請本人為他鑑定，店面裝潢十分亮麗，大門開在前面正中央甚為不吉利天運七運乾山巽向的房子前面東南巽卦的卦氣為六七五，有坐盤的五黃煞星照臨又向星七赤小人星同宮，生意很難做起來，後來建議前面用開放是鐵門即可，裝潢亮麗全部打掉生意才會起回生，後面的西北方為財庫位，安灶爐可補財庫，自修改後，一個禮拜，客人源源不絕。後來每天固定進帳達兩萬多元。怪哉。順便告訴大家吧！生意好的地方絕對不要隨意移動任何物件，由其是灶爐位及櫃檯，生意可延續下去，移動時間不對會氣散。

【例七】

天運七運巳山亥向的房子，為上山下水，山向不旺，住在這裡的人很少有賺到大錢，會負債的居多，居住者要腳踏實地，按部就班的做事業，絕對不能做投資的事業，會血本無歸，越想發財，就會越陷越深，最後會負債走路。

【例八】

新竹北埔鄉有位黃先生，其次兒庚申生人，家住巳山亥向，天運七運時床位設在北方「坎卦」坎卦的掛氣為三二五，同宮的方位非常不吉利，民國八十七年歲次戊寅沖太歲，必出大事情，流年破軍星小人星到北方坎卦，因坎卦天盤有三碧木，向盤的二黑與三碧同宮時會變成鬬牛煞又加上七赤小人星加入會患官符，黃先生之兒早已成為不少年，每天不上班，跟一大群的壞朋友一起鬧事，有次跟別幫派打起來，兩方人馬勢均力敵，最後對方較弱，想退場之時有一人走較慢被亂棍打死。

警察來到處理，其兒不知進退最慢離開，被警察抓到，經指認同伴都說是黃先生兒子打死的，被判刑經雙方民事和解，死者家屬要求賠償伍佰萬元，其他的兇手都不認帳，結果為修改床位「轉運盤」，把床移到西方兌卦有九一八吉星照臨，人命官司很快會圓滿決解，確是如此，經過一個月後，對方自動減半賠償費，同伴也自動分擔賠償費，這可證明陽宅與人生有莫大關係，不可不信之。

【例九】

土城有位黃先生事故鄉人，家住未山丑向的房子，公寓，其兒子的床位在正南方離卦，天運七運離卦的卦氣為二七五，二五同宮兩個煞星照臨，床安在那非常不吉，睡在哪裡的人一定沒有好日子過，黃先生兒子睡在離卦多年，斷其兒絕對會變不良少年，結果正如所說，其兒終年在外流蕩不想回家，與不三不四的壞朋友在一起鬼混，有一次結黨搶劫檳榔攤，被關進牢裡三年，還不知悔改，要挽回不良少年確實很難，要拖離不良幫派是件很困難之事，要經過一段很長的時間，才能改邪歸正，最好的方法是另遷離他處居住，才拖離幫派組織。

【例十】

住在新莊有位黃先生育三男，都不想讀書，只想玩，經友人介紹，聘請本人為他鑑定陽宅，為他三個兒子安排文昌位，他住在公寓三樓是坐未山丑向的，在天運七運時，三個孩子的床位及書桌位，都得不到文昌星加持，讀書全靠本命星，所以讀書平平而已，好在三個孩子沒學壞，很乖巧，只是不想讀書而已，立刻替他選有文昌、文曲星照射的方位來安放書桌，未山丑向的房子，再天運七運時只有東北方的「艮位」卦氣一四一，天盤一，地盤也有一，向盤四，兩個文曲星加一個文昌星，書桌位放在那裡，有三個吉星照臨不讀書也難，因黃先生客廳設在前面很寬，在窗戶下光線又好三張書桌位排成一排恰恰好，書桌位安排好之後，黃先生獎勵孩子，說每考一張一百分的有一百元，獎學金半年之後，小孩讀書都名列前茅，考五科，五張都滿分。三個孩子都一樣，後來黃先生的獎勵金吃不消也取消了。順便告訴大家吧！有文昌星照臨的方位讀書小孩會越讀越想讀書，會自動去讀不須父母煩惱，沒有文昌星加持的方位怎麼叫他去讀，他也不想讀，差別在此。文昌位可轉小孩的讀書運盤是無庸質疑的。

【例十二】

在台北縣蘆洲有位太太家住坤山艮向，透天厝一至三樓，一樓為客廳，二樓主廚房，太太住在那裡終年都藥碗不斷，不知原因何在，經友人介紹聘本人為他鑑定，查了許久都查不出會生病的原因，這是本人第一次遇到的事情，堪查床位、灶爐，門路都沒問題，左思右想之後才發現一樓的客廳沙發有枕頭放那裡，就問吳太太是否常睡在沙發，答：是，吃飽飯時都睡沙發看電視，有空時也在那睡着看電視，原來生病之因出沙發方位，沙發放在客廳的西北方「乾卦」卦氣為八五九，有五黃煞星照臨，沙發不吉的方位不能坐那裡太久，一樣會生病，而後交待沙發只能措坐，不能整天待在那裡一樣會出事的。又是一次難得的經驗。順便告訴大家沙發坐久會頭暈時要盡速離位，才不會受到傷害。經過三個月後追蹤打電話問吳太太健康情，吳太太答身體完全正常了，事出必有因，只要把原因找出來，不管什麼疑難雜症都可以化解。

【例十二】

住在台北縣蘆洲有位施太太住家是子山午向的大樓，在天運七運時床位安在東方震卦，因「震卦」卦氣有五五九，兩個五黃煞氣照臨甚是不吉，施太太第一次生產時就開刀生產，生女生，後來就不會生了，很想生一個男孩，都不會受孕，經友人介紹聘請本人為他堪查檢查結果，床位在震卦不吉，還有灶爐位設在東北方，艮位也不吉，吳太太終年藥碗不斷，想生男孩生不出來之因有經過本人替他移星換位，灶爐位移到北方「坎卦」，坎卦有雙七旺星照臨可補財庫，也可補丁，主人床位必須移至正西方有一四同宮的方位，保證可以催丁，因西方「兌卦」卦氣有九四一，必生男孩無疑。本人如此斷言，施太太聽了非常高興，若生男孩一定會補一個紅包給我，一一修改後半年，接到施太太來電說已有身孕了，醫生檢查還是男孩。順利生產後真的寄紅包給我。想生男孩，用這一招可百發百中，屢試屢驗。

【例十三】

住板橋在位何先生家住庚山甲向公寓三樓，天運六運時，庚山甲向的房子地運很旺，財丁兩旺的格局，何先生育有四男，開計程車維生，還有兩部車出租賺錢多多，一交天運七運時，庚山甲向的房子變成地運衰敗，上山下水，何先生生意好時到處跟人家自助會，跟了三會之多，民國七十三年天運一交七運時，何先生跟的三個會被倒，一夕之間全部積蓄化為烏有，家運開始走一坡，第二個兒子因腦瘤開刀失敗差一點變成植物人，後來變半身不遂手腳失靈，須要人照顧，何先生只有放下工作，在家照顧大小孩，好在還有三個孩子慢慢長大成人，經濟未陷入困盡，所以古代的人都說「頭居二命，三風水」是有道理的。人們住的地方事天運在掌管，為後天運，是非常重要的會人生的幸福家庭的合樂。如果居家的床位、大門、灶爐位放錯方位，住者會不平安，便是逆天而行。若大門、床位、灶爐位安在有吉星高照的方位，會得天助，便順天而行，住的很平安，心想事成，家庭合樂。過着快樂的人生。所以買新房時要慎重選擇不能馬虎。

【實例一】

天運七運癸山丁向，在基隆有陳先生是位公務人員，六十一歲就辦理退休，退休後想過舒適的晚年，民國八十六年歲次丁丑把住的房子大翻修，裝潢亮麗，花了不少錢，房子修好次年主人陳先生得了腎臟病，是年便去世，其兒心有不甘，家父沒享福到便走了。到處找名師來鑑定房子出了什麼問題，找了十幾個大師來都找不出問題所在，有的說東，有的說西，找不出真正原因，後來經親友介紹本人去鑑定，結果問題出在床位安錯方位所致。在天運七運時癸山丁向的房子東北方「艮卦」的卦氣為一五九，有向盤的五黃煞星照臨，床位在東北方非常不吉，而且有天盤一白水同宮受五黃煞星迫害所致，主人陳先生得腎臟病無疑。所以說住的陽宅會影響人們的後天運一點不假，安床時要選對方位，住者才會平安。

【實例二】

天運七運甲山庚向的房子，上山下水，山向都不旺，會不聚財，不能做投資事業，錢借人家拿不回來，跟互助會必倒。

住新竹關東橋有位陳太太跟會半年，每次想標會都標不到，都被別人搶標走了，經本人指點叫他無論如何下次要高價搶標，搶標之後會錢只拿一半而已，會頭便倒了。為時已晚，住甲山的人事業宜守不宜攻，每攻必敗。

【實例三】

板橋有位劉小姐買了一棟新房是坐坤山艮向，裝潢非常亮麗，他有三個兒子，本來住的房子事坐西山卯向，全家住得很平安，買了新房三個兒子都爭要搬去住，結果老大乙卯生人，優先搬去住，住不到兩年得了肺病，在台大醫院治療開刀二次，一聲嘆息說這麼年青這得之病真是可憐呀！劉小姐是台北縣星相學會的秘書；星相學會裏地理師高手雲集，聽到劉小姐其兒得肺病之後，都無言以對，算命的命理師們，算得他兒子的先天八字命說都斷其兒在八十年絕對會壽終。因本人也加入星相學會的會員，有一次恰到會館去辦事，聽到此事，經劉秘書同意立刻去他兒子家裡堪查，結果是床位出問題，安床安在東南方「巽卦」非常不吉利天運七運時東南的卦氣為六三二，巽卦方位有坐盤的二黑病符星照臨，天盤的六白受迫害所致，六白為肺部，其兒得肺病無疑，好在發現得早。不然時間拖久會變成肺癌會不好處理。知道原因所在，立刻用移星換位法替其兒「轉運盤」把床移到一卦純清，而且要有吉星照臨的方位安床，說也奇怪經過二個多月後去台大復診檢查，醫生說其兒的肺病完全康復，可見三元地理方位學，移星換位確實可以救人，不是說說而已，星相學大師一口同聲說其兒之肺病必死無疑，只有本人才知道其兒之病可完全康復，事實可證明一切，多說無意義。

【實例四】

林口有陳先生買了一棟別墅，是坐坤山艮向，天運七運時大門開在北方「坎卦」非常不吉利，民國八十四年遷入居住，一住進去便藥碗不斷，破財連連，開如此凶門，影響人們最速，民國八十九年歲次庚辰九入中，五黃煞星流年飛到坎卦時，陳先生便生一場大病，終年醫生檢查結果全身都有毛病，腎臟、腳痛、肺部都是毛病，最後才發現肺癌已經末期，因北方「坎卦」卦氣其為三九五，有五黃煞星照臨，床位又安在東南方「巽卦」卦氣為六三二，有二黑煞星照臨，六為肺部，三為腳部，流年兩面夾攻，致使陳先生全身都有病，經本人替他把床位移星換位，可「轉運盤」移到東北方「艮卦」卦意為一七七有三星吉照臨，一白為貴人星雙七為旺氣加持，病情很快好轉，肺癌之癌細胞會自動消失，可無藥而癒的效果。

屢試屢驗，用這招救人無數，果真如此，陳先生的肺癌決症經過三個多月來電告知，醫生檢查肺癌完全康復，又是奇蹟出現之案例。

【實例五】

住板橋有陳先生，家住申山寅向，一樓為代書事務所，三樓為住家，陳先生還投資房地產，土地賣買，在天運六運時因申山寅向的房，坐旺向也旺為財丁兩旺格局賺了不少錢。買了二十多間的不動產及好幾筆土地。一交天運七運時事業就一直走下坡，陳先生也投資股票，在民國八十八年投資股票失利，虧了不少錢，為什麼交七運事業會走一坡呢？是因地運不旺，坐山下水之故，住在這房子的人們都很不聚財，賺的錢會守不住，投資的事業必敗，最後會兩手空空負債累累。在民國八十八年股票上位奔盤時本人有提醒他小心股票，可是他聽不進去，不聽建言，最後輸了不少錢，最後把二十多間房地產賣光還負債，時也、運也。

陳先生住家設在三樓進客廳大門氣口開在西北方「乾卦」卦氣為八五九，有向盤五黃煞氣照臨，因公寓房子大門無法修改，每次遇二黑及五黃煞星飛到時必破大財，民國八十五年歲次丙子四綠入中，五黃煞星飛到乾卦時，其兒開車與別車相撞，轎車全毀，好在人平安，破財消災，損失六十多萬元。民國八十八年歲次己卯一白入中，二黑煞星流年又飛到乾卦時，一部賓士轎車被盜走又損失一百多萬元，連連破財，不知何因？後來聘請本人為他堪查，才發現主人床位也安錯床位，床位安在東南方「巽卦」卦氣為六三二，有二黑煞星照臨，陳先生車子相撞是二黑煞星是車關星所致，車被盜是三碧賊星所致，天運賞罰分明一點都不馬虎，可見住的陽宅是多麼重要，難怪古人會說「頭居、二命、三風水」之原理。

陳先生會破財連連，是床位不吉為主因，次為大門不吉，兩面夾攻所造成的，主要把床位移星換位，換在一卦純清，而且要旺星加持的方位，便可扭轉乾坤，立刻為他改在東北「艮位」卦氣一七七，一白為貴人星雙七星是旺星便可「轉運盤」，修改後不久，事業做得很平順，一家平安。車關也化解了。

實例（一）

在台北有位彭先生，住的房屋是丁山癸向，在天運七運天運七運時住這方向的人們，有的賺大錢，有的人會負債走路，因天運七運時的丁山癸向的房子，地運不旺，向很旺，地運不旺會不聚財，賺的錢會守不住，不適合做投資生意，做投資生意必敗無疑，若住家的門路、灶爐位及床位不合元運會損丁破財，彭先生本人也拜師學了三元地理，在竹北拜謝姓名師為師，花了八十幾萬的禮金，謝姓名師在天運六運時幫人家鑑定陽宅時斷易奇準，風光一時，可惜一交天運七運時，所有幫人家先改的都失敗，謝姓名師自己切在一次車禍中喪命，這就是學藝不精，害人害己的實例；彭先生他自己的床位及辦公桌位安在西北方的乾卦，切不知風水輪流轉天運七運時丁山癸向的房子西北方的「乾卦」卦氣八二三，有二黑病符星照臨，彭先生本人在民國八十五年歲次丙子四綠入中宮，五黃煞星飛到乾卦時彭先生便心臟病開刀手術，差一點命喪黃泉，其太太三十年次出生，辛巳生人在民國八十一年得肺病，本人聽說之後，提出建言，叫做把床位移星換位，可是彭先生以為自己所學的很高明，不聽建言，其太太肺病拖到八十二年八月病惡化變成肺癌末期一命歸西。彭先生自己也投資一家公司，每年都負債，而增資不少，最後被倒了伍佰多萬元，血本無歸。這就是床位不合元運勢失敗之因實例。

一般的地理師們都有同等的錯誤觀念，都以為把自己的床位安在乾卦可得乾山乾向水流乾之最佳格局，切不知想得乾切死在乾而不自知，時有所聞。

實例（二）

住台北市在位阮小姐在民國八十一年只歲次壬申在台北市

文昌街租一店面是坐午山子向的房屋，想開自助餐廳，阮小姐初次創業做生意，還跟友人借款三十多萬元，第一次做生意每個人很怕會失敗，經友人介紹聘請本人為他佈局，午山子向的房屋，大部份的地理師們會把灶爐位設在正東方震卦安灶，因震卦屬木，木來生火爐為最佳之方位，確不知風水會輪流轉，午山子向的房屋到了天運七運時震卦，卦氣為五九五，有天盤及坐盤兩個五黃煞星照臨非常不吉利，經本人為他把灶爐位移到南方離卦，卦氣二八六，有八白未來之氣旺星照臨，有助生意興隆，而且可以補財庫，經本人為他修改後，開業不到二個月，已經賓客滿座，生意很好，不到三年阮小姐在景美買一棟一千多萬元房子，這又到底是命也、時也、運也。

實例（三）

板橋有位陳先生的房屋是坐申山寅向，在天運七運時大破財，因天運七運申山寅向的房屋為上山下水，地運不旺，向也不旺，住在這方向的人們大部的人都會負債累累，好在還有三般卦連珠，住之還算平安，如果門路、灶位、床位配合元運得宜，還是會轉些錢，陳先生的母親陳老太太年約七十幾歲，床位安在東南巽卦天運七運時巽卦，卦氣為六二三，有向盤的二黑煞星照臨，甚為不吉利，陳老太太在民國八十三年歲次甲戌年六白入中宮時五黃煞星飛到巽卦，陳老太太小中風，而遷居他處，不敢在那裡住，母親搬走之後陳先生夫婦便搬進去住，因那間是主廚房，陳先生年約三十幾歲而已，自從把床位移在東南方巽卦之後，事業每況愈下，不久便負債，賣房子，因本人想介紹親友買，也想順便查看陳先生破財之因，堪查之後只有床位安錯方位而已，便順便問問，談起風水地理之問題，陳先生答：他是天主教徒不相信風水地理之事，結果本人告訴他不管相信、不相信也無防，用本人所學的風水輪流轉斷易法來證明給你參考，陳先生有同意，參考看看，便問某床睡在那裡的人今年流年不利會小中風，他答：是他母親以前睡在那裡，三月時中風才搬走的，看看還有人睡在那裡，他答：母親搬走之後他夫妻移床到那裡睡，本人便答睡在那方位的夫婦一開口便會吵架意見不和，而且今年流年不利會患車關，後來陳先生陳述說夫妻自從把床移到那裡之後夫妻不時意見不同而吵架，而且還告訴我時常患車關，不是騎車撞到人這是便撞，好在只有皮肉之傷而已，後來本人建言把床移星換位置西南方後，過不久夫妻完好如初，車關也化解了，陳先生後來不敢不相信風水地理了，陳先生賣了房子之後在土城買了一間別墅來住，還聘請本人位佈局呢。

實例（四）

台北縣三重有位徐老師本身為命理師，住家的房屋是丑山未向，是我朋友住在三重吳先生教四柱、八字的老師，徐老師也學了風水地理，經常替人家看陽宅，一般的三合家，十之八九都以陽宅三要的東西四命替人家佈局或者以本命五行來安排床位及灶爐，確不知風水會輪流轉，徐老師在天運七運丑山未向的房屋把自己床位設在南方離卦，直腸癌開刀二次，切不知原因出在那裡，因離卦，卦氣二九五，有五煞星照臨非常不吉利，因二黑巨門星為小腸得直腸癌無疑。徐老師在民國八十八年歲次己卯一白入中五黃煞星流年到離卦時，徐老師二月壽終走了，學藝不精害人損己的實例不少。

（十四）三元九運

六十年　一運二十年貪狼（壬子癸）坎一白天運清同治年
・光緒九年。
上　元　二運二十年巨門星（未坤申）為二黑天運，
・光緒十年～光緒二十九年。
三　運　二十年祿存星（甲卯乙）震（三碧）
・光緒三十年～民國十二年。

六十年　四運二十年文曲星（辰巽巳）巽卦（四綠）
・民國十三年～民國三十二年。
中　元　五運二十年廉貞星管局（中）（五黃）
・民國三十三年～民國五十二年。

六運二十年武曲星管局（戌乾亥）乾（六白）

・民國五十二年～民國七十二年。

六十年　七運二十年破軍星管局（庚酉辛）兌（七赤）

・民國七十三年～九十二年。

下　元　八運二十年輔星管局（丑艮寅）艮（八白）

・民國九十三年～一一二年。

九運二十年弼星管局（丙午丁）離（九紫）

・民國一一三～一三二年。

天運八運廿四山向飛星圖

丙向

七 五二	三 九七	五 七九
六 八 六一	八 四三	一 二五
二 一六	四 八八	九 三四

壬山

午丁向

七 三四	三 八八	五 一六
六 二五	八 四三	一 六一
二 七九	四 九七	九 五二

子癸山

未向

七 三六	三 七一	五 五八
六 四七	八 二五	一 九三
二 八二	四 六九	九 一四

丑山

坤申向

七 一四	三 六九	五 八二
六 九三	八 二五	一 四七
二 五八	四 七一	九 三六

艮寅山

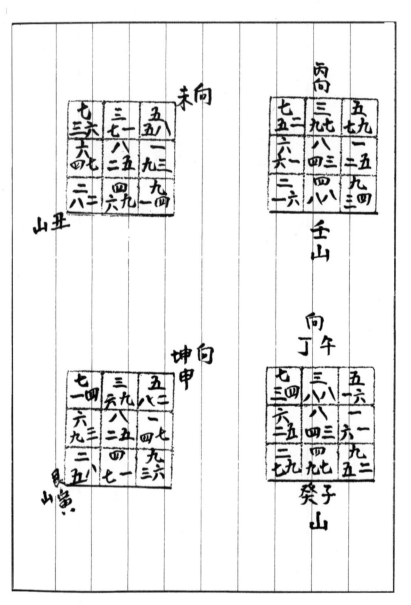

山辰

七 六八	三 二四	五 四六
六 五七	八 七九	一 九二
二 一三	四 三五	九 八一

戌向

山甲 庚向

七 七九	三 三五	五 九七
六 八八	八 六一	一 四三
二 三四	四 一六	九 五二

山巽巳

七 八一	三 三五	五 一三
六 九二	八 七九	一 五七
二 四六	四 二四	九 六八

乾亥向

山卯乙 酉辛向

七 五二	三 一六	五 三四
六 四三	八 六一	一 八八
二 九七	四 二五	九 七九

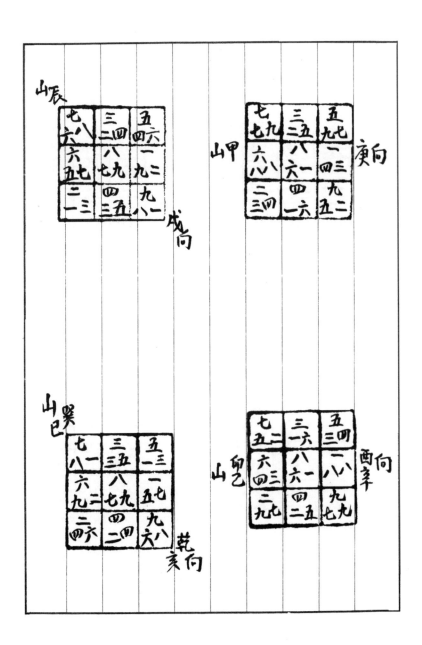

山丙

七 二五	三 七九	五 九七
六 一六	八 三四	一 五二
二 六一	四 八八	九 四三

壬向

未山

七 六三	三 一七	五 八五
六 七四	八 五二	一 三九
二 二八	四 九六	九 四一

向丑

山
丁午

七 四三	三 八八	五 六一
六 五二	八 三四	一 一六
二 九七	四 七九	九 二五

癸子
向

坤申 山

七 四一	三 九六	五 二八
六 三九	八 五二	一 七四
二 八五	四 一七	九 六三

向 艮寅

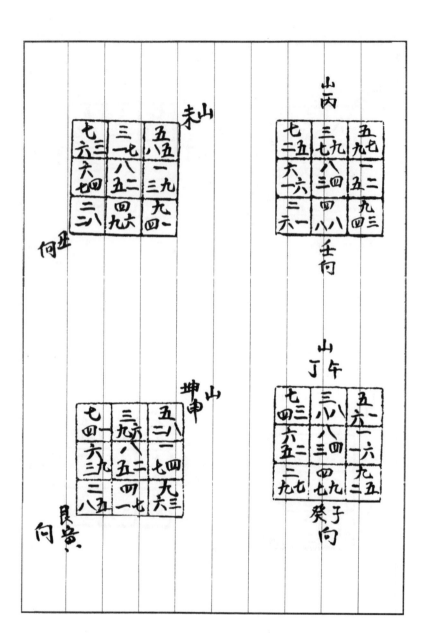

向辰

七 八六	三 四二	五 六四
六 七五	八 九七	一 二九
二 三一	四 五三	九 一八

戌山

向甲

七 九七	三 五二	五 七九
六 八八	八 一六	一 三四
二 四三	四 六一	九 二五

庚山

向巽巳

七 一九	三 五四	五 三二
六 二一	八 九七	一 七五
二 六五	四 四三	九 八六

乾亥山

向卯乙

七 二五	三 六一	五 四三
六 三四	八 一六	一 八八
二 七九	四 五二	九 九七

酉辛山

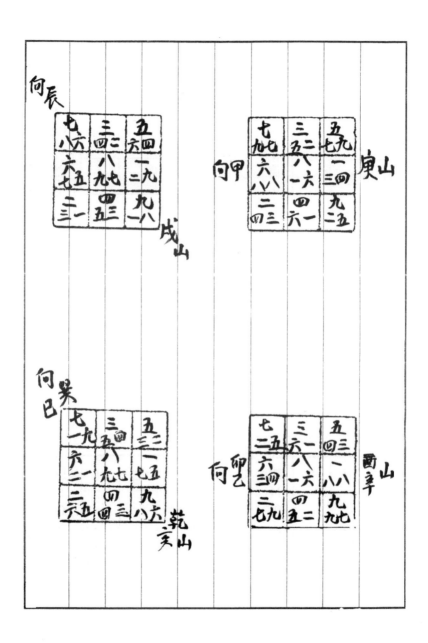

風水輪流轉之流年天運

歲次　甲申

西元二〇〇四
民國93年流年

四	九	二
三	五	七
八	一	六

歲次　乙酉

西元二〇〇五
民國94年流年

三	八	一
二	四	六
七	九	五

歲次　丙戌

西元二〇〇六
民國95年流年

二	七	九
一	三	五
六	八	四

歲次　丁亥

西元二〇〇七
民國96年流年

一	六	八
九	二	四
五	七	三

歲次　戊子

西元二〇〇八
民國97年流年

九	五	七
八	一	三
四	六	二

歲次　己丑

西元二〇〇九
民國98年流年

八	四	六
七	九	二
三	五	一

歲次　庚寅

西元二〇一〇

民國99年流年

七	三	五
六	八	一
二	四	九

歲次　辛卯

西元二〇一一

民國100年流年

六	二	四
五	七	九
一	三	八

歲次　壬辰

西元二〇一二

民國101年流年

五	一	三
四	六	八
九	二	七

歲次　癸已

西元二〇一三

民國102年流年

四	九	二
三	五	七
八	一	六

歲次　甲午

西元二〇一四

民國103年流年

三	八	一
二	四	六
七	九	五

歲次　乙未

西元二〇一五

民國104年流年

二	七	九
一	三	五
六	八	四

己亥

七	三	五
六	八	一
二	四	九

西元二〇一九
民國108年流年

庚子

六	二	四
五	七	九
一	三	八

西元二〇二〇
民國109年流年

辛丑

五	一	三
四	六	八
九	二	七

西元二〇二一
民國110年流年

丙申

一	六	八
九	二	四
五	七	三

西元二〇一六
民國105年流年

丁酉

九	五	七
八	一	三
四	六	二

西元二〇一七
民國106年流年

戊戌

八	四	六
七	九	二
三	五	一

西元二〇一八
民國107年流年

交九運

歲次　壬寅

四	九	二
三	五	七
八	一	六

西元二〇二二
民國111年流年

歲次　癸卯

三	八	一
二	四	六
七	九	五

西元二〇二三
民國112年流年

歲次　甲辰

二	七	九
一	三	五
六	八	四

西元二〇二四
民國113年流年

歲次　乙己

一	六	八
九	二	四
五	七	三

西元二〇二五
民國114年流年

歲次　丙午

九	五	七
八	一	三
四	六	二

西元二〇二六
民國115年流年

歲次　丁未

八	四	六
七	九	二
三	五	一

西元二〇二七
民國116年流年

歲次　戊申

七	三	五
六	八	一
二	四	九

西元二〇二八
民國117年流年

歲次　己酉

六	二	四
五	七	九
一	三	八

西元二〇二九
民國118年流年

歲次　庚戌

五	一	三
四	六	八
九	二	七

西元二〇三〇
民國119年流年

歲次　辛亥

四	九	二
三	五	七
八	一	六

西元二〇三一
民國120年流年

歲次　壬子

三	八	一
二	四	六
七	九	五

西元二〇三二
民國121年流年

歲次　癸丑

二	七	九
一	三	五
六	八	四

西元二〇三三
民國122年流年

歲次　甲寅

一	六	八
九	二	四
五	七	三

西元二〇三四

民國123年流年

歲次　乙卯

九	五	七
八	一	三
四	六	二

西元二〇三五

民國124年流年

歲次　丙辰

八	四	六
七	九	二
三	五	一

西元二〇三六

民國125年流年

歲次　丁己

七	三	五
六	八	一
二	四	九

西元二〇三七

民國126年流年

歲次　戊午

六	二	四
五	七	九
一	三	八

西元二〇三八

民國127年流年

歲次　己未

五	一	三
四	六	八
九	二	七

西元二〇三九

民國128年流年

歲次　庚申

西元二〇四〇
民國129年流年

四	九	二
三	五	七
八	一	六

歲次　辛酉

西元二〇四一
民國130年流年

三	八	一
二	四	六
七	九	五

歲次　壬戌

西元二〇四二
民國131年流年

二	七	九
一	三	五
六	八	四

歲次　癸亥

西元二〇四三
民國132年流年

一	六	八
九	二	四
五	七	三

交天運一運

西元二〇四四
民國133年流年

九	五	七
八	一	三
四	六	二

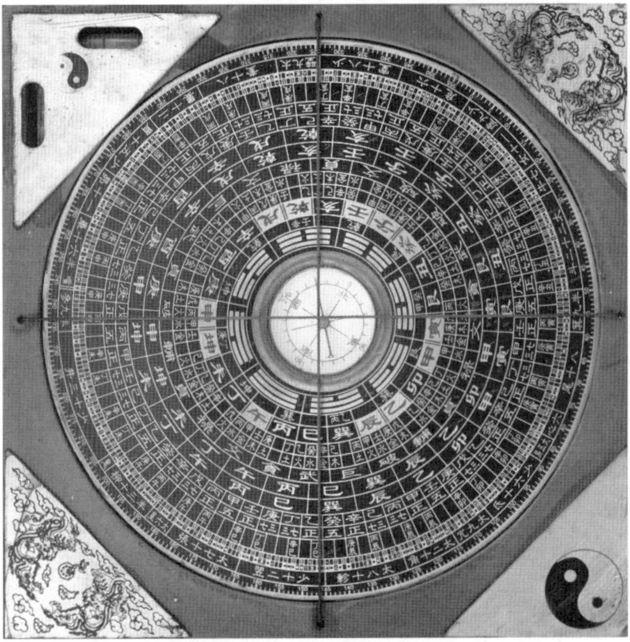

三元九星流月飛星圖

子午卯酉適用

正月　寅

七	三	五
六	八	一
二	四	九

二月　卯

六	二	四
五	七	九
一	三	八

三月　辰

五	一	三
四	六	八
九	二	七

四月　己

四	九	二
三	五	七
八	一	六

五月　午

三	八	一
二	四	六
七	九	五

六月　未

二	七	九
一	三	五
六	八	四

七月　申

一	六	八
九	二	四
五	七	三

八月　酉

九	五	七
八	一	三
四	六	二

九月　戌

八	四	六
七	九	二
三	五	一

十月　亥

七	三	五
六	八	一
二	四	九

十一月　子

六	二	四
五	七	九
一	三	八

十二月　丑

五	一	三
四	六	八
九	二	七

辰戌丑未年適用

一月　寅

四	九	二
三	五	七
八	一	六

二月　卯

三	八	一
二	四	六
七	九	五

三月　辰

二	七	九
一	三	五
六	八	四

四月　巳

一	六	八
九	二	四
五	七	三

五月　午

九	五	七
八	一	三
四	六	二

六月　未

八	四	六
七	九	二
三	五	一

十月　亥

四	九	二
三	五	七
八	一	六

十一月　子

三	八	一
二	四	六
七	九	五

十二月　丑

二	七	九
一	三	五
六	八	四

七月　申

七	三	五
六	八	一
二	四	九

八月　酉

六	二	四
五	七	九
一	三	八

九月　戌

五	一	三
四	六	八
九	二	七

寅申巳亥年適用

正月　寅

一	六	八
九	二	四
五	七	三

二月　卯

九	五	七
八	一	三
四	六	二

三月　辰

八	四	六
七	九	二
三	五	一

四月　巳

七	三	五
六	八	一
二	四	九

五月　午

六	二	四
五	七	九
一	三	八

六月　未

五	一	三
四	六	八
九	二	七

七月　申

四	九	二
三	五	七
八	一	六

八月　酉

三	八	一
二	四	六
七	九	五

九月　戌

二	七	九
一	三	五
六	八	四

十月　亥

一	六	八
九	二	四
五	七	三

十一月　子

九	五	七
八	一	三
四	六	二

十二月　丑

八	四	六
七	九	二
三	五	一

例如：下元八十九年庚辰為九紫火入中宮如此推演流年

三元九運值年九星一覽表

	甲子	乙丑	丙寅	丁卯	戊辰	己巳	庚午	辛未	壬申
	癸酉	甲戌	乙亥	丙子	丁丑	戊寅	己卯	庚辰	辛巳
	壬午	癸未	甲申	乙酉	丙戌	丁亥	戊子	己丑	庚寅
	辛卯	壬辰	癸巳	甲午	乙未	丙申	丁酉	戊戌	己亥
	庚子	辛丑	壬寅	癸卯	甲辰	乙巳	丙午	丁未	戊申
	己酉	庚戌	辛亥	壬子	癸丑	甲寅	乙卯	丙辰	丁巳
	戊午	己未	庚申	辛酉	壬戌	癸亥			
上元	一白	九紫	八白	七赤	六白	五黃	四綠	三碧	二黑
中元	四綠	三碧	二黑	一白	九紫	八白	七赤	六白	五黃
下元	七赤	六白	五黃	四綠	三碧	二黑	一白	九紫	八白

月之九暈一覽表

年＼月	一月	二月	三月	四月	五月	六月	七月	八月	九月	十月	十一月	十二月
子	八	七	六	五	四	三	二	一	九	八	七	六
丑	五	四	三	二	一	九	八	七	六	五	四	三
寅	二	一	九	八	七	六	五	四	三	二	一	九
卯	八	七	六	五	四	三	二	一	九	八	七	六
辰	五	四	三	二	一	九	八	七	六	五	四	三
巳	二	一	九	八	七	六	五	四	三	二	一	九
午	八	七	六	五	四	三	二	一	九	八	七	六
未	五	四	三	二	一	九	八	七	六	五	四	三
申	二	一	九	八	七	六	五	四	三	二	一	九
酉	八	七	六	五	四	三	二	一	九	八	七	六
戌	五	四	三	二	一	九	八	七	六	五	四	三
亥	二	一	九	八	七	六	五	四	三	二	一	九

例如：民國八十九年庚辰十月為五黃入中宮可推算流月。

*註紫白九暈、年、月之暈逆行遁餘傚此推如九八七六五四三二一。

日之九星一覽表

							十一月中起正月中止	正月中起三月中止	三月中起五月中止	五月中起七月中止	七月中起九月中止	九月中起十一月中止
甲子	癸酉	壬午	辛卯	庚子	己酉	戊午	一	七	四	九	三	六
乙丑	甲戌	癸未	壬辰	辛丑	庚戌	己未	二	八	五	八	二	五
丙寅	乙亥	甲申	癸巳	壬寅	辛亥	庚申	三	九	六	七	一	四
丁卯	丙子	乙酉	甲午	癸卯	壬子	辛酉	四	一	七	六	九	三
戊辰	丁丑	丙戌	乙未	甲辰	癸丑	壬戌	五	二	八	五	八	二
己巳	戊寅	丁亥	丙申	乙巳	甲寅	癸亥	六	三	九	四	七	一
庚午	己卯	戊子	丁酉	丙午	乙卯		七	四	一	三	六	九
辛未	庚辰	己丑	戊戌	丁未	丙辰		八	五	二	二	五	八
壬申	辛巳	庚寅	己亥	戊申	丁巳		九	六	三	一	四	七

例如：民國八十九年十月二十日丁丑日為二黑入中宮。

時之九量一覽表

時＼日	子午卯酉	辰戌丑未	寅申巳亥	子午卯酉	辰戌丑未	寅申巳亥
子	一	四	七	九	六	三
丑	二	五	八	八	五	二
寅	三	六	九	七	四	一
卯	四	七	一	六	三	九
辰	五	八	二	五	二	八
巳	六	九	三	四	一	七
午	七	一	四	三	九	六
未	八	二	五	二	八	五
申	九	三	六	一	七	四
酉	一	四	七	九	六	三
戌	二	五	八	八	五	二
亥	三	六	九	七	四	一
	冬至最近甲子日至夏至癸亥日迄用陽遁。			夏至最近甲子日至冬至癸亥日迄用陰遁。		

九星卦象釋義

坎卦：為耳、少年、水、酒徒、血、子宮、淫、腎臟。魁星紫微，貴人星。

坤卦：為腹、母、主婦、寡宿、脾胃、小腸、皮肉、山坡地、土地、車輪、車關、道路、橋梁。

震卦：為腿足、長男、暴徒、雷、龍、蛇、肝、震動、爆炸、棍、跌仆、賊星。

巽卦：為腹、為陰、長女、美女、文人、文昌、文藝、女賊、為風、蠅、為乳癌。

乾卦：為首、為父、大腸、骨、老翁、軍人、剛毅、馬、為金、玉寶石，天、赤宮星。

兌卦：為口、為舌、喉、肺、少女、娼妓、武人、刀斧、兵器、為天醫。

艮卦：為臂、手、指、隱士、虎、狗、經脈神經、鼻脾胃、懸崖、果實。

離卦：為目、心、小腸、文明、不孕、電、焚、飛機、銳器、陰險。

轉運盤效果

（1）可化解重大傷害。

（2）可預防重大車禍發生。

（3）可預防癌細胞入侵人體。

（4）算命師會算不出來。

（5）小孩讀書名列前茅。

（6）當官者步步高升。

（7）防範小人是非。

（8）官非可免。

（9）可化解各種疑難症。

（10）重病者可無藥而癒。

（五）九星應用分析

一、白貪狼星：

位於北方為「坎卦」，五行屬水，是貴人之星也是文曲星、紫微星，利文昌、官運，是文星，小孩讀書若得貪狼星加持公課一定名列前茅。大人想升遷可將床位及書位安在有貪狼星加持的方位，官運會一帆風順，步步高升，一白星若遇四綠星同宮時更佳，或與六白武曲星同宮，一六同宮官運會一飛沖天。一白是吉星，最忌二黑與五黃，流年飛到同宮，受到迫害之時，是年必有水災之苦，由其是五黃廉貞星飛到「坎卦」時會嚴重的水災，例：八七水災、八八水災、都是受到五黃廉貞星迫害所致。大環境受到煞星破壞會有天災、小環境的陽宅住家方位也會受到影響，一白星屬水，也掌管人體的腎臟，若受二黑與五黃星破壞時，人體會有腎臟病、血癌、糖尿病、洗腎、女人子宮癌之症。

二、黑巨門星：

也稱病符，位於西南方為「坤卦」，五行屬土，掌管車輛、土石流、道路、橋梁，也是颱風星，車關星，人體的胃腸、直腸，二黑病符星是凶星流年所到之處，凶悍無比，會破壞一切的人、事、物，絕不留情，無一倖免。流年遇二、五、八入中宮時，破壞力更強，例如在天運八運，土石流、車關特別多，二黑巨門星也會釋出毒素入侵人體破壞組織細胞，人們便會生病，生重病如胃癌、直腸癌都是二黑病符星做怪所賜，還有再天運八運時「坤卦」被五黃廉貞星管局二十年吸毒及食物滲毒特別多，人們都吃毒過日子，所謂天意如此是也，無法防範。

三、碧祿存星：

位於東方為「震卦」五行屬木，也是財帛星，也是震動之星及暴破之星，三碧木星受煞時會有大地震，電氣之類的物品會爆炸之慮。也是鬥牛殺之星，如暴動之事發生遇流一、四、七入中宮之年二、五、八煞星飛到時，更加嚴重，例如民國100年七赤入中宮時，五黃飛星到東方時日本的5.12大地震，及大海嘯之重大災害，所謂天運如此，很難防範的。天然災害，三碧祿存星受到煞星破壞及干擾時，對於人體的肝功能及腳部傷害，重者肝癌及肝硬化之症。

四、綠文昌星：

位於東南方為「巽卦」五行屬木，掌管文藝、文昌、才藝，例如打球、唱歌、寫字、讀書、若得文昌星加持，打球的球技會很好，唱歌的會變歌星，小孩讀書成績很好，參加所有比賽拿冠軍的機率會很高，四綠星若遇一白星同宮時小孩讀書會名列前茅。四綠木星若遇二黑與五黃同宮破壞時，對於人體會傷害到肝膽、乳，重者會得到肝癌膽結石、乳癌之症。

五、黃廉貞星：

五黃廉貞星位於中央為戊己，掌管八卦，惟我獨尊，五行屬土，陽宅最忌五黃煞星，流年所到之處，破壞力得強，凶悍無比，萬物遇到他都要低頭三尺，若遇到二黑病符星同宮時，更為嚴重，會發生重大事故，及重大災害。例如台灣的九二一大地震，八七及八八水災，日本五一一大地震大海嘯，世界各地的大災害，都是五黃加二黑凶星所為。

風水輪流轉的流年「天運」便可算出來。大自然受到破壞會如此嚴重，那人們呢？受到煞星破壞時便會發生重大的車禍、及癌症的是情發生。但人們可以預防他，遠離他，不受煞星之干擾及破壞，人們要如何才能遠離煞星的干擾呢？可以在陽宅方位學裏找出一卦純清沒有二黑及五黃占據的方位來佈局安床、開大門、安灶位、書桌位，便可遠離煞星的干擾，住之可平安無事，退一步海闊天空的道理。

六、白武曲星；

位於西北方為「乾卦」五行屬金，為白金、得勢之時出高官，人們住的陽宅有六白武曲星加持的方位來開大門及安床，官運會步步高升而且得掌權，有一乎百應之勢。一般的地理師們都想在乾卦的方位來安床，切不知風水會輪流轉，八卦二四三有三分之一的不能在乾卦安床，想得乾切死在乾，「例」天運八運時正南北向，甲庚山東西向「乾卦」方位是不能安床的，因有九五一同宮之故，床位安在乾卦的人，身體會欠安，會得心臟病，心臟痳痺、心肌梗塞及大腸癌之重病。

無一幸免，人們若想升官發財，可找有一六同宮的方位來安床及桌位，保證官運會一飛沖天，有一乎百應之勢，例如天運八運正南北向的房子，正西方「兌卦」便有一一六同宮，安床在那裡便有步步高升之機運。

七、赤破軍星：

位於西方為「兌卦」五行屬金，也是天醫星，七赤破軍星有治病的功能，如有重病者可將床位移至西方兌卦安床，會得天醫星加持，必須要「一卦純清」的卦氣，重病會很快康復，屢試屢驗救人不計其數，七赤遇二黑同宮時會變先天火，便火星若受阻礙時易患火災。七赤是小人之星，流年二黑與五黃到時，小人、口舌是非特多，也是非之星，若遇遇黑與五黃迫害之時，人的肺部、口腔癌、牙齒、牙周病、頸部易傷害。

八、白左輔星：

位於東北方為「艮卦」為少男卦，五行屬土，八白輔星，遇吉星同宮時便吉星，若遇二、五同宮之時變凶星，因同屬土之故也。八艮為艮為山，為高山是高處之意。如飛機失事、如空難墜機、從高處吊下來，又如跳樓的事故，都與艮卦有關，是流年受二黑與五黃傷害之故，人體受傷時如年青人吸毒，人的神經系統、胰臟癌都是艮八所賜。

九、紫右弼星：

位於南方為「離卦」五行屬火，為火災之源，與七赤同宮之時變為後天火，患煞的方位易患火災，如路沖、防火巷道、電路及煙窗，流年：二七天火及七九後天火到須防火災，算九星流年便可算出那個方位易患火災準精確無比。九紫大也掌管電氣、電子、電子之類，流年五黃煞星飛到離卦時，電力一定會受到傷害，變有限電危機，九紫火受到迫害時，對人體傷害眼睛、心臟、●●，重者會心肌梗塞，心臟痲痺之重症。九紫火也掌管飛機，飛機失事與九紫火受煞有關。

１陽宅佈局：每戶房子範圍內，有個大太極，每個房間，有個小太極，九宮格可用在大太極也可用在小太極，大小間同論。

２例：坐子山午向八運天心圖（一般公寓）

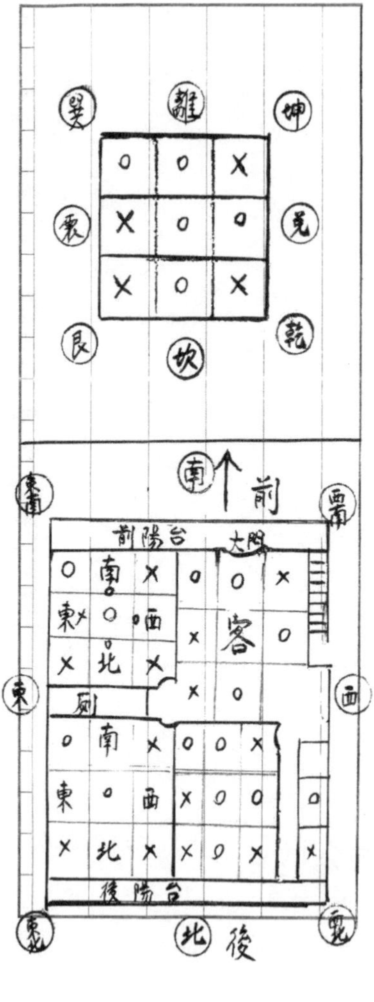

3住的房子陽宅最重大門的磁場，床位、灶爐位、及書桌位的磁場會直接影響到住的人，健康及事業，如九宮格圖，○的方位為一卦純清，有吉星照臨，不受煞星干擾，住者平安，家庭合樂，小孩乖巧，諸事順利，心想事成，順天而行可得天助，貴人相助。

4若在X方位開大門，安床、灶爐位及書桌位，易患小人，諸事不順，身體會欠安，重者患重大車關，得癌症之類，又小孩不聽話，不愛讀書變壞孩子，如夫妻會失和，久之會離婚，便是逆天而行，老天爺也救不了你。

天運一運廿四山向天心正運飛星圖（坐北向南）（一般公寓）

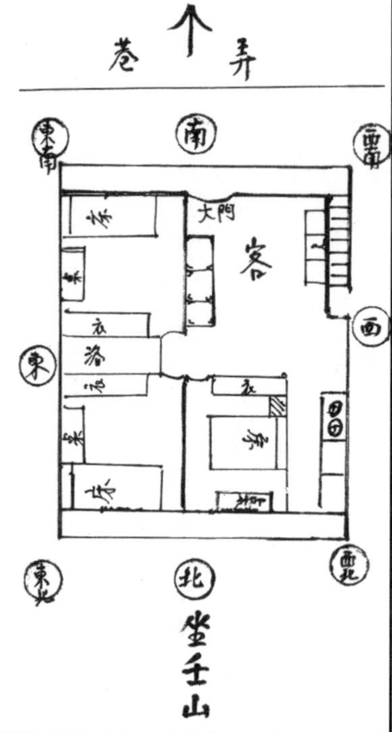

此局進客廳大門可開在東南方為一卦純清之位。
床安在東北方。
小孩讀書位安在北方。
灶爐位安在正西方。

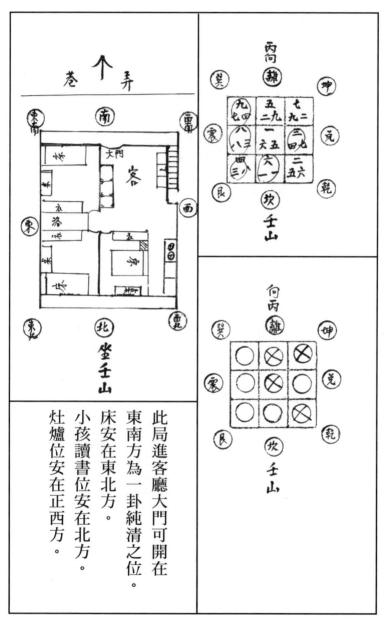

天運一運子癸山午丁向天心圖（坐北向南）

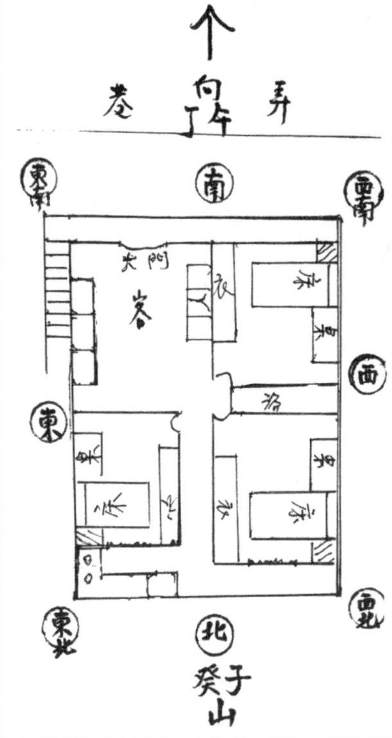

此局大門開在南方為一卦純清。
床位可安在震卦及兌卦。
小孩文昌位可安在離卦。
灶爐安在兌卦與震卦住者一平安。

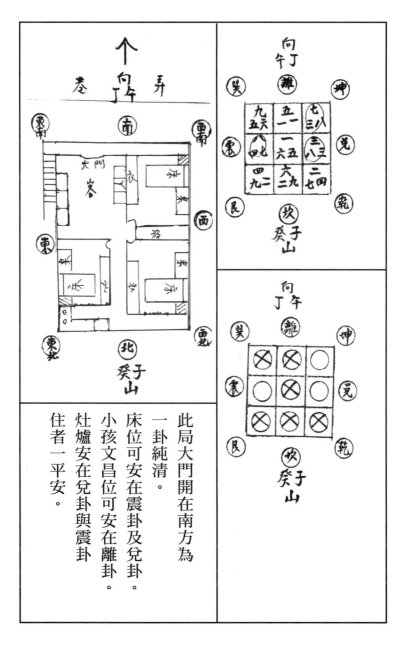

天運一運丑山未向天心正運圖（坐東北向西南）

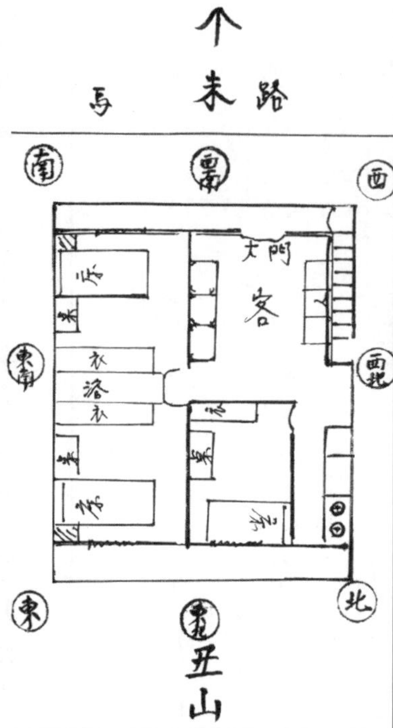

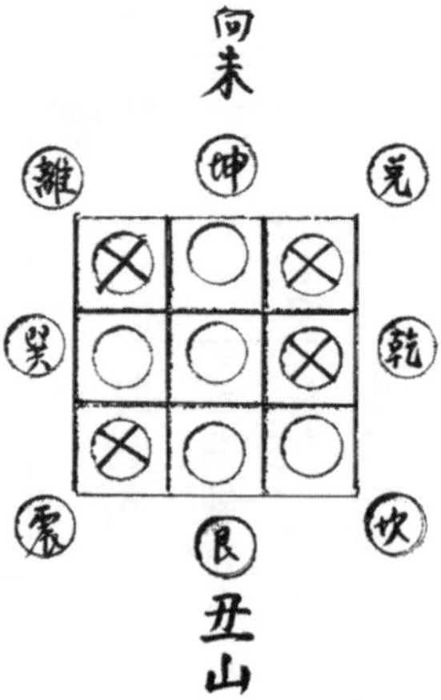

此局大門開在坤方。
床可安在巽方、艮方、坎方。
艮方為文昌位。
灶爐位安在北方。
住之平安。

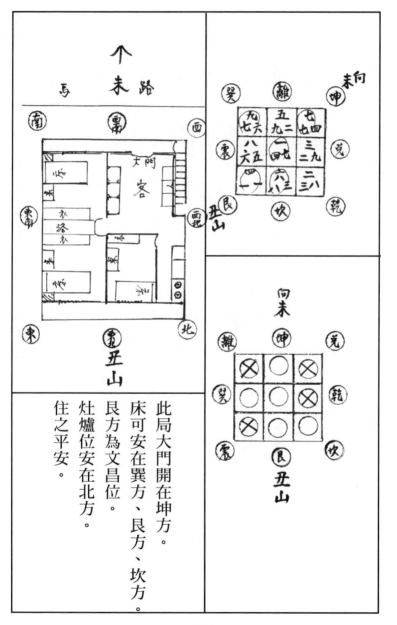

運一運艮寅山坤申向天心正運圖（坐東北向西南）

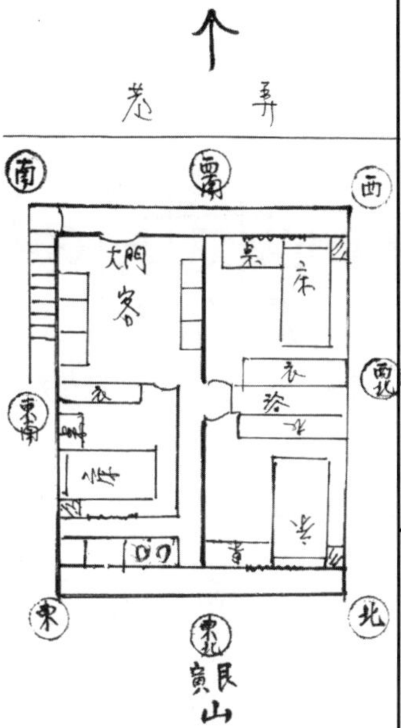

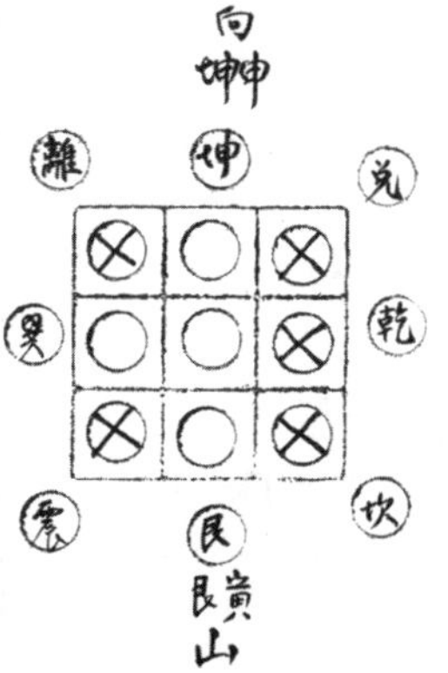

此局大門開在坤方。
最佳床安在巽方、艮方。
書桌安在坤方。
灶爐位安在艮方
住者大吉、平安。

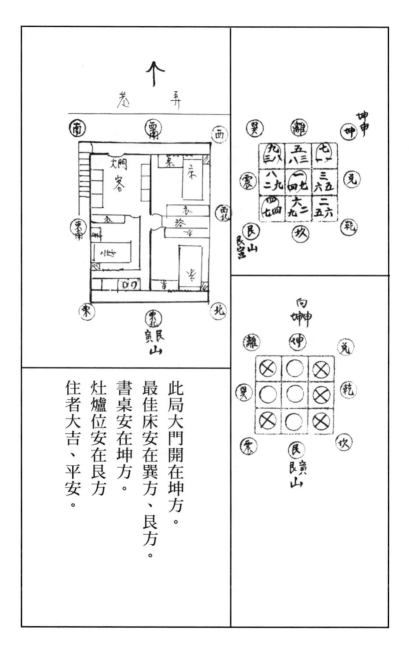

天運一運甲山庚向天心正運圖（坐東向西）

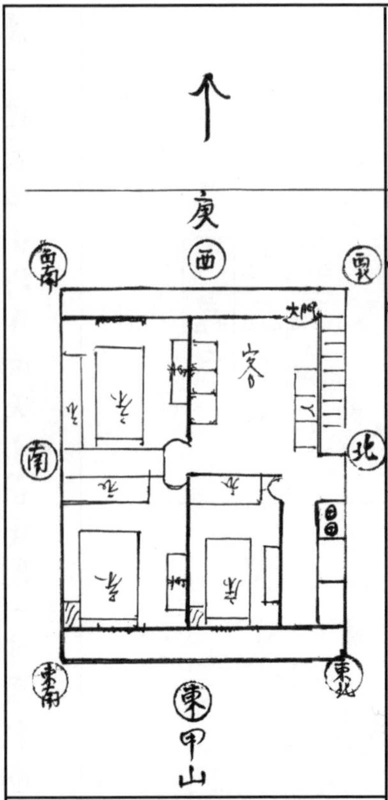

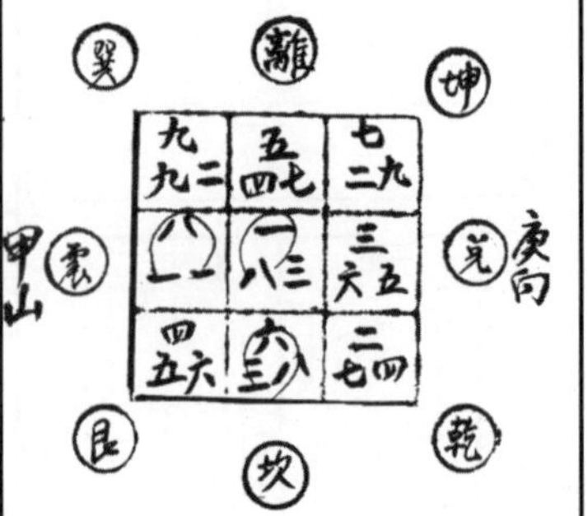

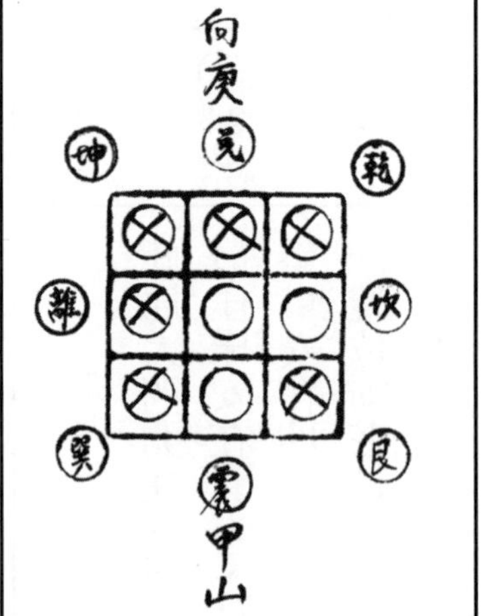

此局大門開在乾方。
床安在震方及坎方。
文昌位在震方。
住者大吉。
灶位安在坎方。

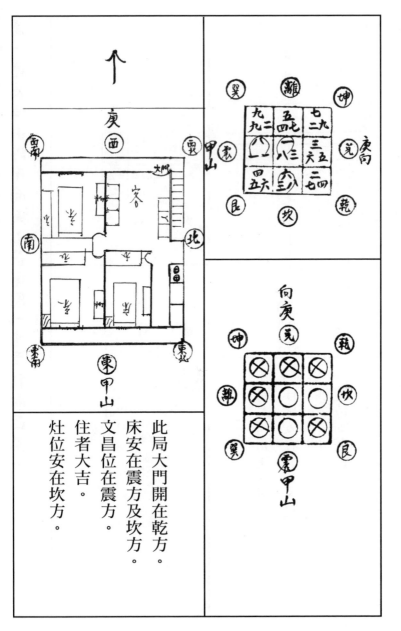

天運一運卯乙山西辛向天心正運圖（坐東向西）

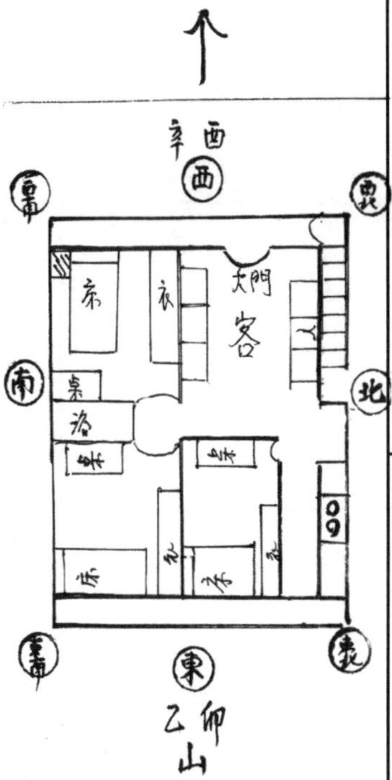

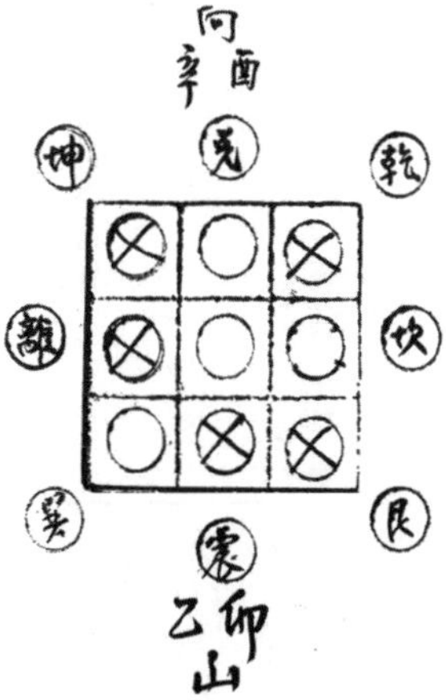

此局進客廳大門前面中央兌方。

床安在巽方、坎方、兌方。

書桌安在巽方及兌方。

灶位安在坎方。

住之平安。

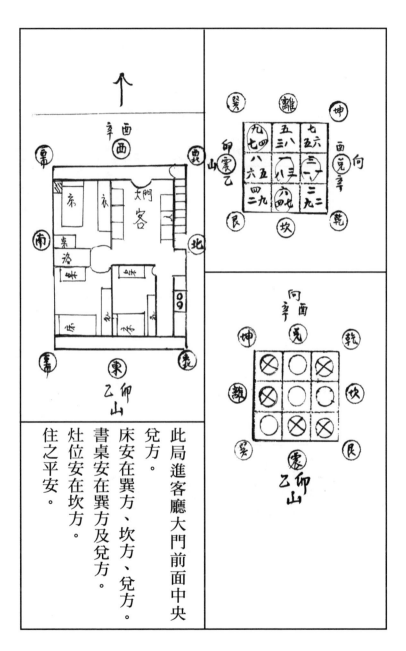

天運一運辰山戌向天心正運圖（坐東南向西北）

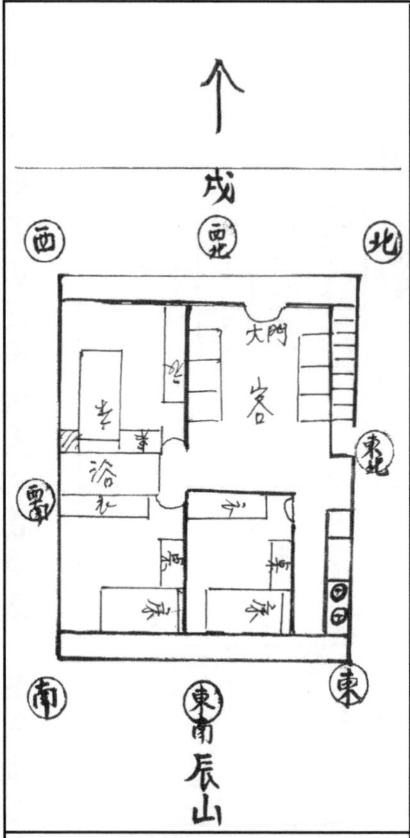

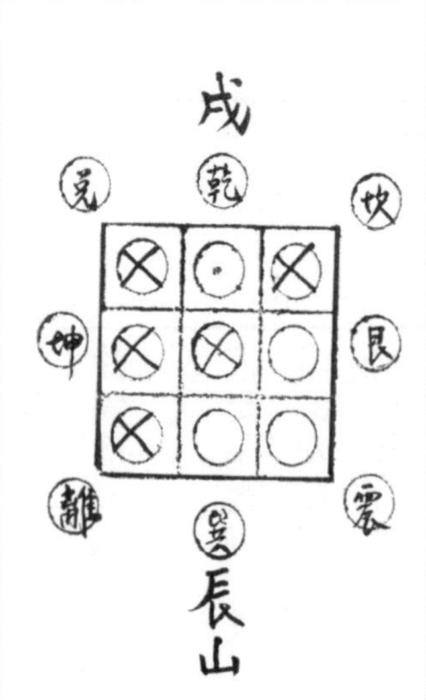

此局大門開在乾方。

床位安在震方、艮方。

文昌位在震方。

灶爐位安在震方。

住之平安．

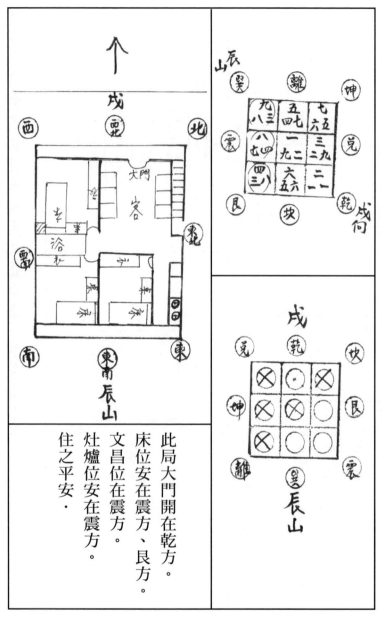

天運一運巽巳山乾亥向天心正運圖（坐東南向西北）

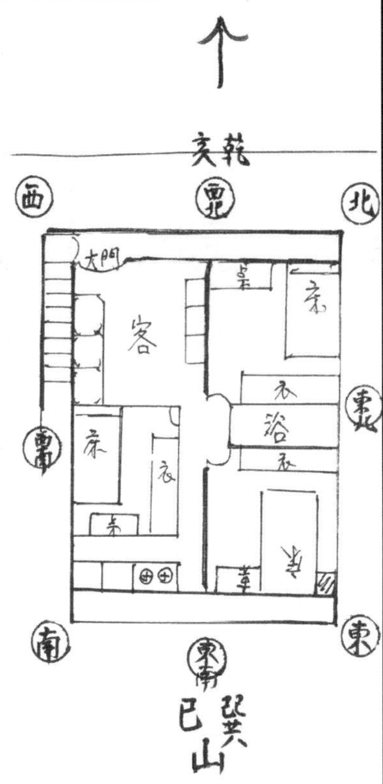

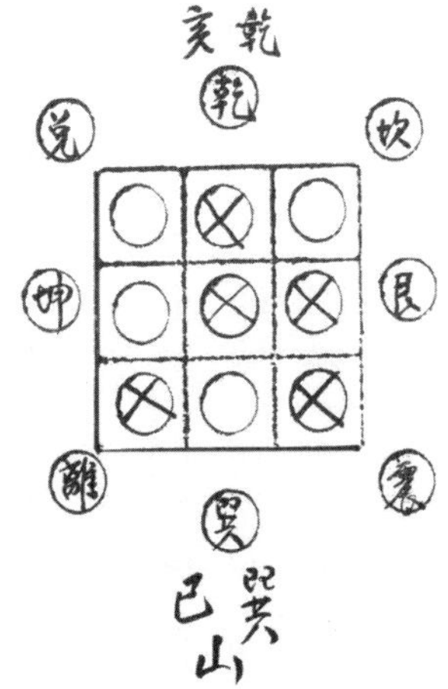

此局大門開在兌方。
床位安在坎方、坤方。
書桌位安在巽方。
灶位位要安在巽方。住
之平安。

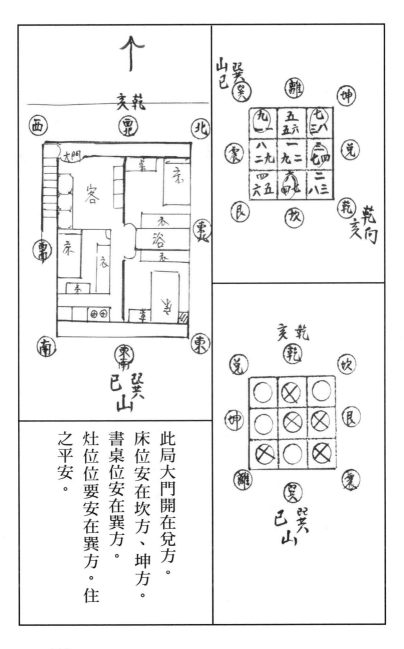

天運一運丙山壬向天心正運圖（坐南向北）

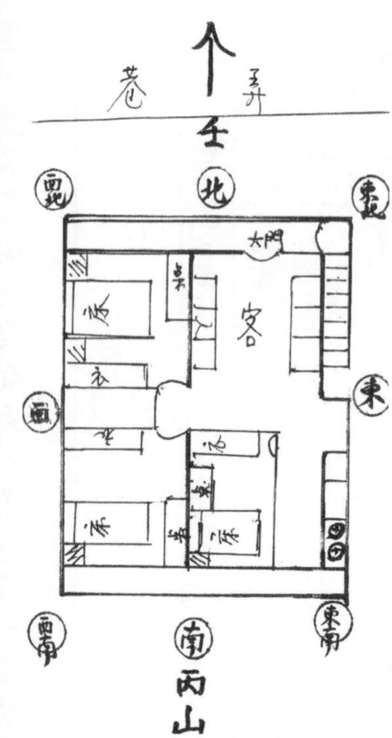

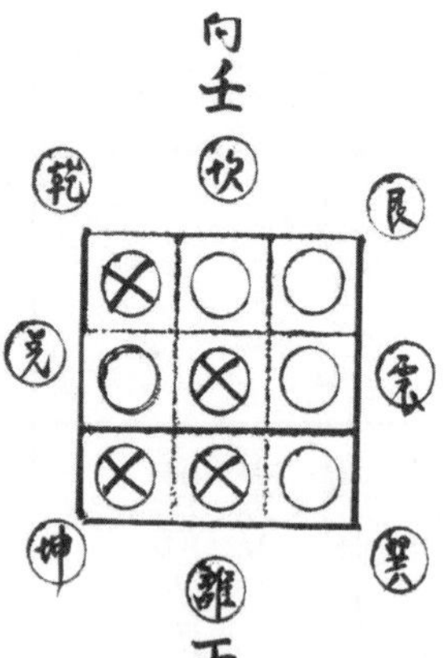

此局大門應開在坎方。
床位安在兌方、震方。
書桌位安在坎方。
灶位設在巽方。
住之平安。

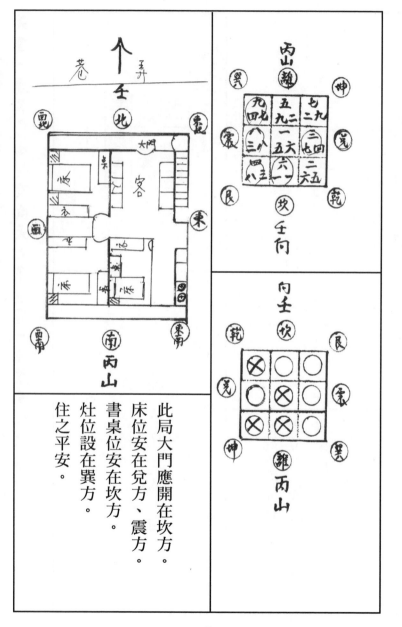

天運一運午丁山子癸向天心正運圖（坐南向北）

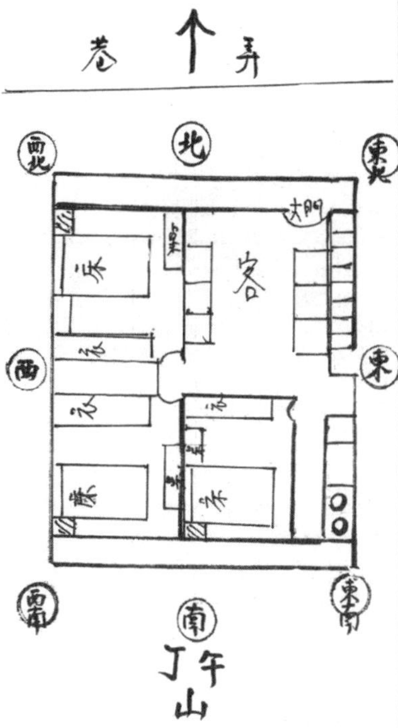

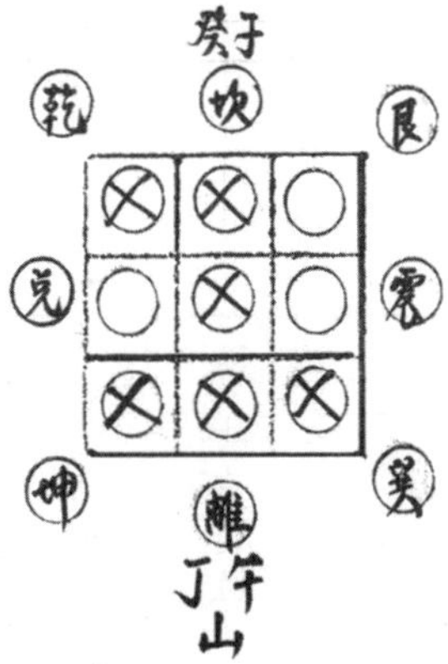

此局大門開在艮方。
床位安在艮方、兌方。
書桌位安在震方。
灶爐位設在震方。
住之平安。

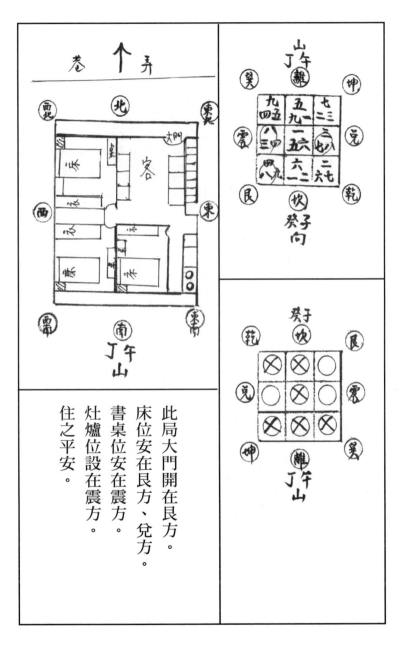

天運一運未山丑向天心正運圖（坐西南向東北）

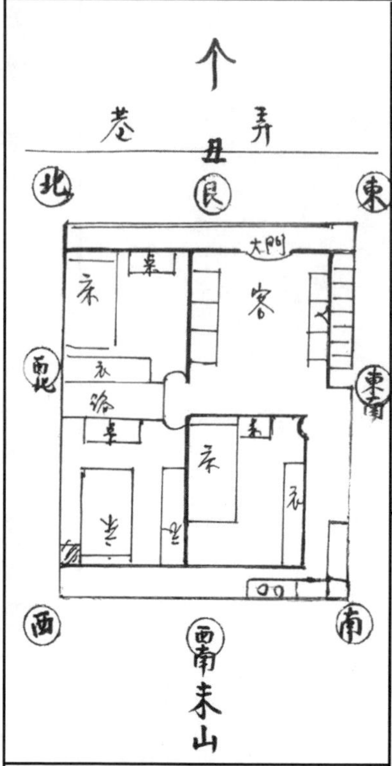

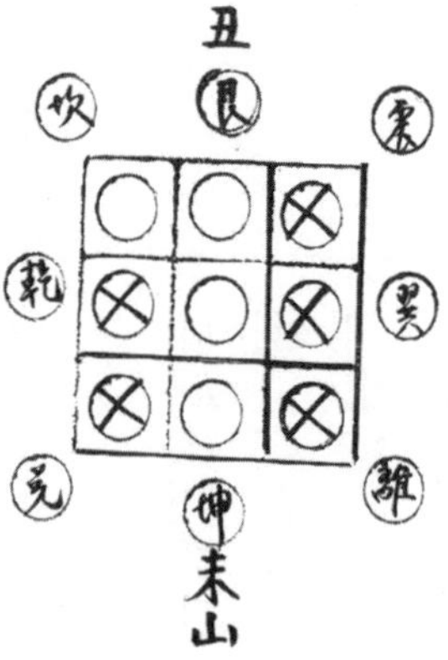

此局進客廳大門應開在艮方。
床位安在坎方、艮方。
書桌位安在艮方。
灶爐位設在坤方最吉。
住之平安。

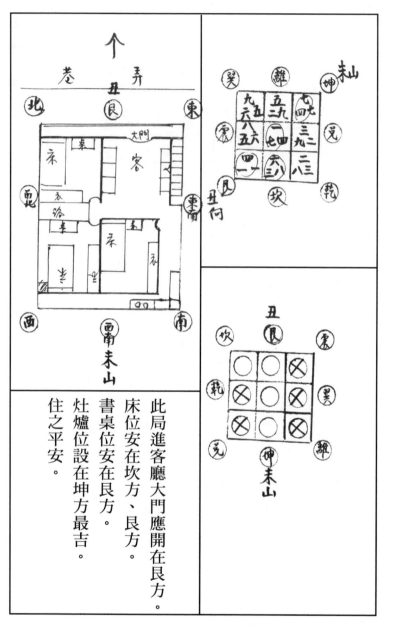

天運一運坤申山艮寅向室內佈局（坐西南向東北）

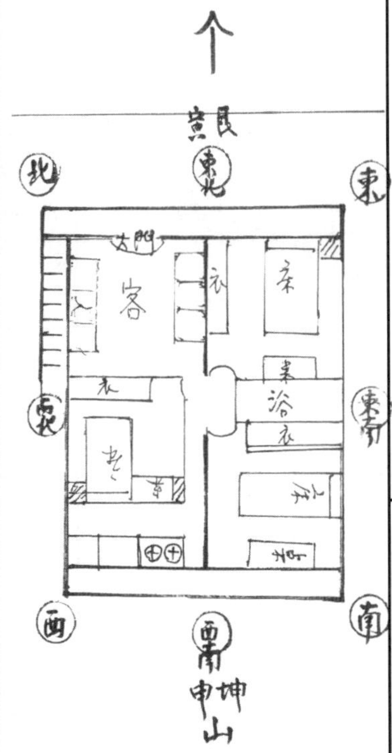

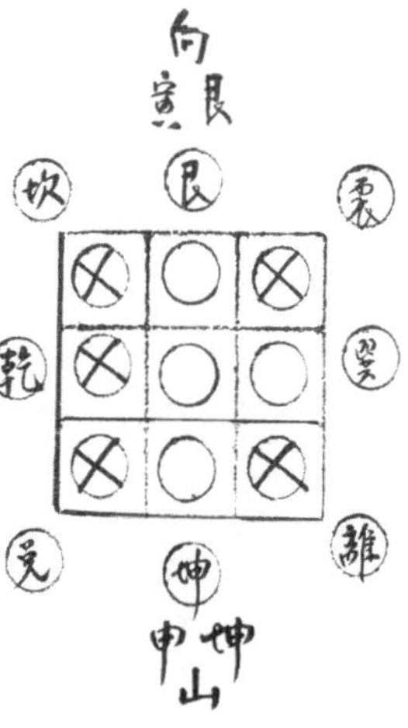

此局大門應設在艮方。
床位安在巽方、艮方。
書桌位安在坤方。
灶爐位安在坤方。
住之平安。

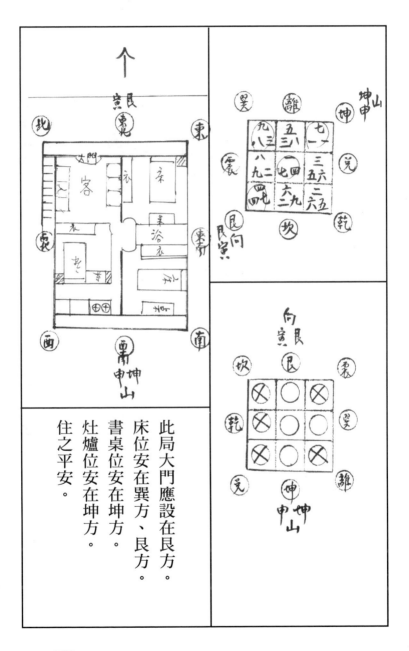

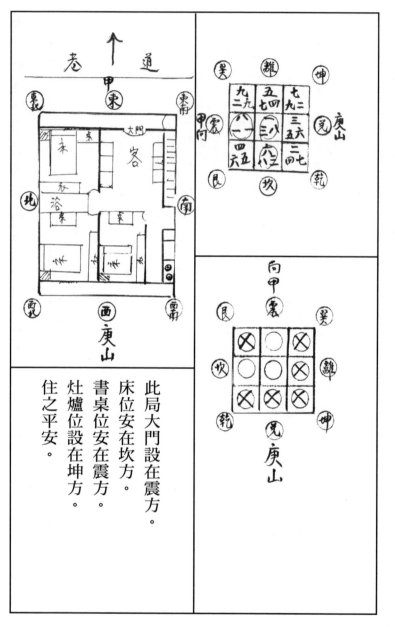

天運一運庚山甲向天心正運佈局圖（坐西向東）

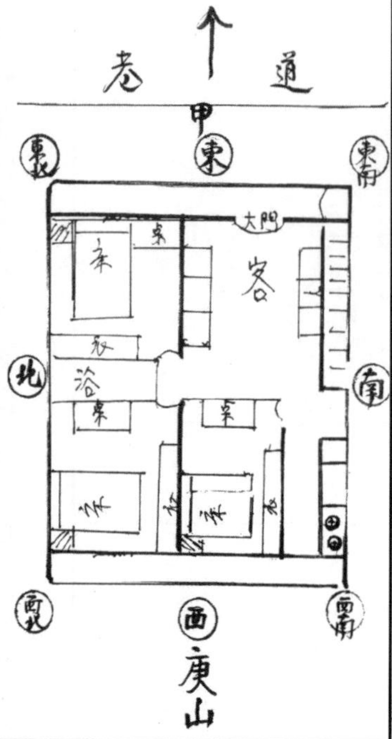

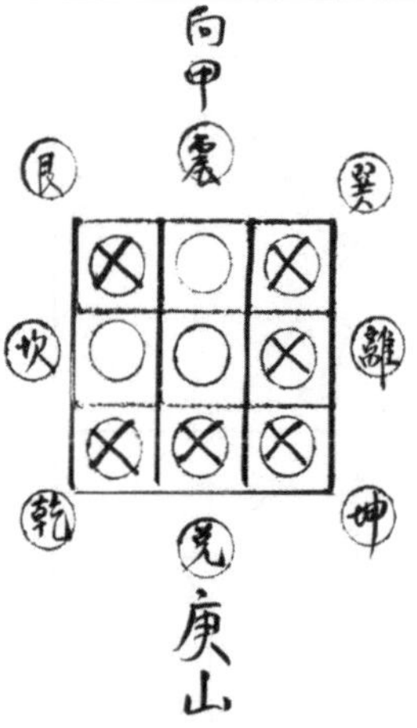

此局大門設在震方。
床位安在坎方。
書桌位安在震方。
灶爐位設在坤方。
住之平安。

天運一運酉辛山卯乙向室內佈局（坐西向東）

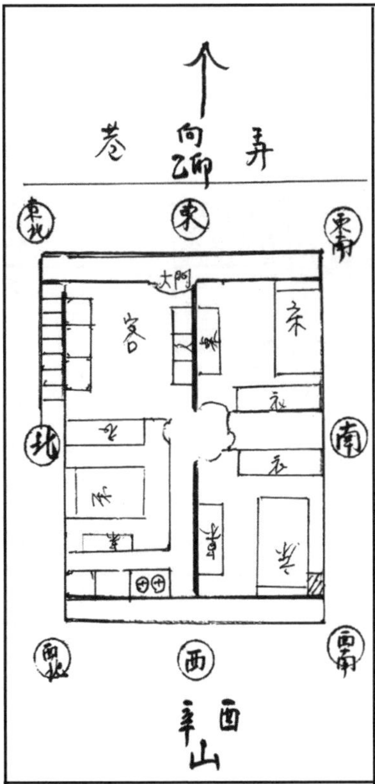

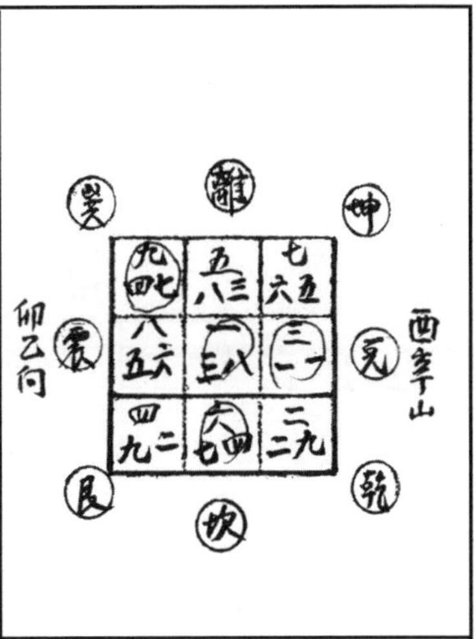

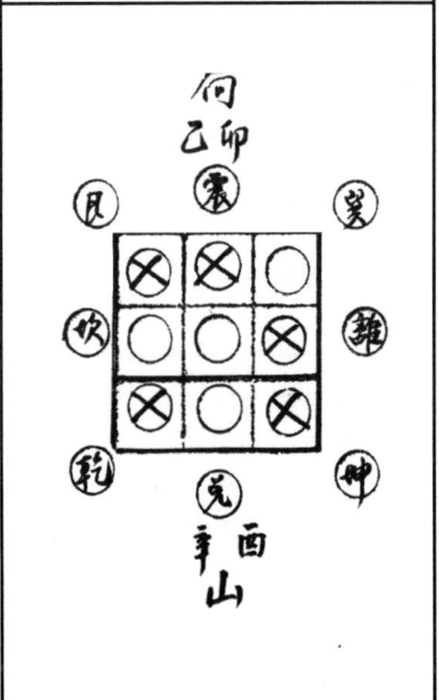

此局大門設在巽方。床位安在坎方。
書桌位安在兌方。
灶爐位設在兌方。
住之平安。

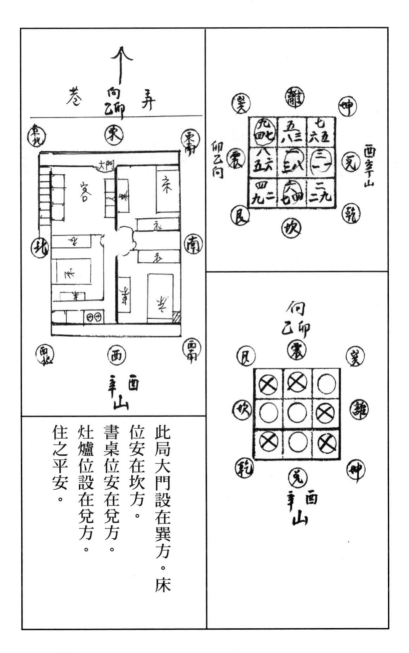

天運一運戌山辰向天心正運圖（坐西北向東南）

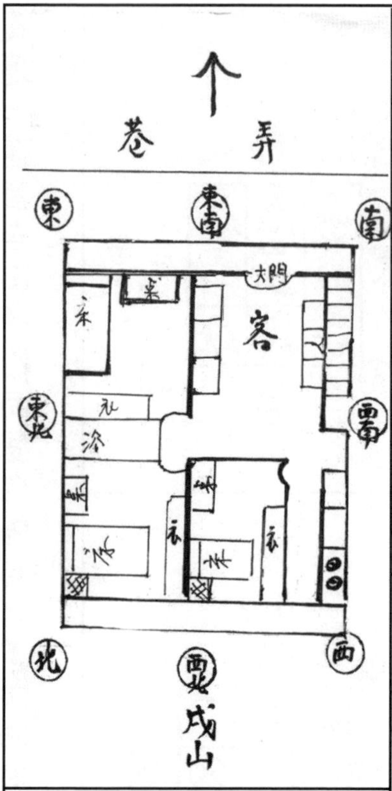

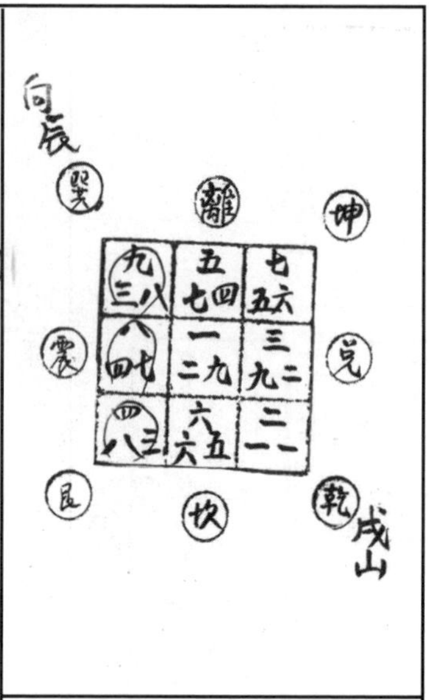

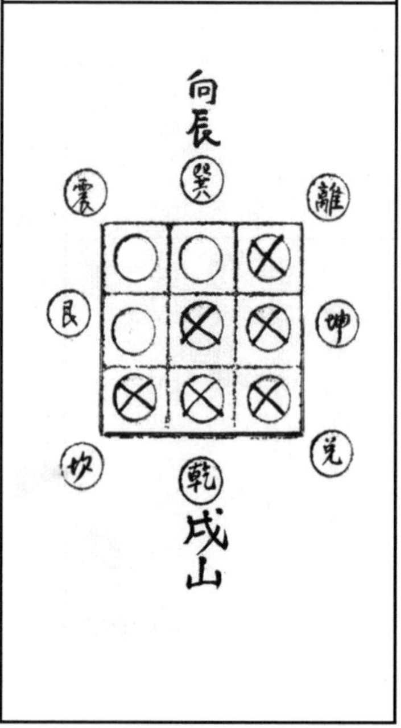

此局大門設在巽方。
床安在震方。
書桌位安在艮方。
灶爐位兌方。
住之平安。

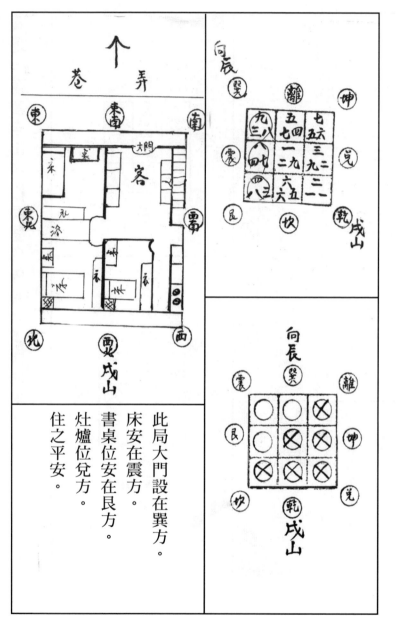

天運一運乾亥山巽巳向室內佈局（坐西北向東南）

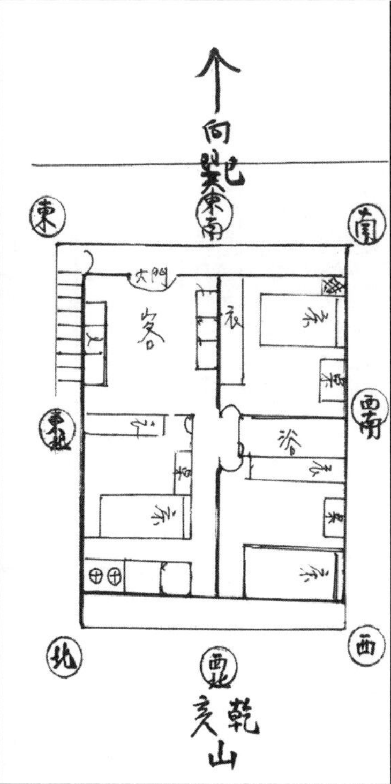

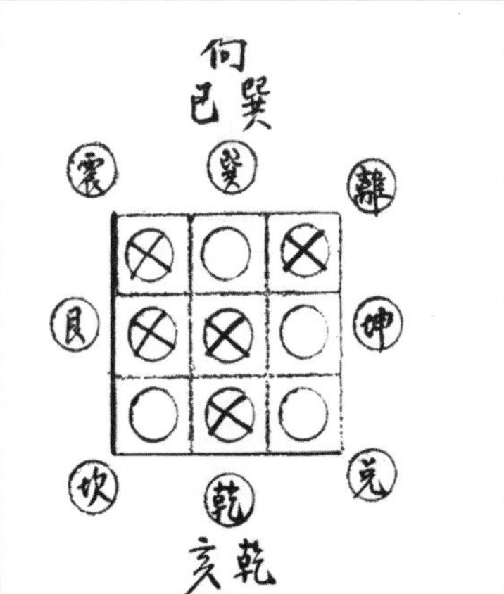

此局大門設在巽方。
床安在兌方、坎方。
書桌位安在巽方。
灶爐位設在坎方。
住之平安。

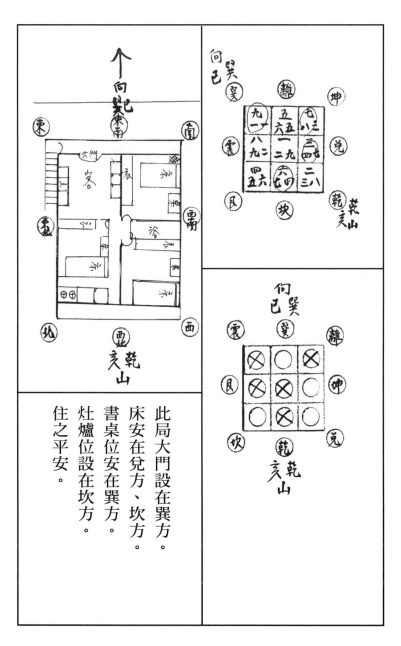

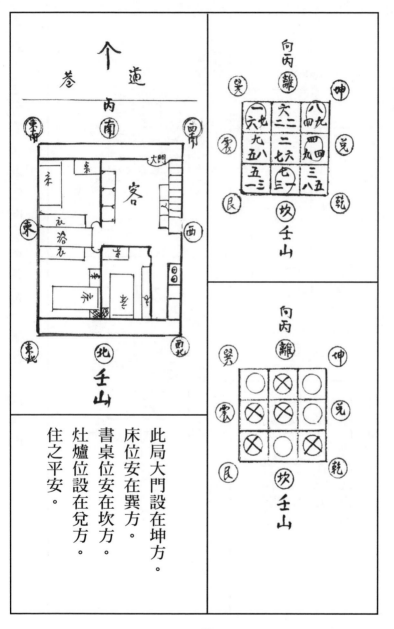

天運二運壬山丙向天心正運圖（坐北向南）

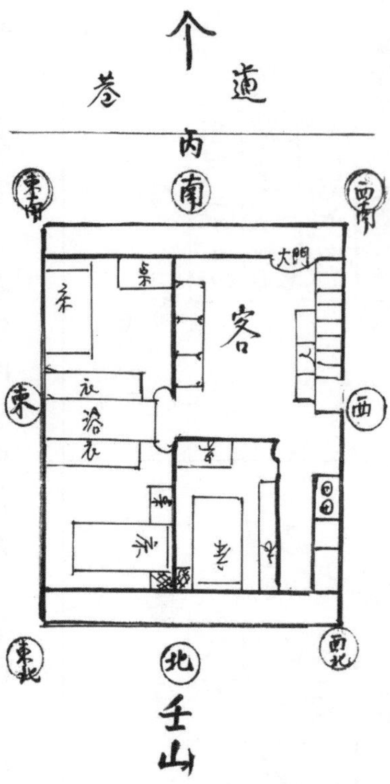

此局大門設在坤方。
床位安在巽方。
書桌位安在坎方。
灶爐位設在兌方。
住之平安。

天運二運子癸山午丁向室內佈局（坐北向南）

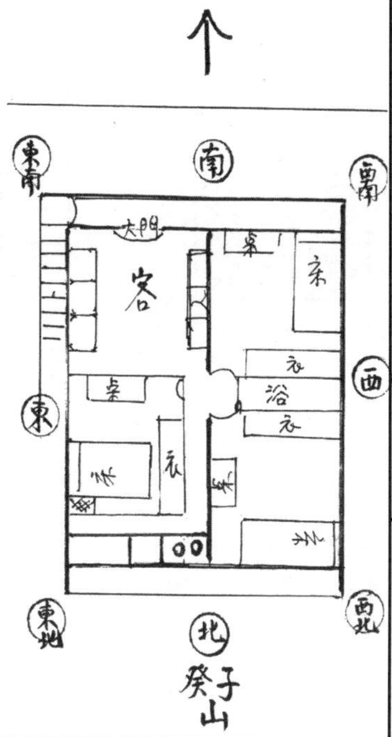

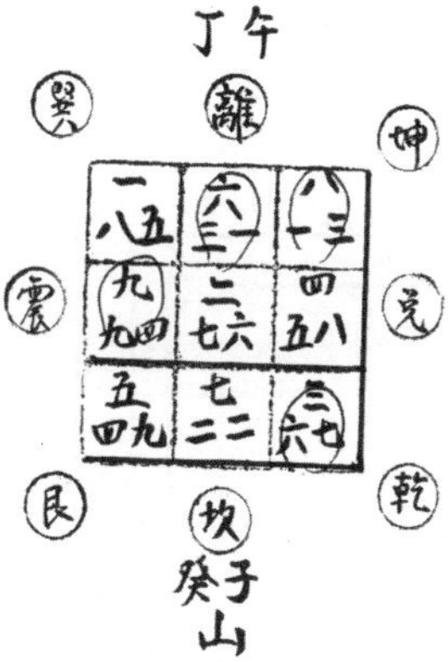

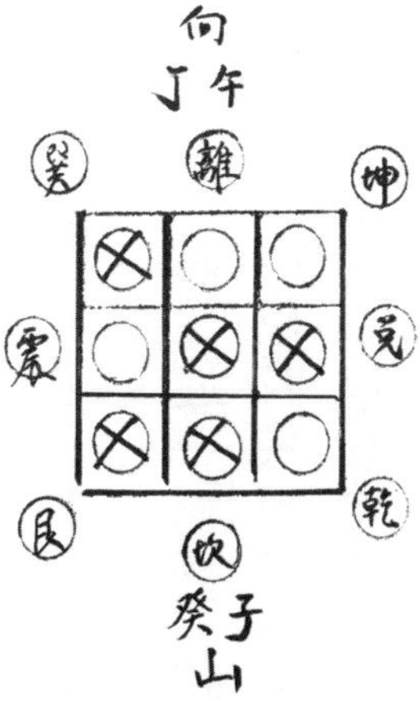

此局大門設在離方。
床位安在坤方。
書桌安在震方、離方。
灶爐位乾方。
住之平安。

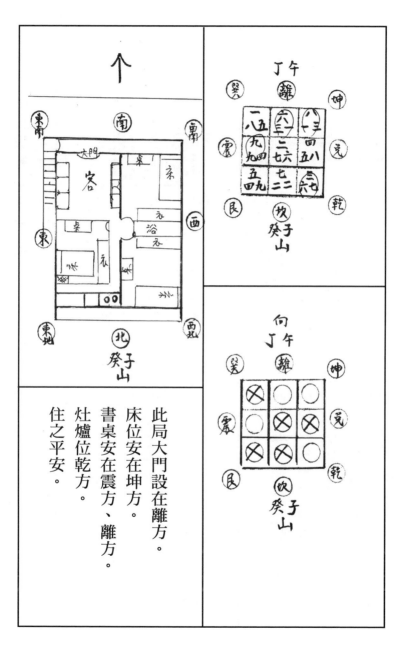

天運二運丑山未向天心正運圖（坐東北向西南）

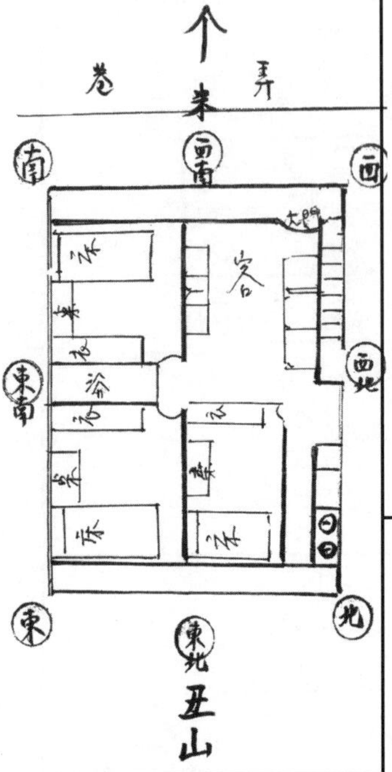

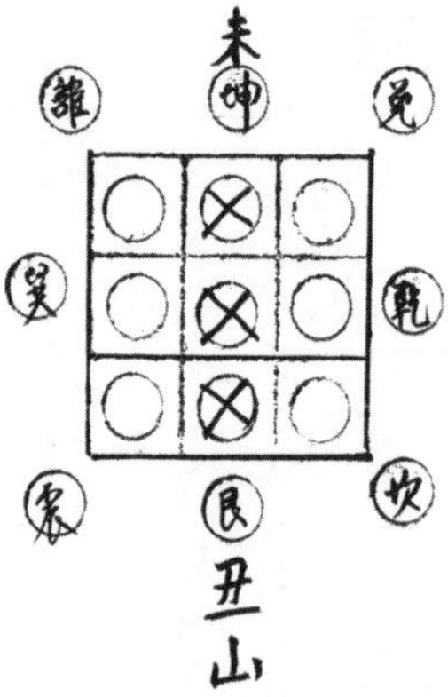

此局進客廳大門設在兌方。
床位設在震方、巽方。
文昌位在離方。
灶爐位設在坎方。
住之平安。

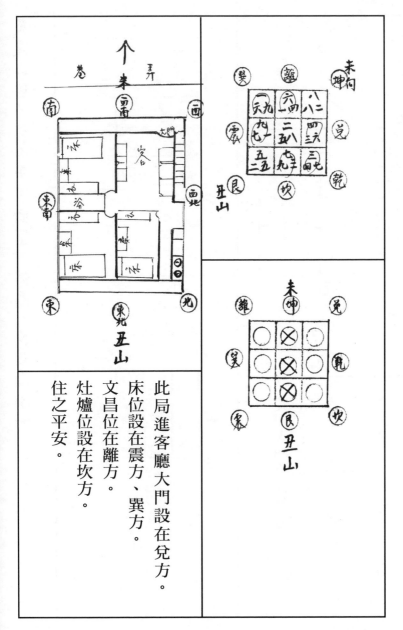

天運二運艮寅山坤申向室內佈局（坐東北向西南）

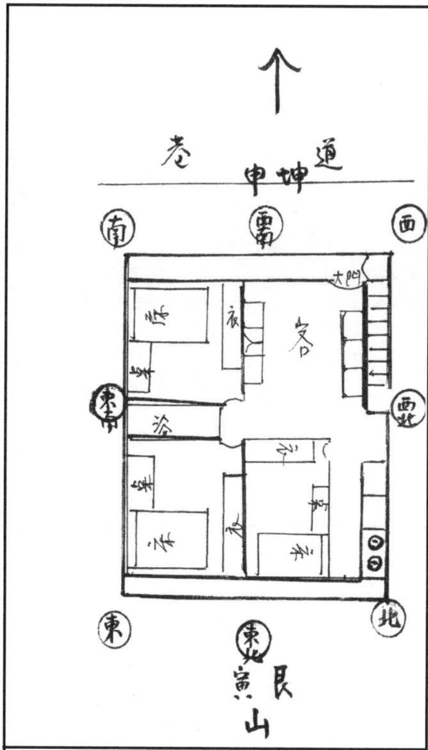

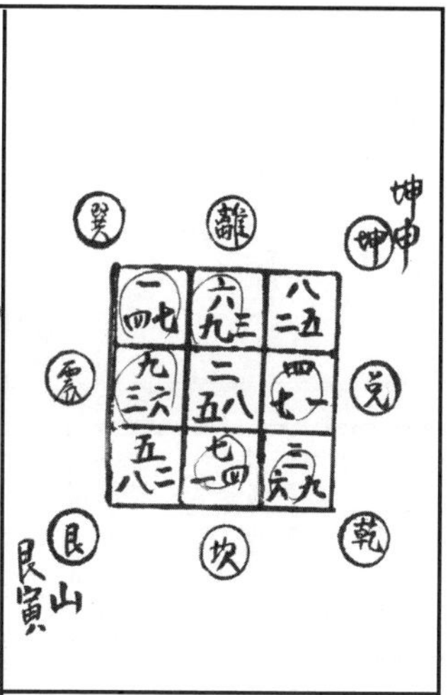

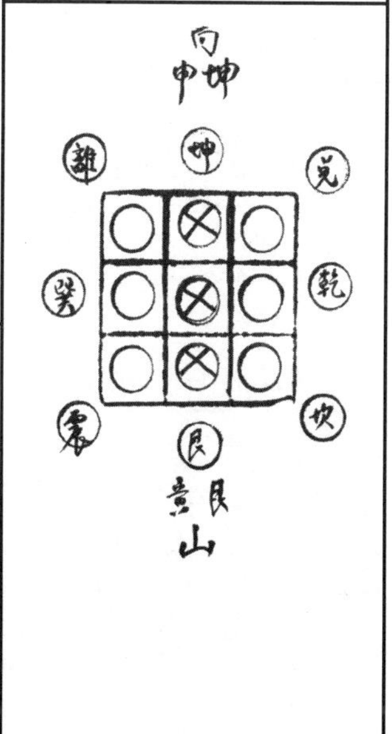

此局進客廳大門開在兌方。
床位安在離方、巽方、震方。
書桌位安在巽方。
灶爐位安在坎卦。
住之平安。

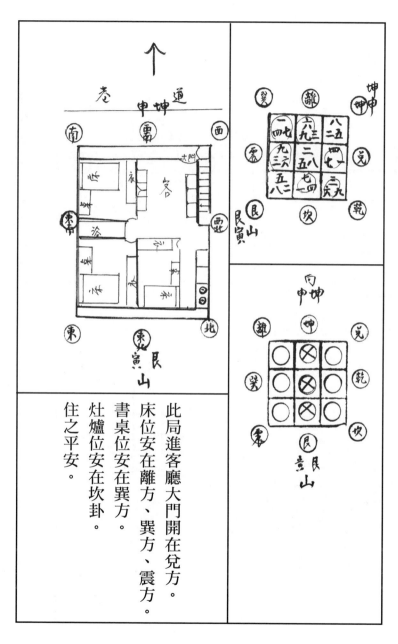

天運二運甲山庚向天心正運圖（坐東向西）

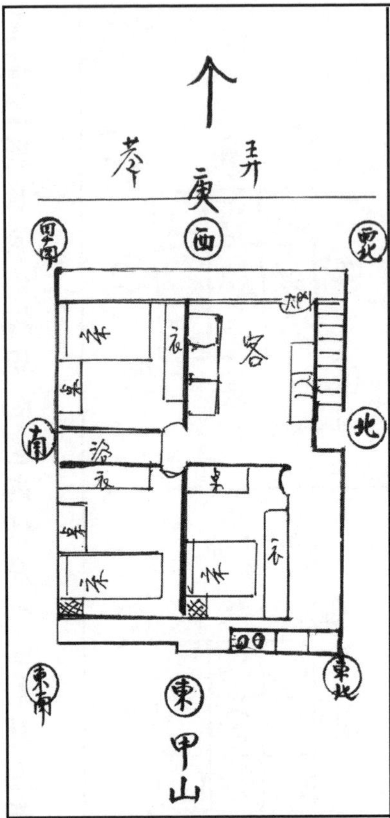

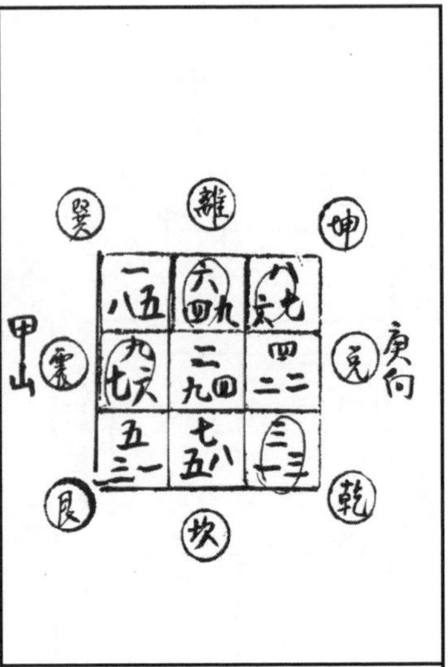

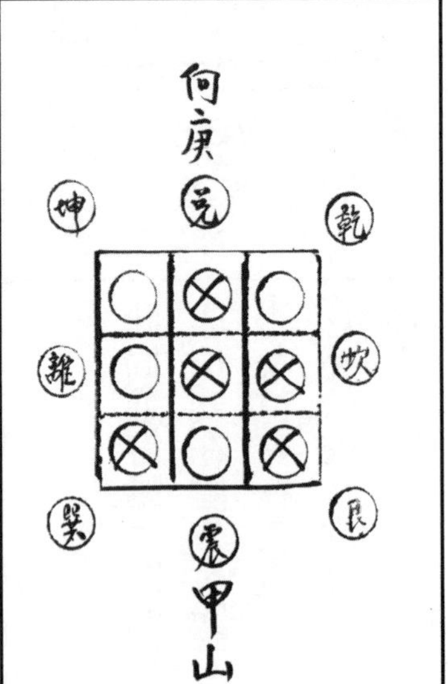

此局大門設在乾方。
床位安在坤方、離方。
書桌安在離方。
灶爐位設在震方。
住之平安。

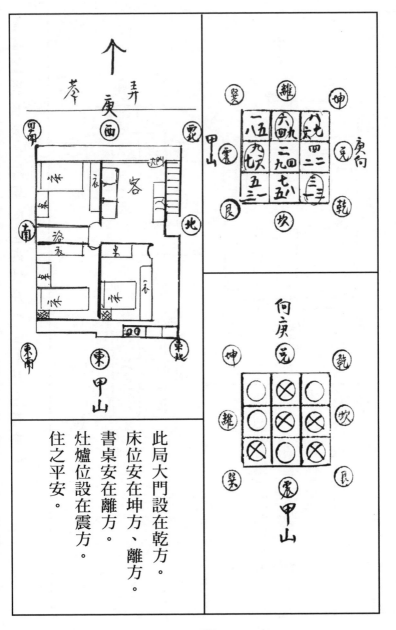

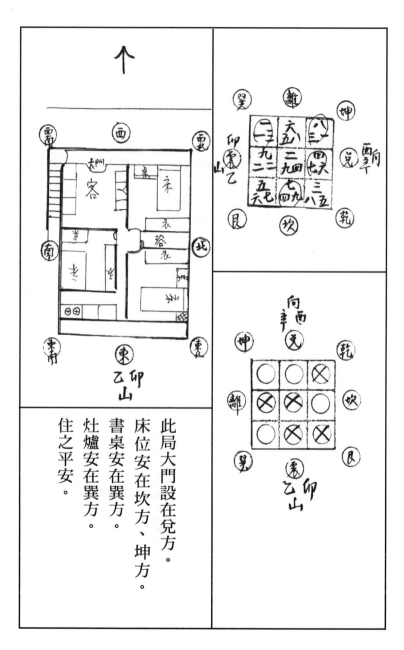

天運二運卯乙山酉辛向室內佈局（坐東向西）

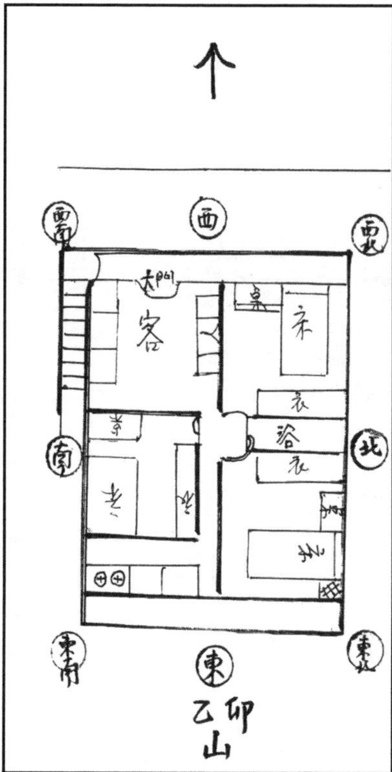

此局大門設在兌方。
床位安在坎方、坤方。
書桌安在巽方。
灶爐安在巽方。
住之平安。

天運二運辰山戌向天心正運圖（坐東南向西北）

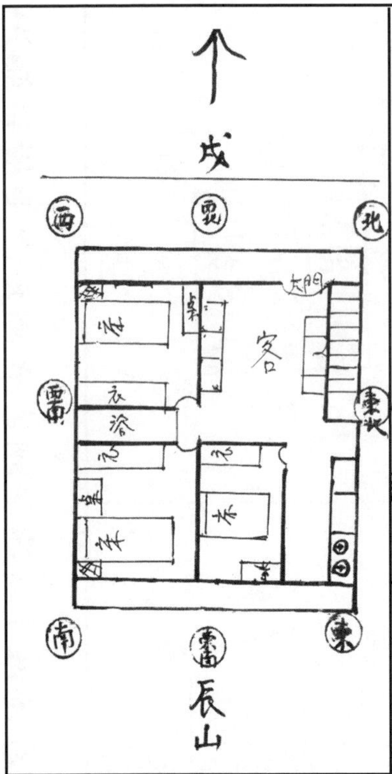

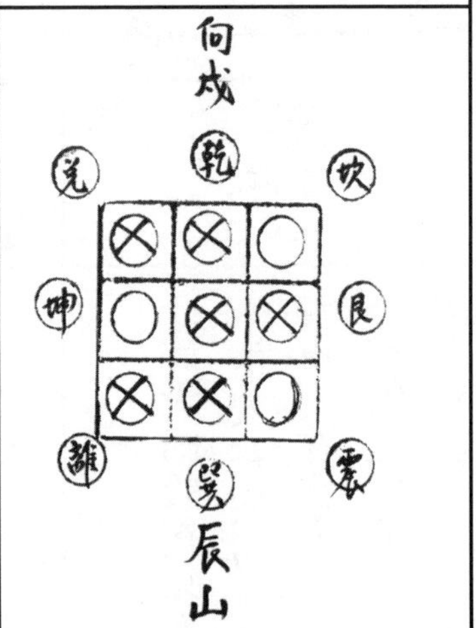

此局大門設在坎方。
床位安在坤方、坎方。
書桌安在震方。
灶爐安在震方。
住之平安。

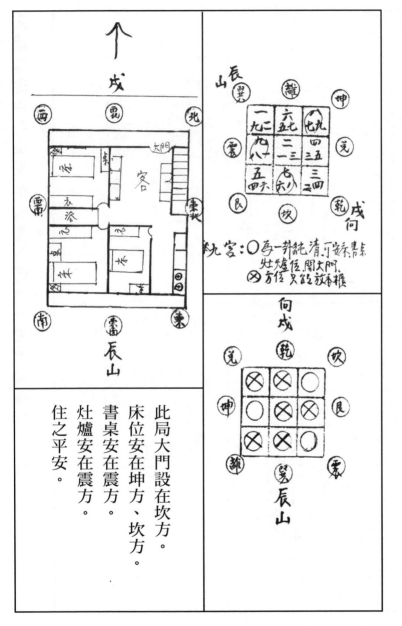

天運二運巽巳山乾亥向室內佈局（坐東南向西北）

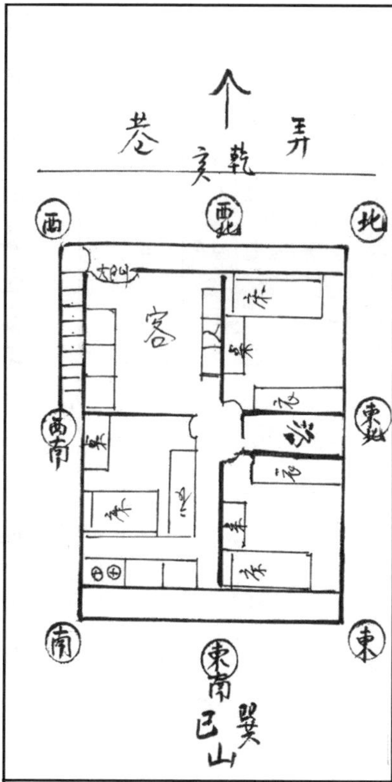

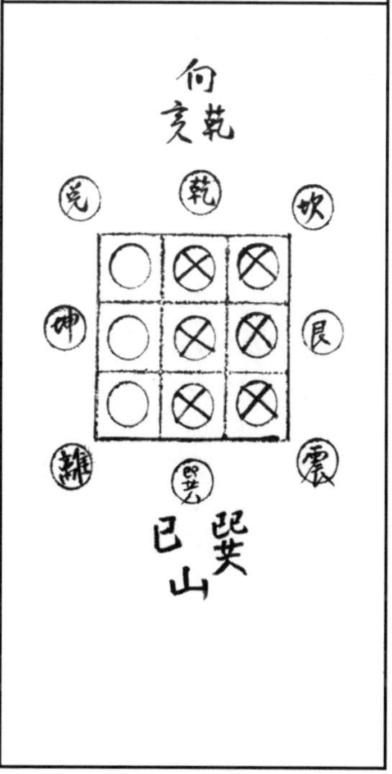

此局大門設在兌方。
床位安在坤方、離方。
書桌位安在兌方。
灶爐設在離方。
住之平安。

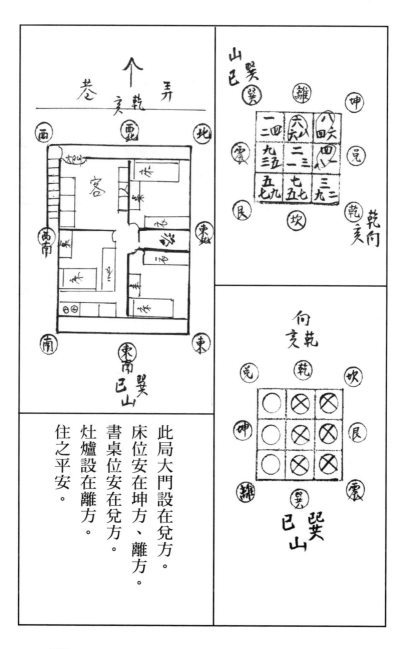

天運二運丙山壬向天心正運圖（坐南向北）

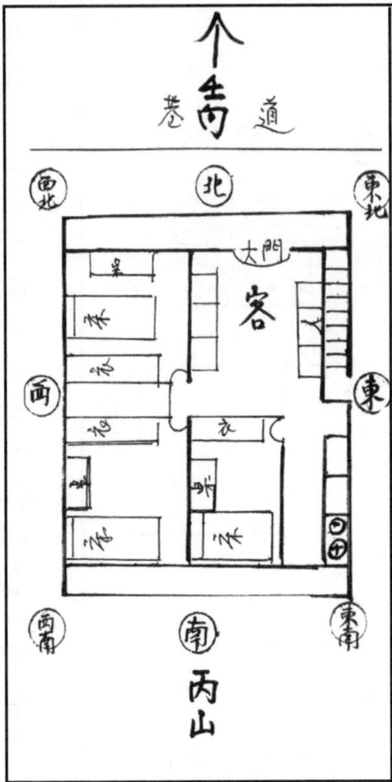

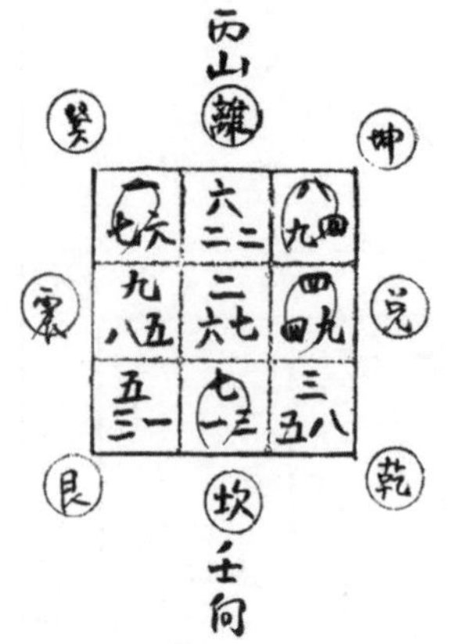

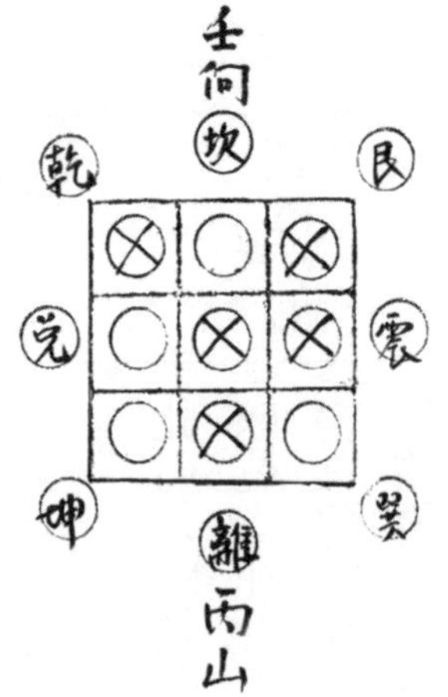

此局大門設在坎方。
床安在兌方、坤方。
書桌安在巽方。
灶爐安在巽方。
住之平安。

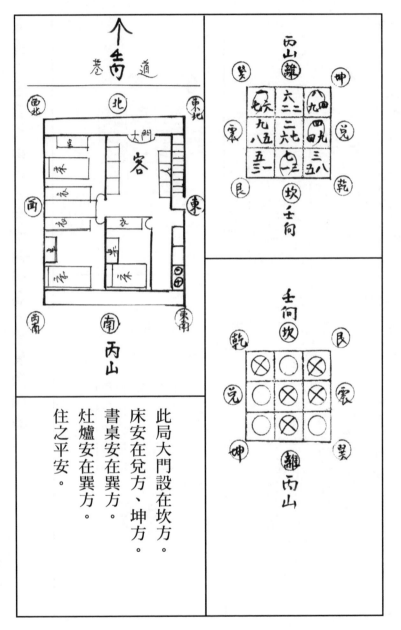

天運二運午丁山子癸向室內佈局（坐南向北）

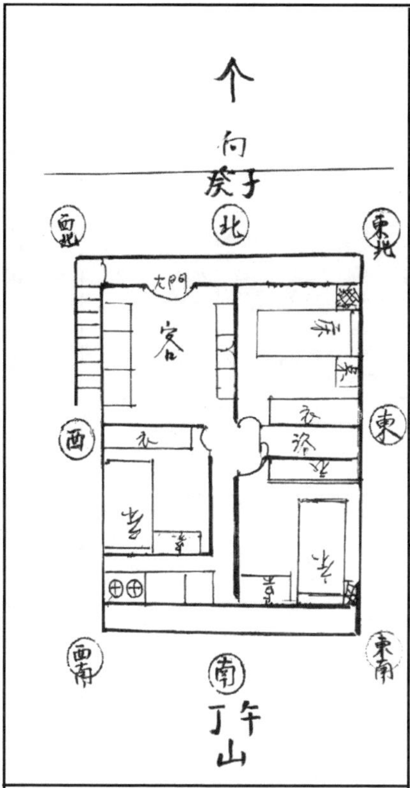

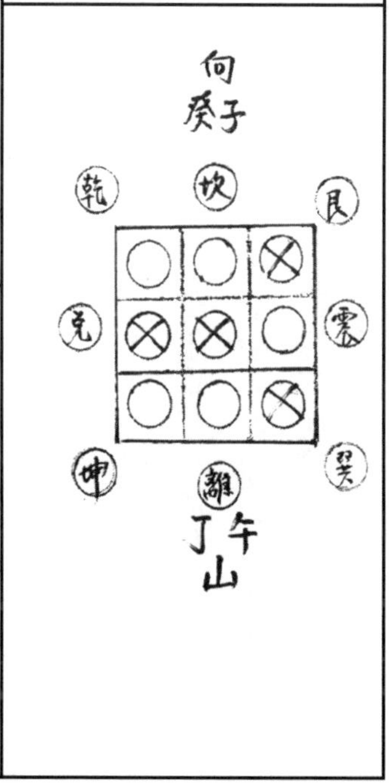

此局大門設在坎方。
床安在離方、坤方。
書桌位安在坤方。
灶爐位安在坤方。
住之平安。

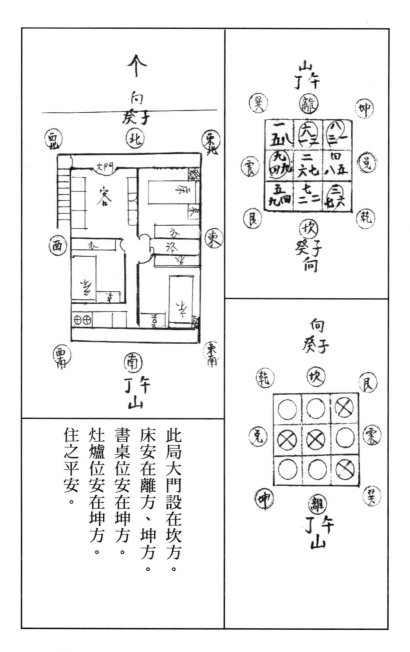

天運二運未山丑向室內佈局圖（坐西南向東北）

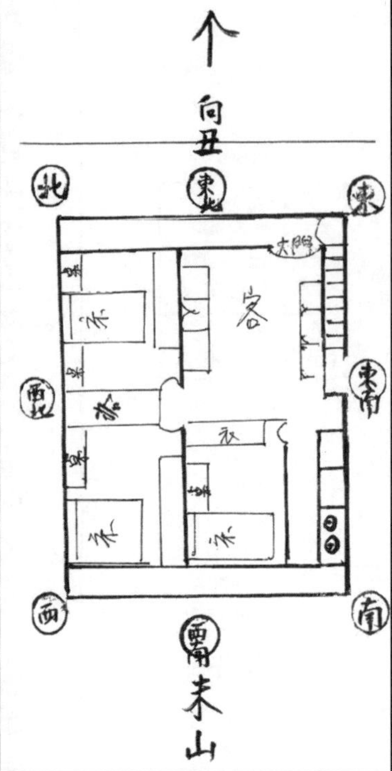

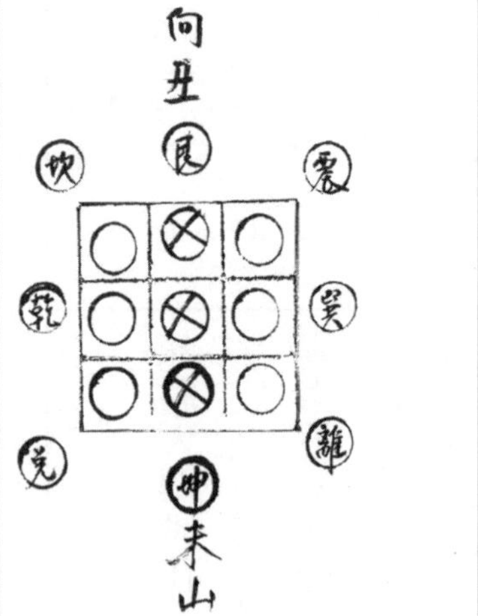

此局大門設在震方。
床安在乾方、兌方。
書桌位安在巽方、離方。
灶爐位安在離方。
住之平安。

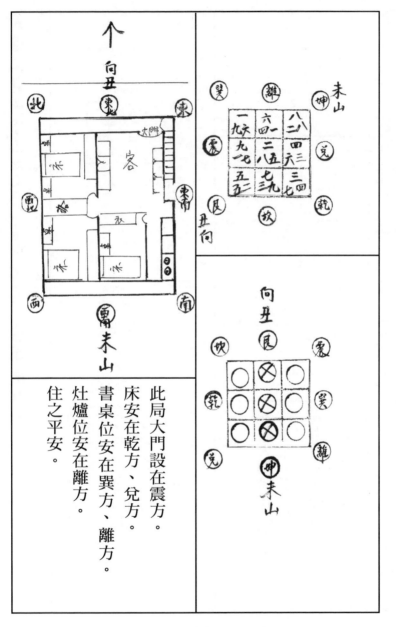

天運二運坤申山艮寅向室內佈局（坐西南向東北）

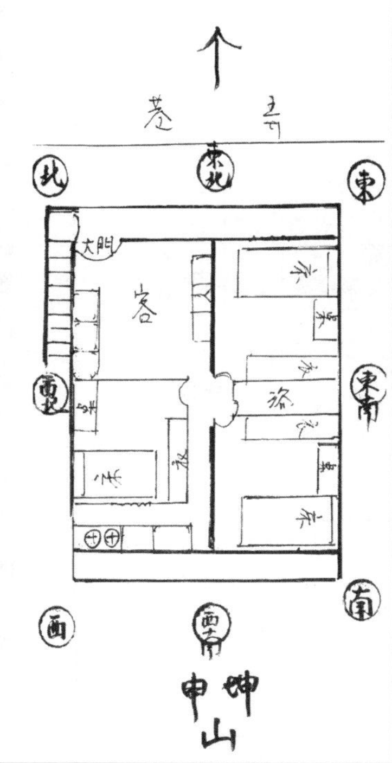

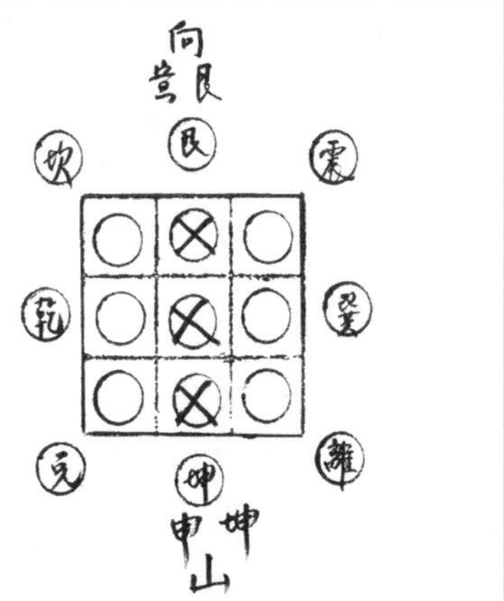

此局大門設在坎方。
床安在兌方、乾方。
書桌位安在兌方、巽方。
灶爐位安在兌方。
住之平安。

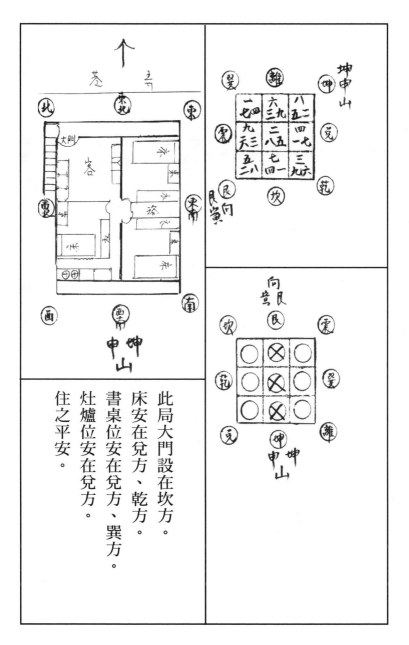

天運二運庚山甲向天心正運圖（坐西向東）

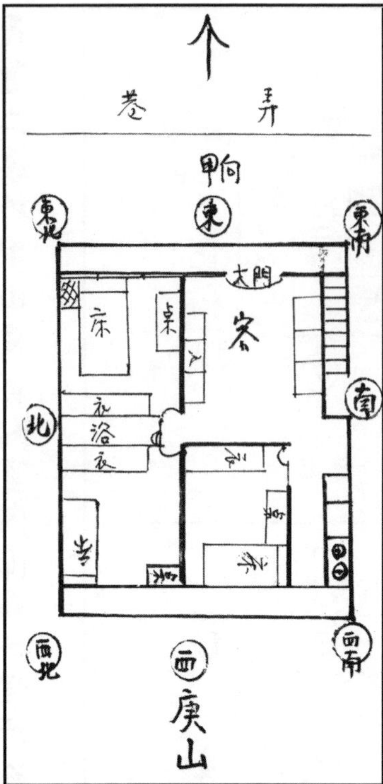

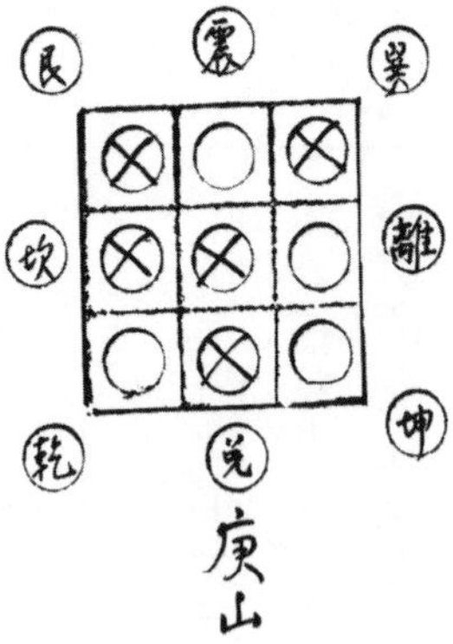

此局大門設在震方。
床安在乾方、坤方。
書桌位安在乾方、離方。
灶爐位安在坤方。
住之平安。

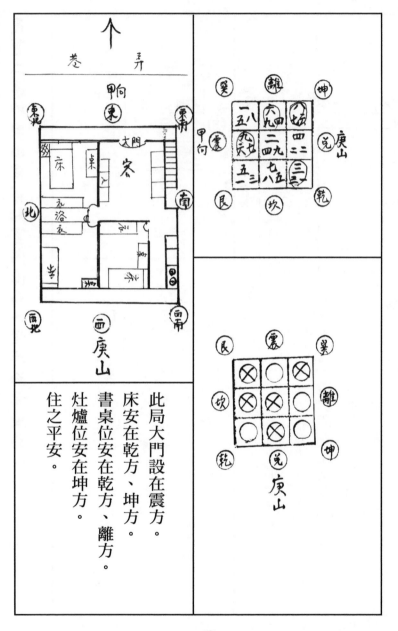

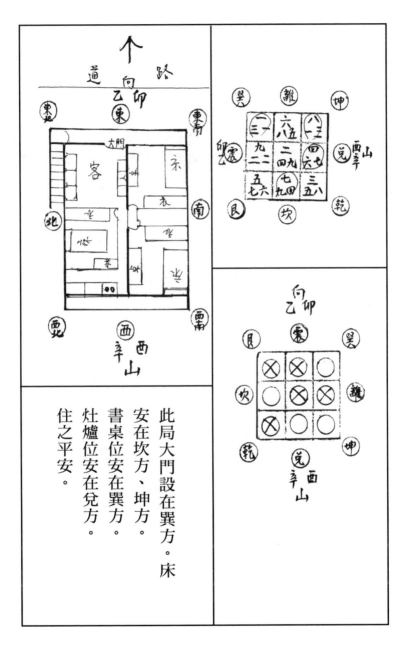

天運二運酉辛山卯乙向室內佈局(坐西向東)

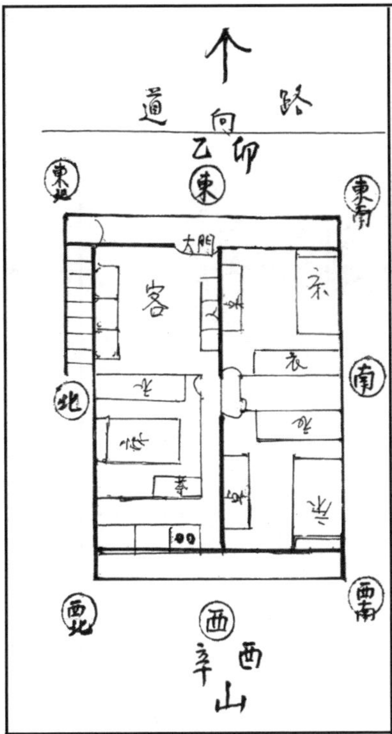

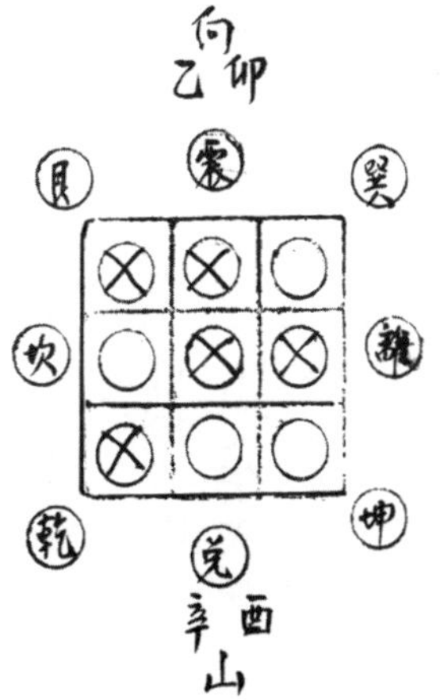

此局大門設在巽方。床安在坎方、坤方。書桌位安在巽方。灶爐位安在兌方。住之平安。

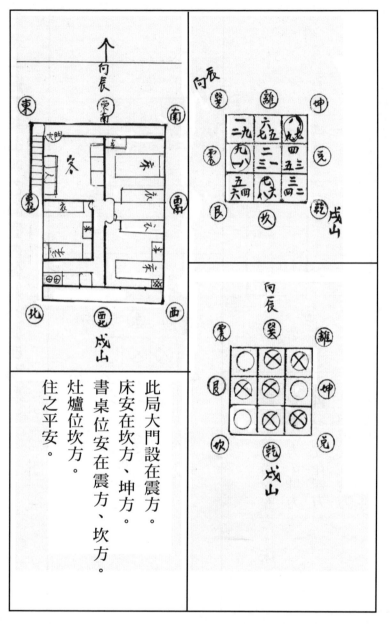

天運二運戌山辰向天心正運圖（坐西北向東南）

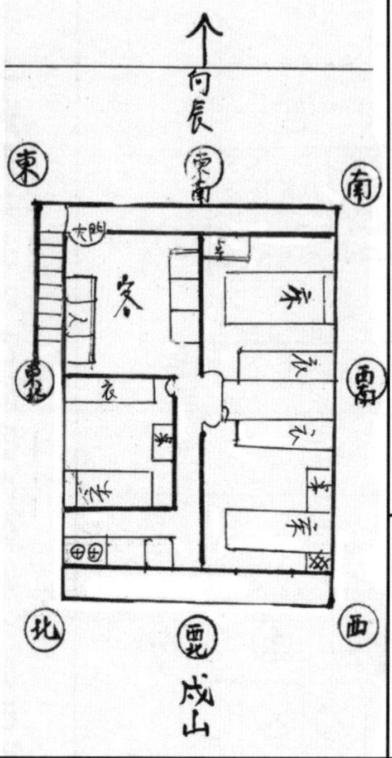

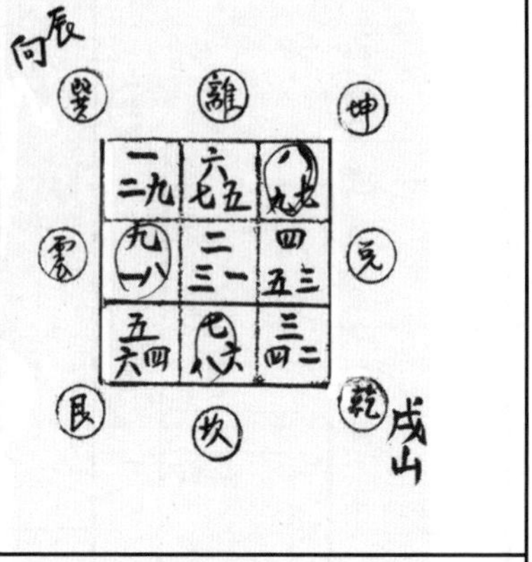

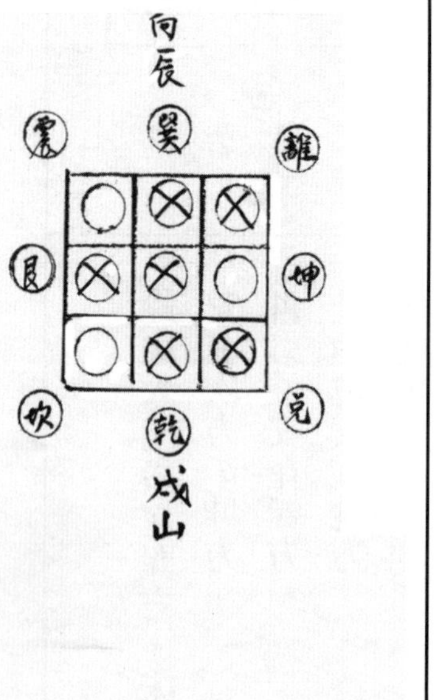

此局大門設在震方。
床安在坎方、坤方。
書桌位安在震方、坎方。
灶爐位坎方。
住之平安。

天運二運乾亥山巽巳向室內佈局（坐西北向東南）

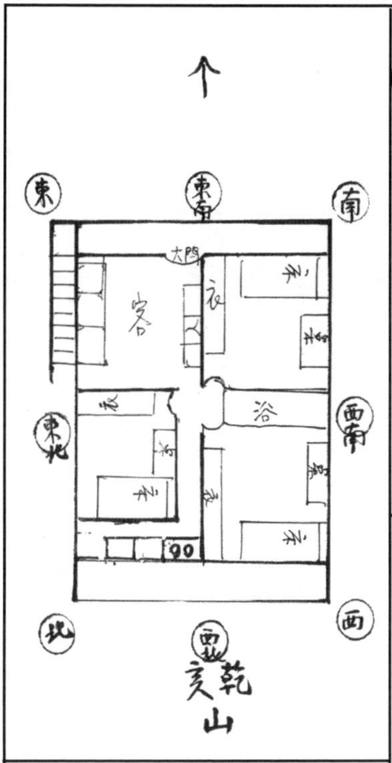

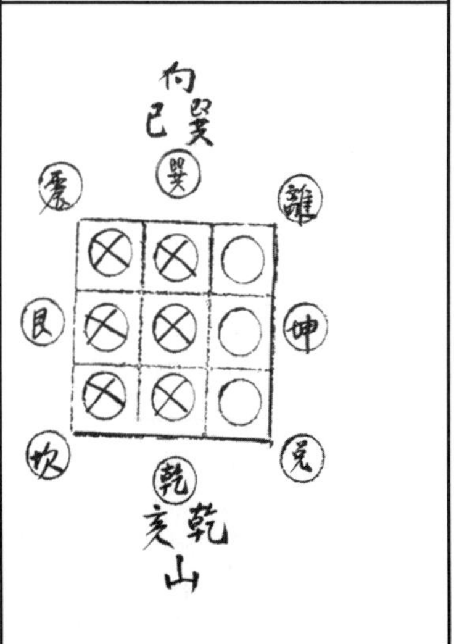

此局大門設在離方。
床位安在兌方、坤方。
書桌位安在兌方、離方。
灶爐位設在兌方。
住之平安。

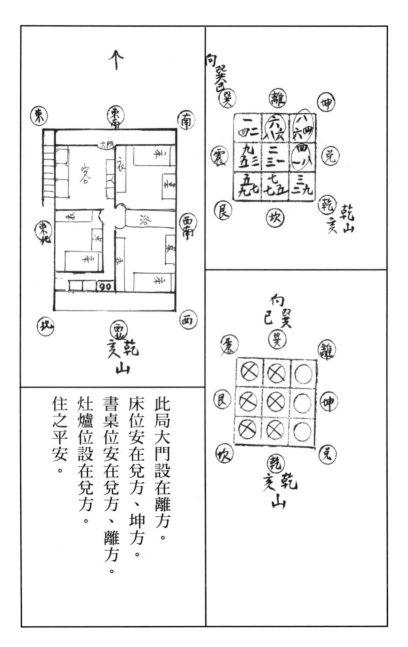

天運三運壬山丙向天心正運圖（坐北向南）

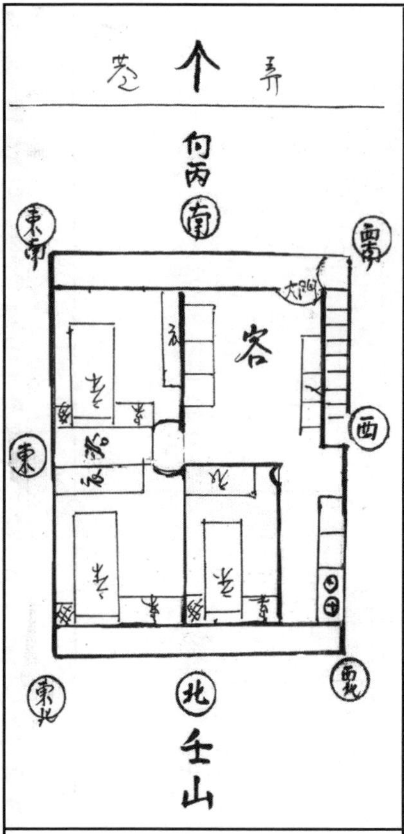

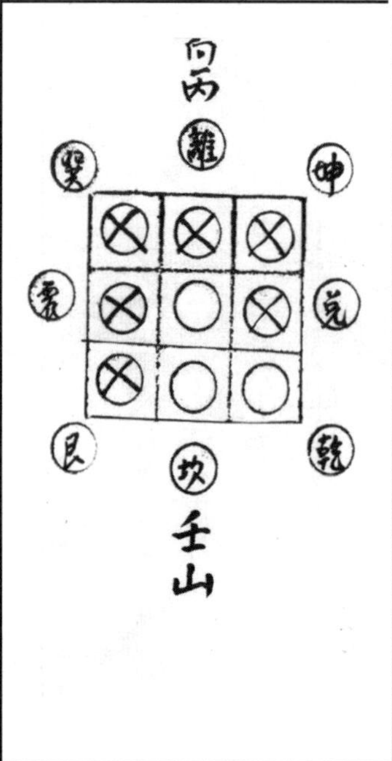

此局大門設在坤方。
床位在乾方、坎方。
書桌位安在乾方。
灶爐位安在乾方。
住之平安。

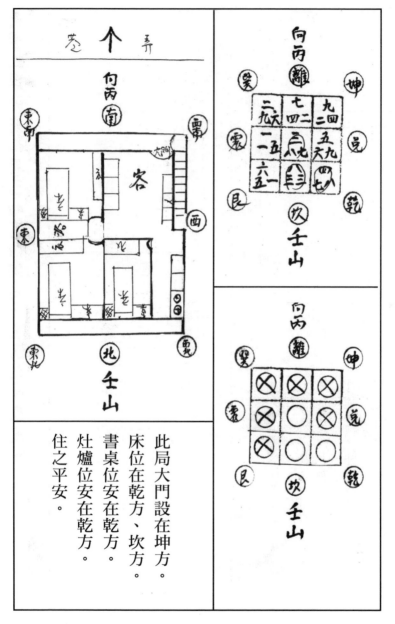

天運三運子癸山午丁向室內佈局（坐北向南）

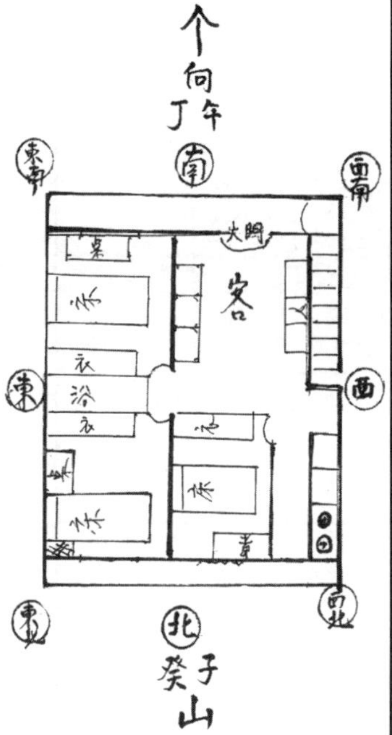

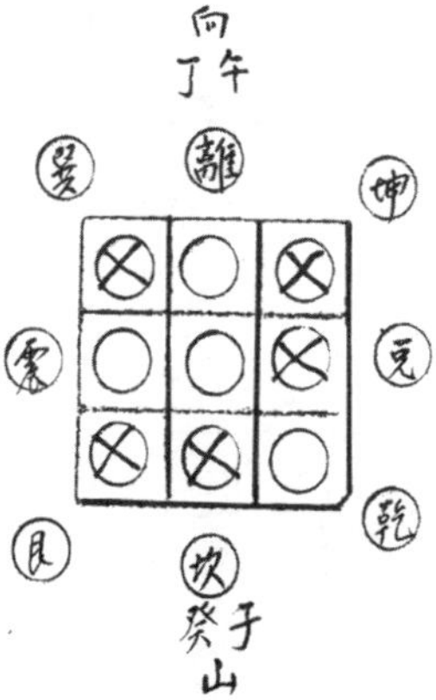

此局大門設在離方。
床位安在震方、乾方。
書桌位安在震方。
灶爐位安在乾方。
住之平安。

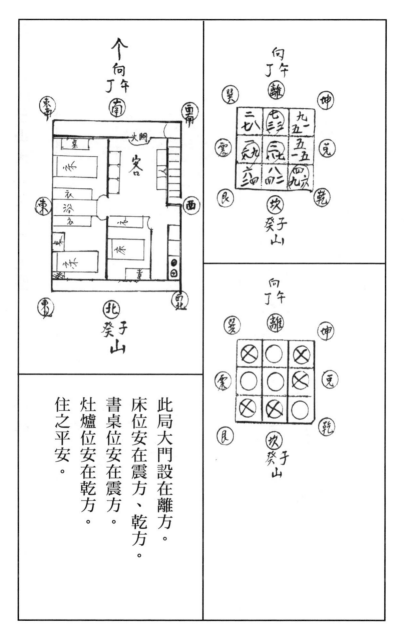

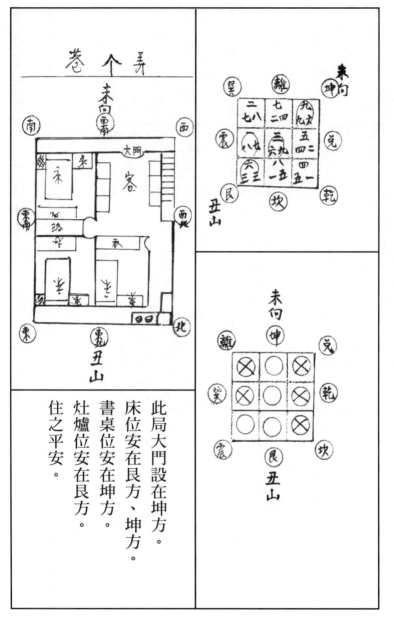

天運三運丑山未向天心正運圖（坐東北向西南）

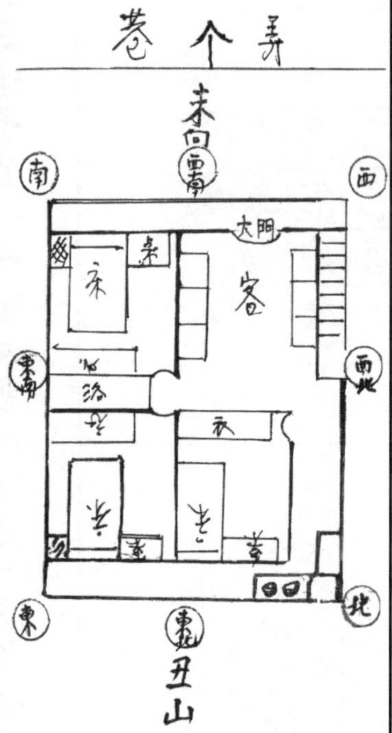

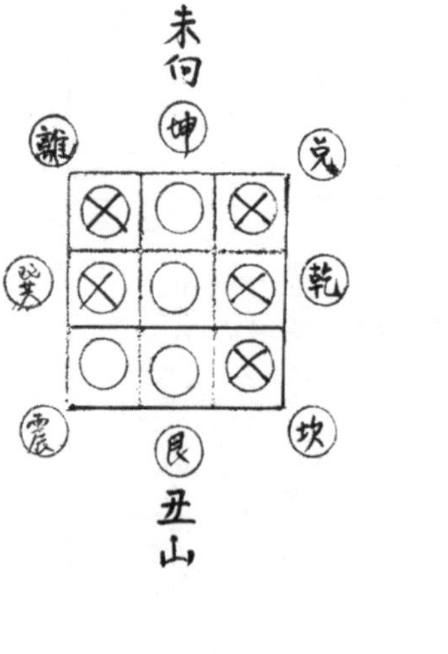

此局大門設在坤方。
床位安在艮方、坤方。
書桌位安在坤方。
灶爐位安在艮方。
住之平安。

天運三運艮寅山坤申向室內佈局（坐東北向西南）

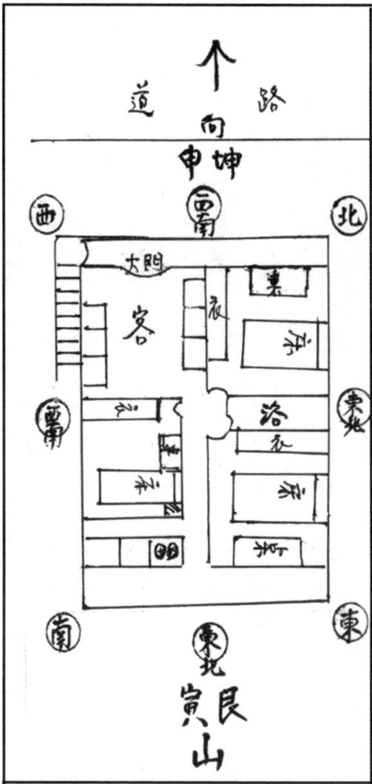

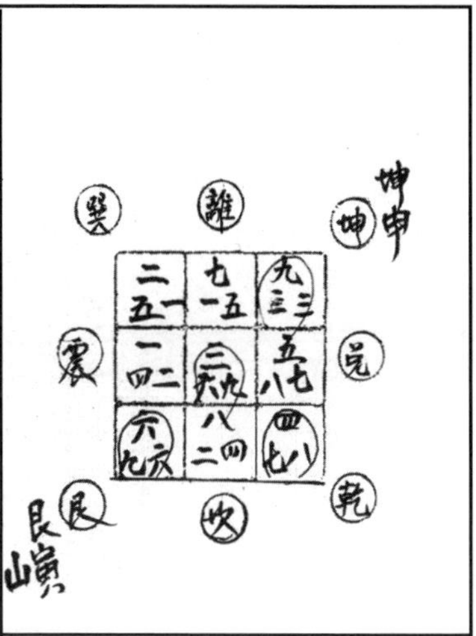

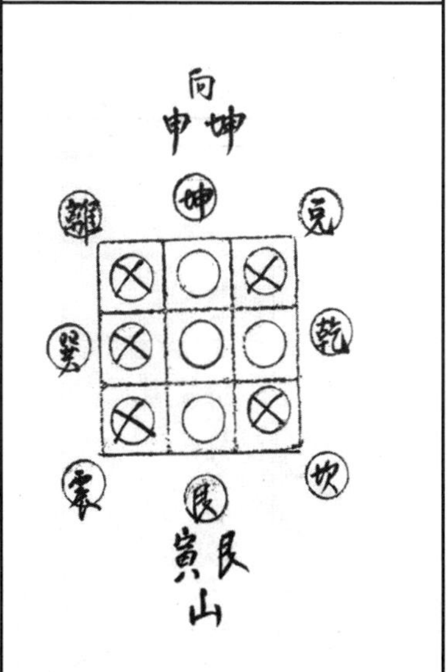

此局大門設在坤方。

床位安在乾方、艮方。

書桌位安在艮方、坤方。

灶爐位安在艮方。

住之平安。

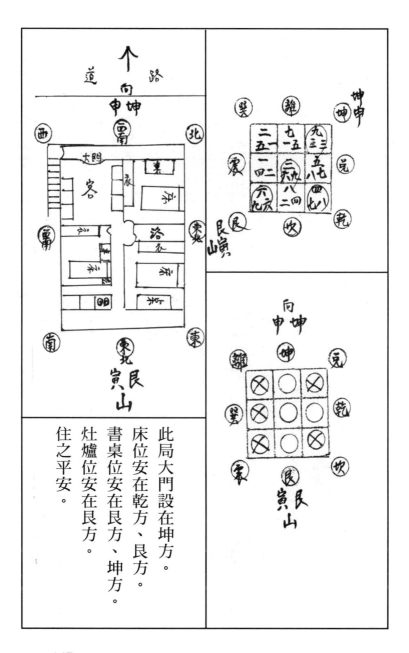

天運三運甲山庚向天心正運圖（坐東向西）

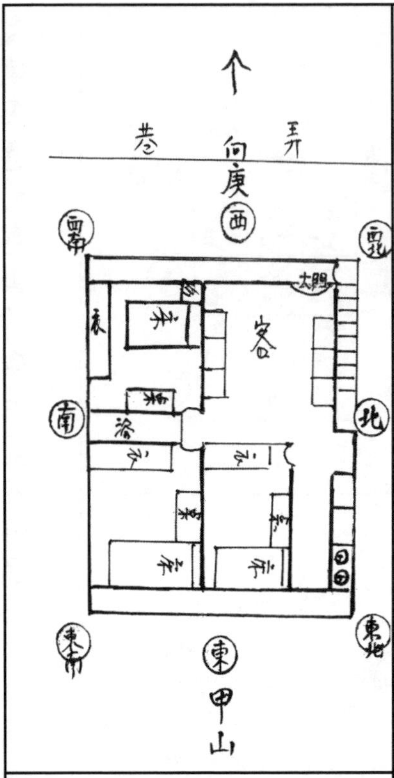

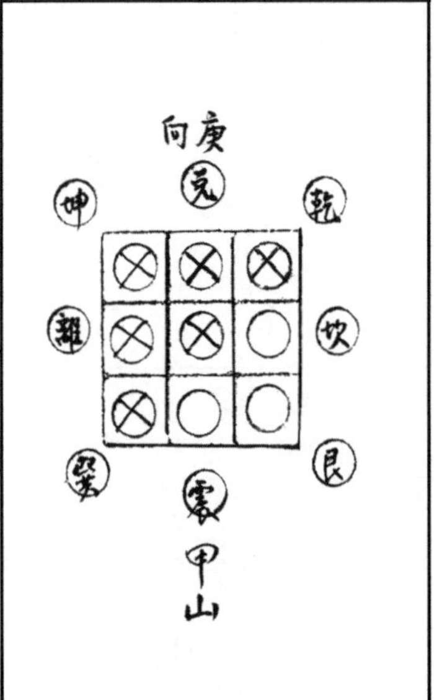

此局大門設在乾方。
床位安在坎方、艮方。
書桌位安在坎方。
灶爐位安在艮方。
住之平安。

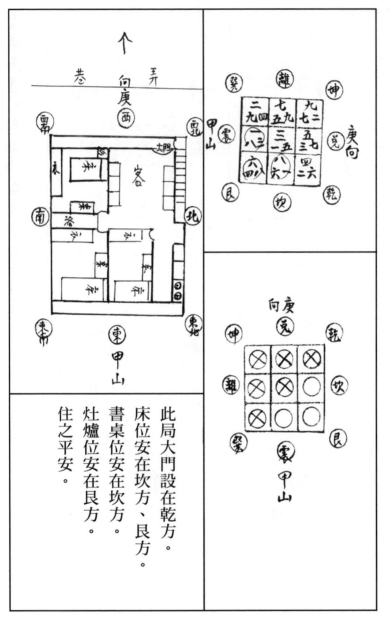

天運三運卯乙山酉辛向天心正運圖（坐東向西）

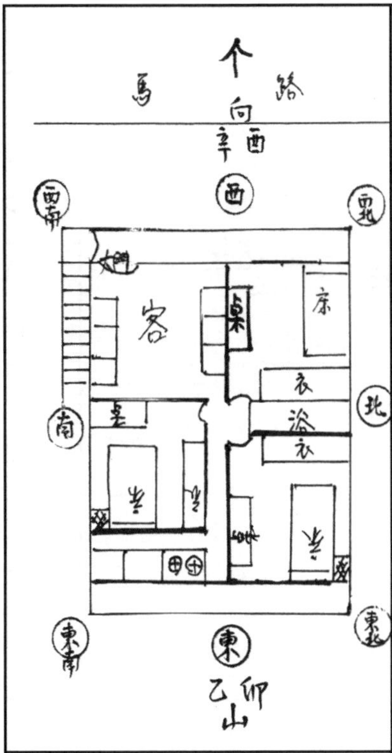

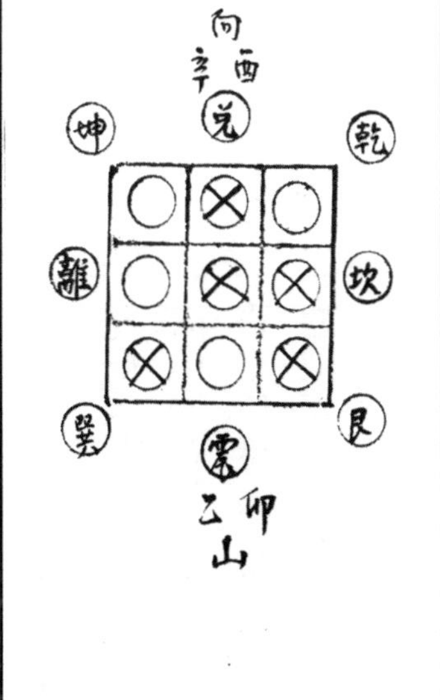

此局大門設在坤方。
床位安在乾方、坤方。
書桌位安在離方。
灶爐位安在震方。
住之平安。

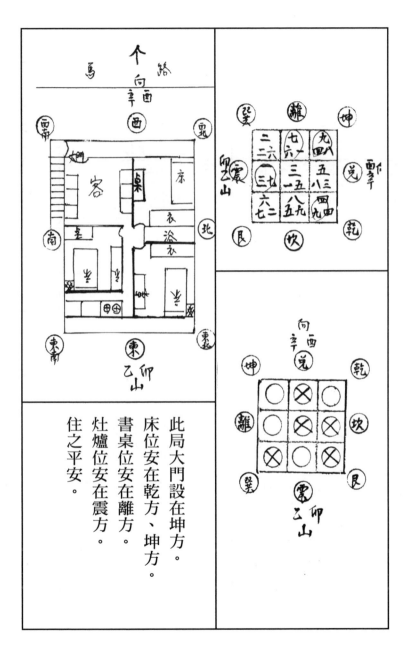

天運三運辰山戌向天心正運圖（坐東南向西北）

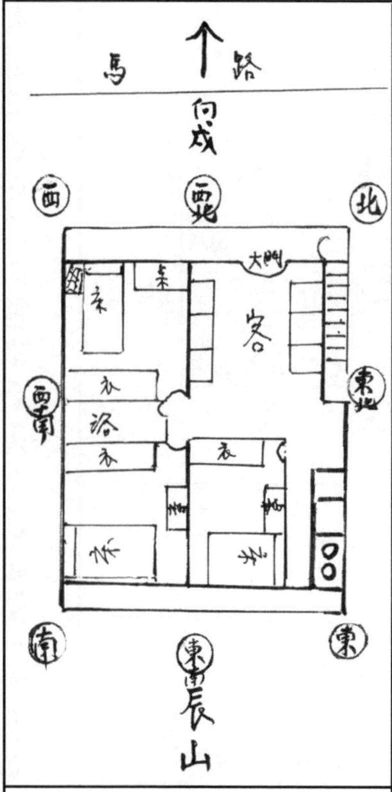

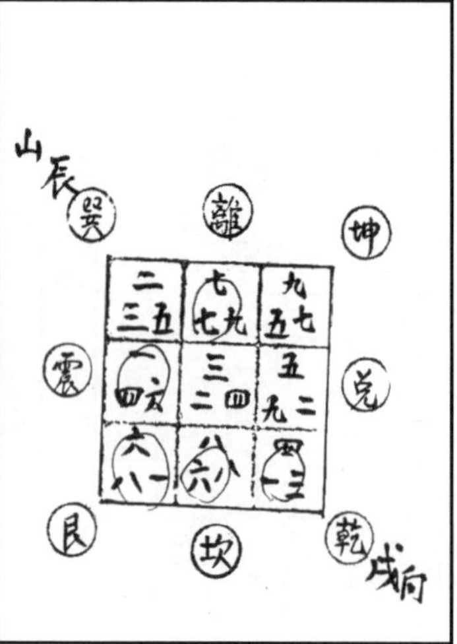

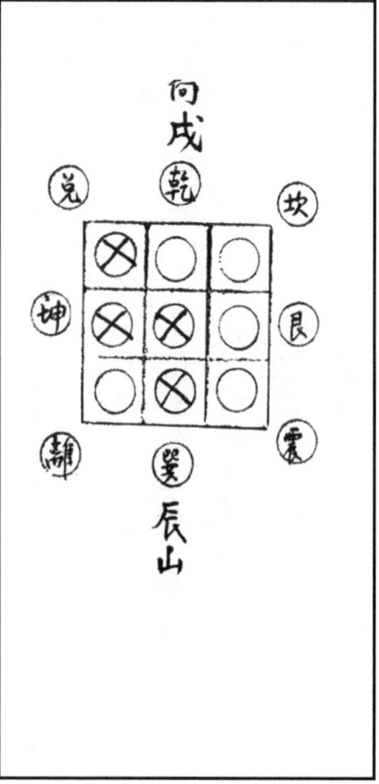

此局大門設在乾方。床位安在乾方、震方。書桌位艮方、震方。灶爐位安在震方。住之平安。

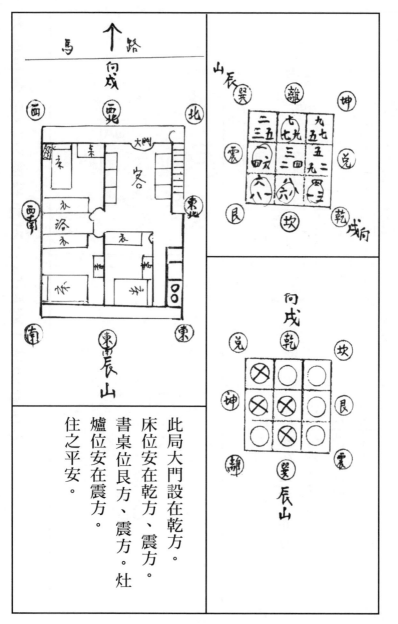

天運三運巽巳山乾亥向天心正運圖（坐東南向西北）

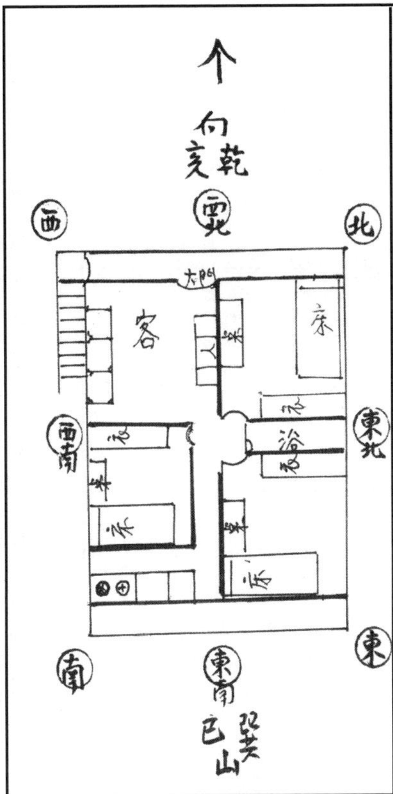

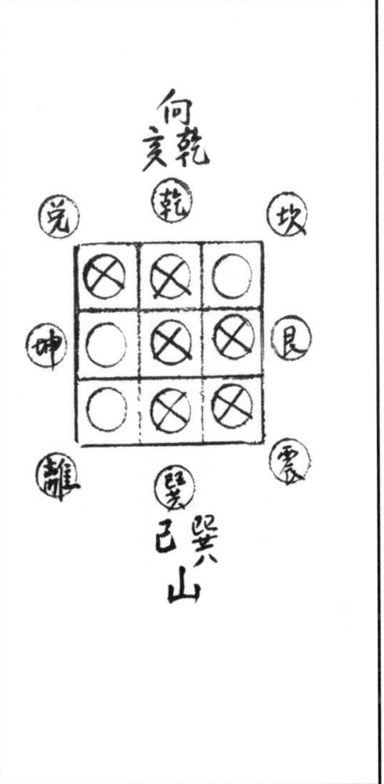

此局大門設在坎方。
床位安在離方、坤方。
書桌位安在坤方。
灶爐位安在離方。
住之平安。

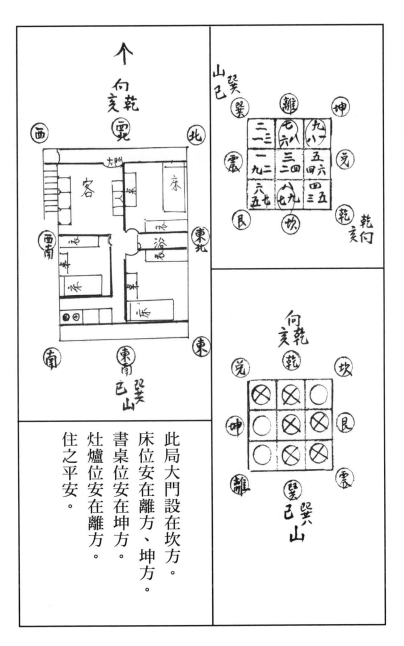

天運三運丙山壬向天心正運圖（坐南向北）

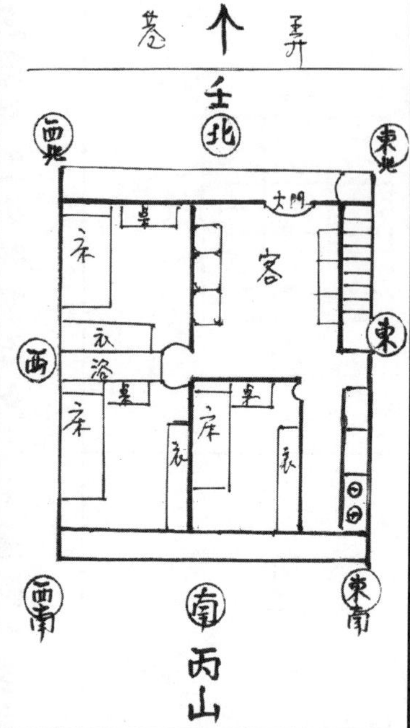

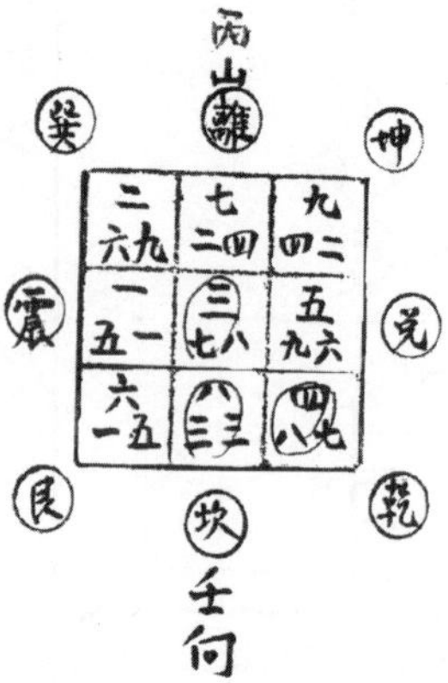

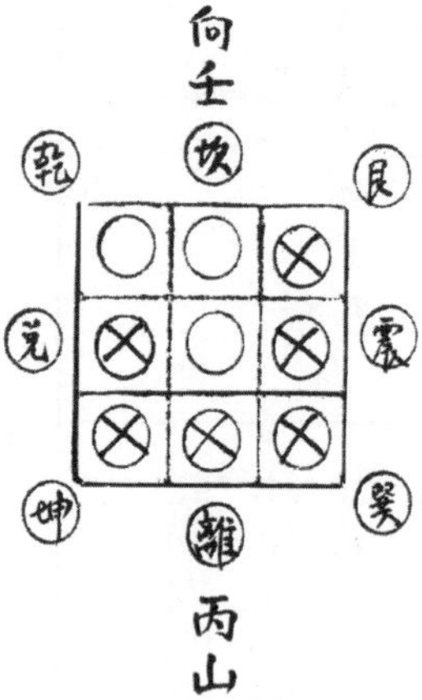

此局大門設在坎方。床位安在乾方。書桌位安在坎方。灶爐位巽方。住之平安。

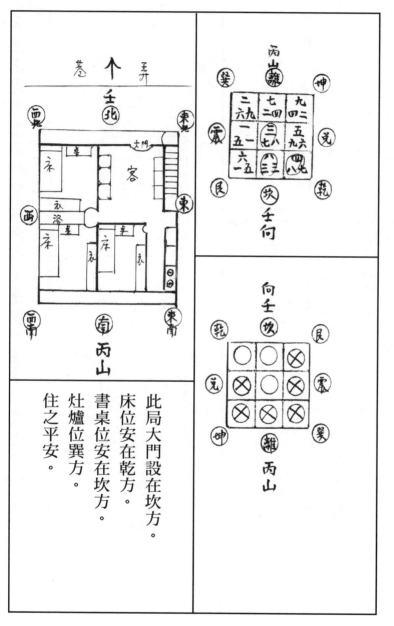

天運三運午丁山子癸向室內佈局（坐南向北）

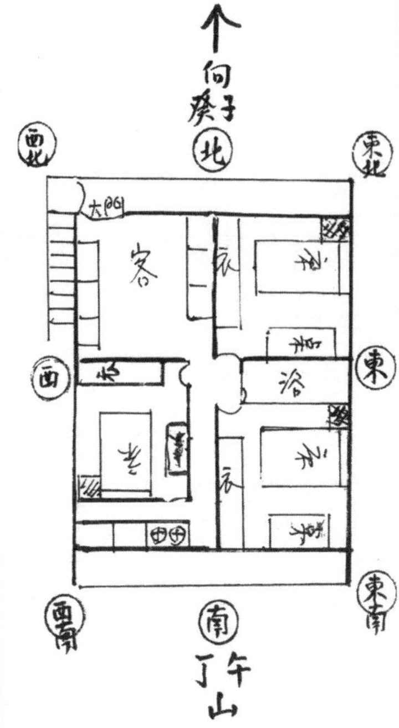

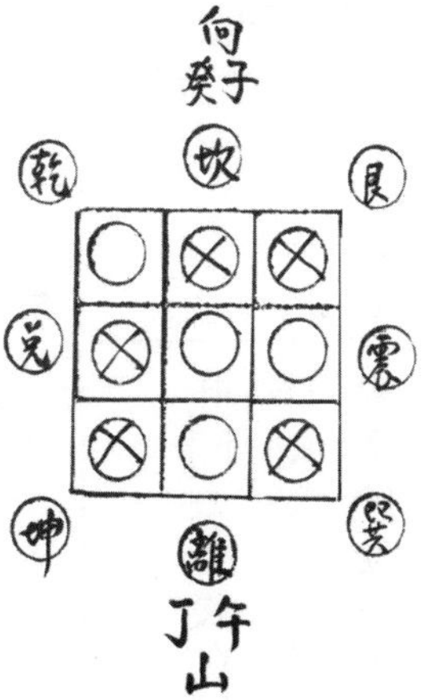

此局大門設在乾方。
床位安在離方、震方。
書桌位安在震方。
灶爐位安在離方。
住之平安。

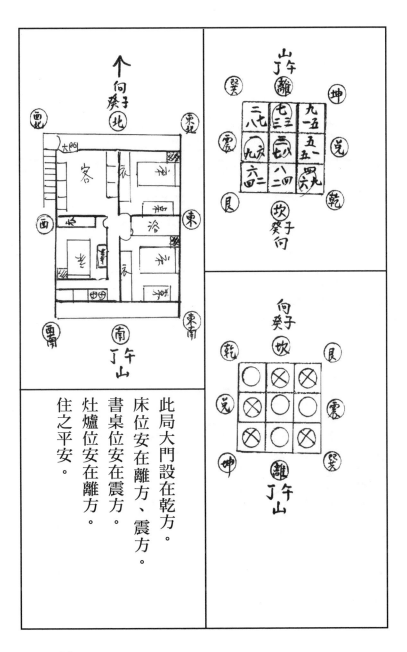

天運三運未山丑向天心正運圖（坐西南向東北）

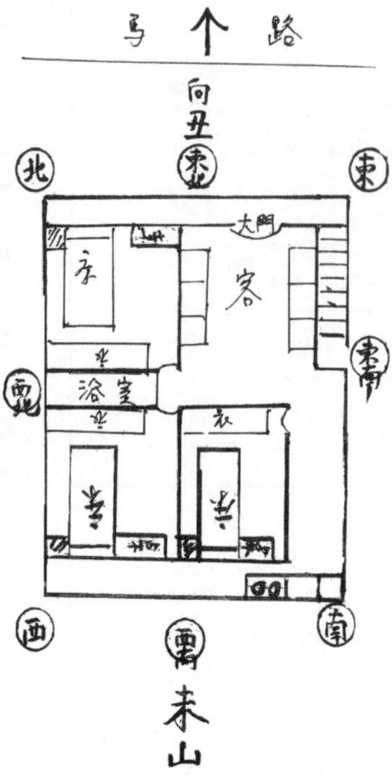

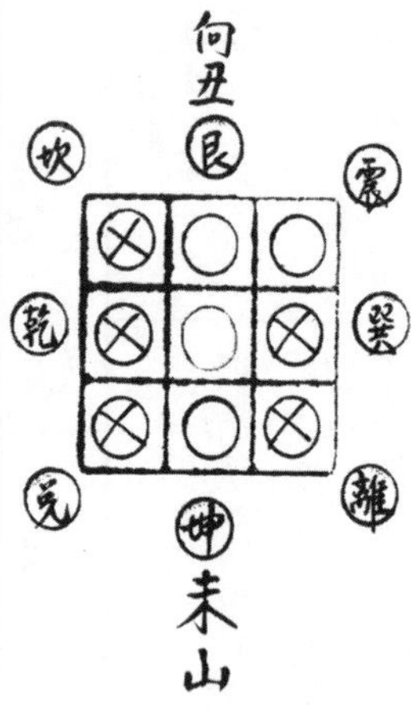

此局大門設在艮方。
床位安在艮方、坤方。
書桌位安在震方。
灶爐位安坤方。
住之平安。

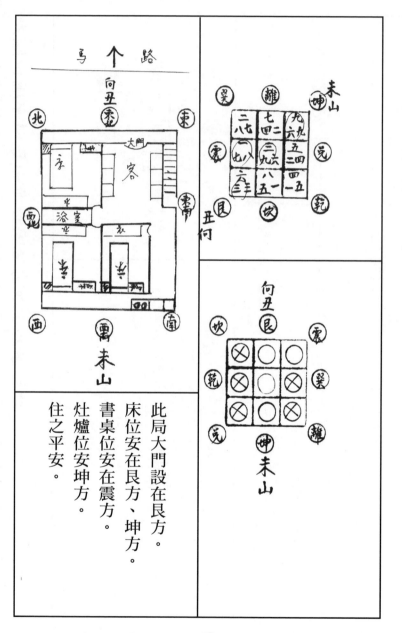

天運三運坤申山艮寅向室內佈局（坐西南向東北）

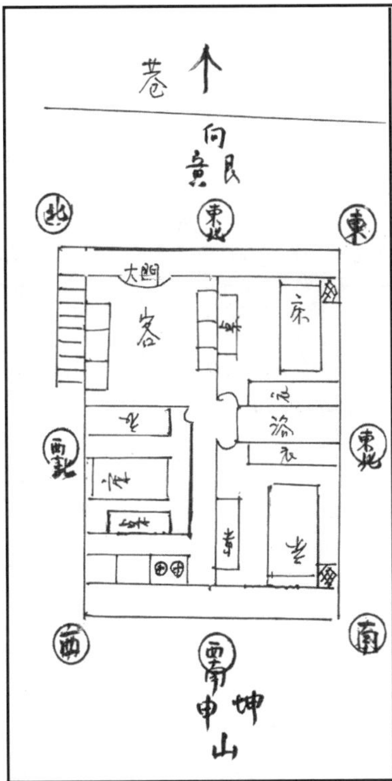

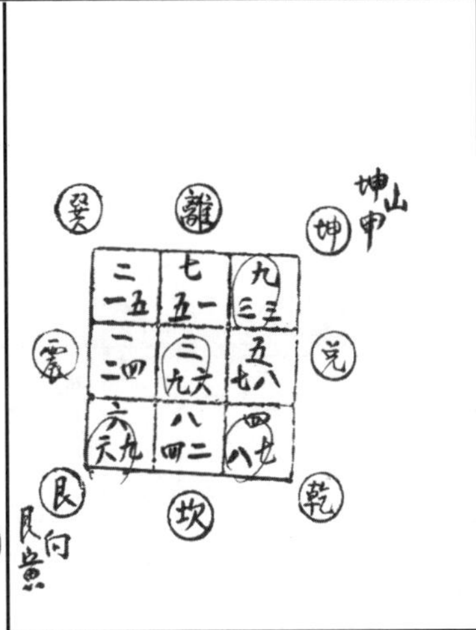

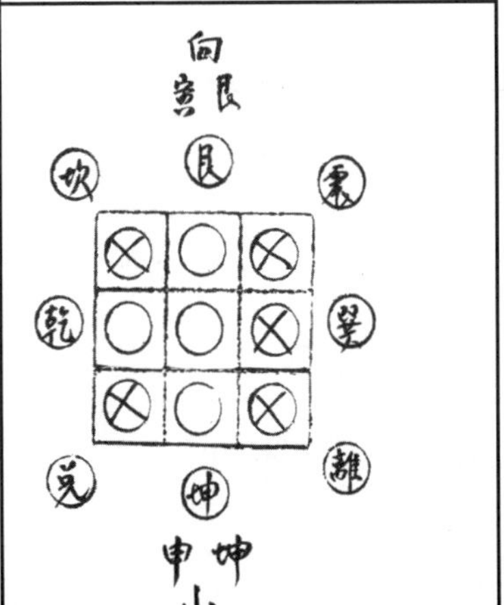

此局大門設在艮方。
床位安在乾方、坤方。
書桌安在艮方。
灶爐位安坤方。
住之平安。

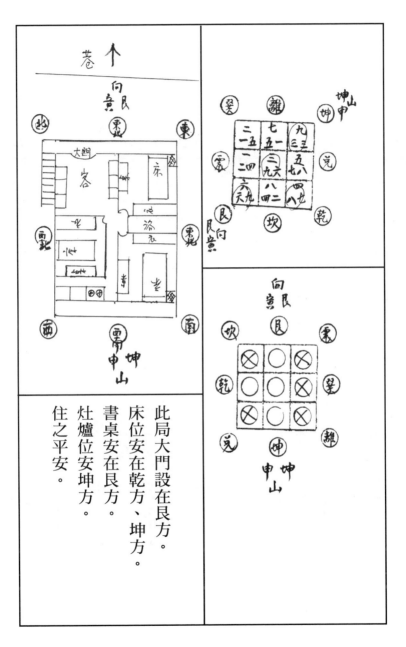

天運三運庚山甲向天心正運圖（坐西向東）

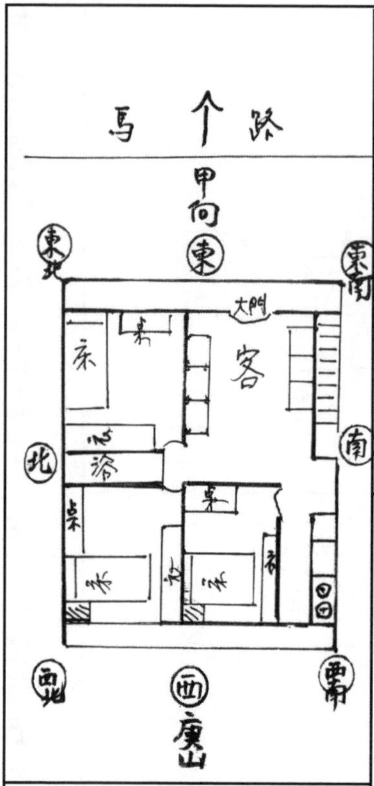

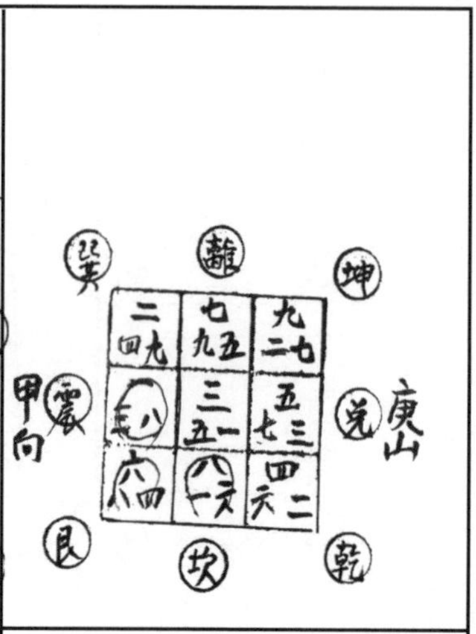

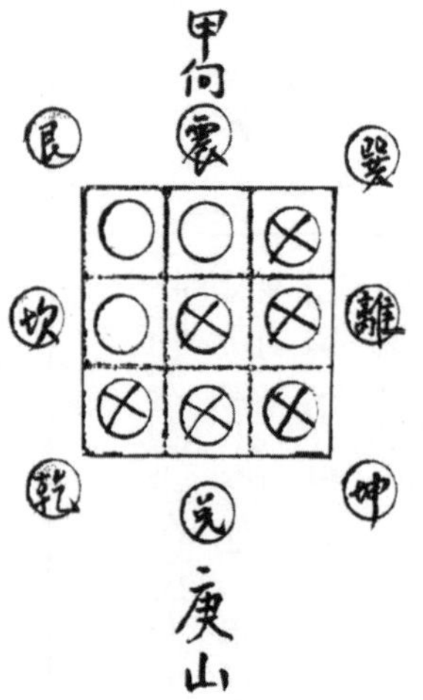

此局大門設在震方。
床位安在艮方、坎方。
書桌位安在艮方。
灶爐位安坤方。
住之平安。

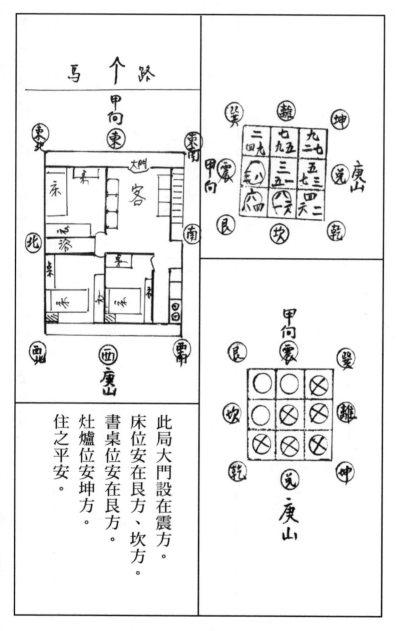

天運三運酉辛山卯乙山室內佈局（坐西向東）

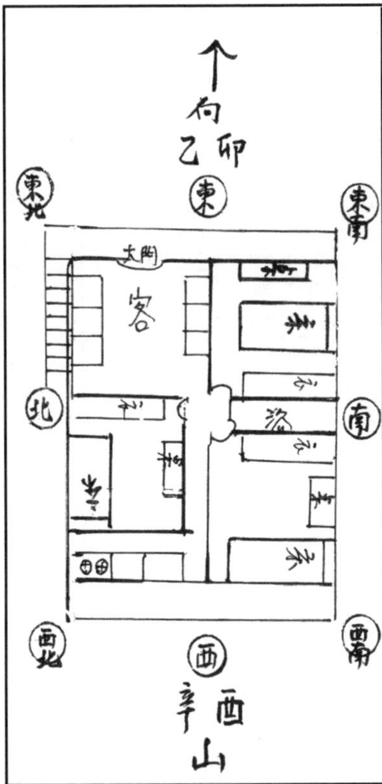

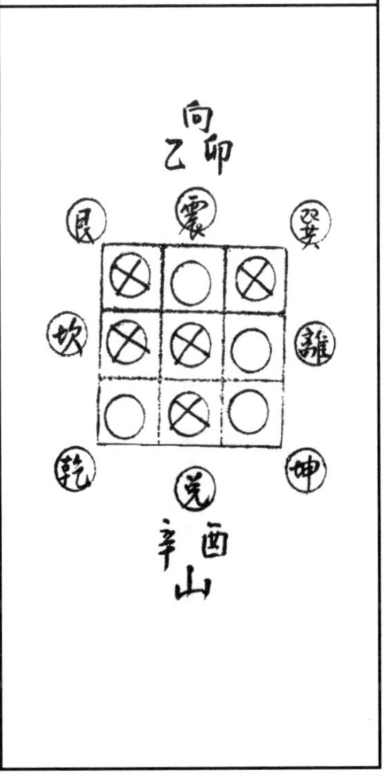

此局大門設在震方。
床位安在乾方、離方。
書桌位安在離方。
灶爐位安在乾方。
住之平安。

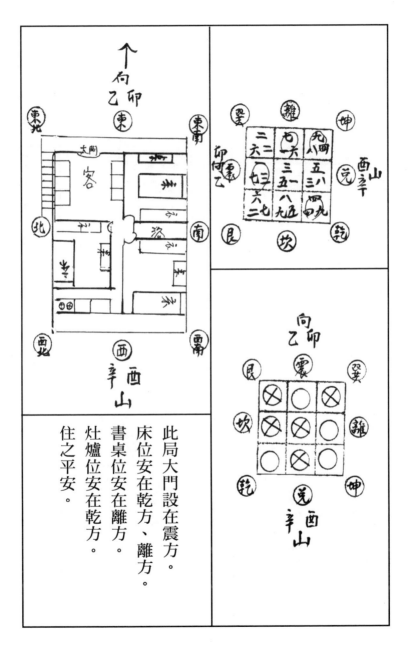

天運三運戌山辰向天心正運圖（坐西北向東南）

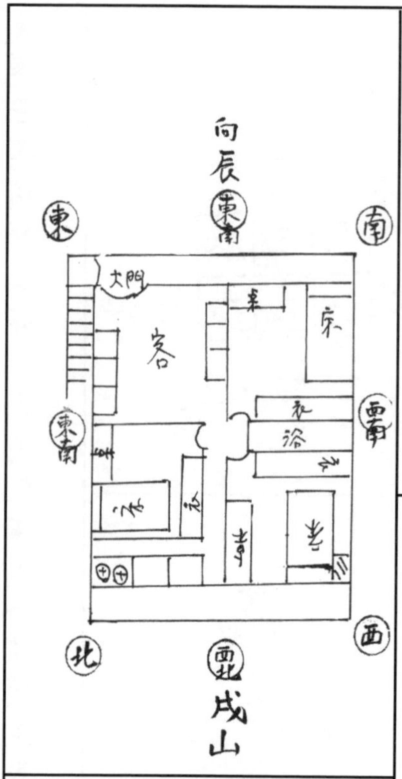

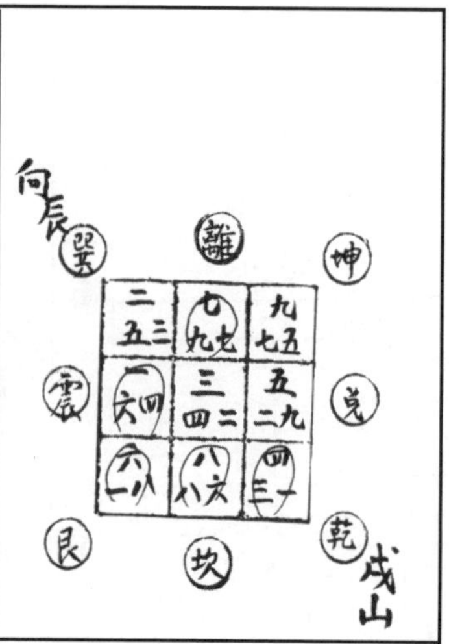

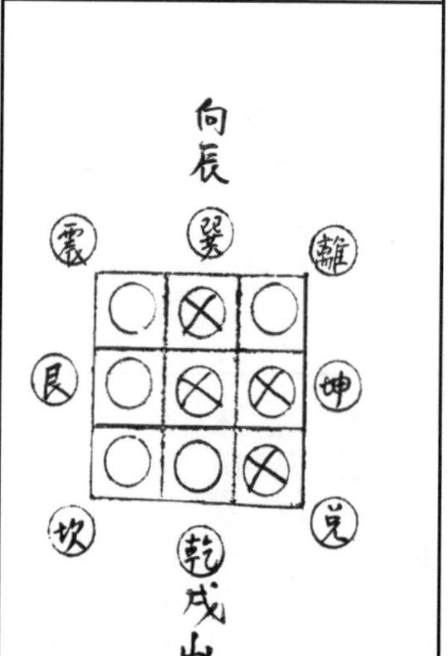

此局大門設在震方。
床位安在坎方、離方。
書桌位安在震方。
灶爐位安在坎方。
住之平安。

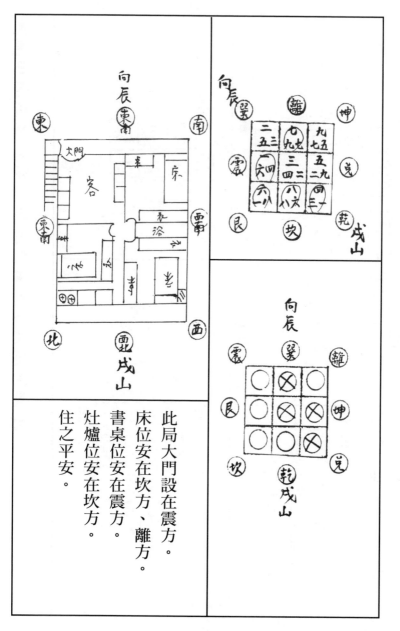

天運三運乾亥山巽巳向天心正運圖（坐西北向西南）

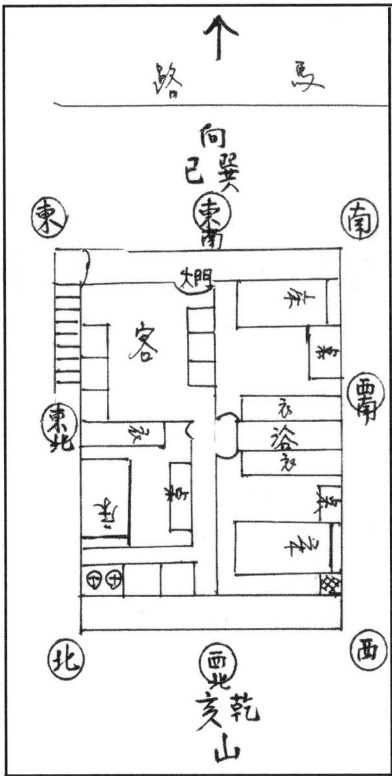

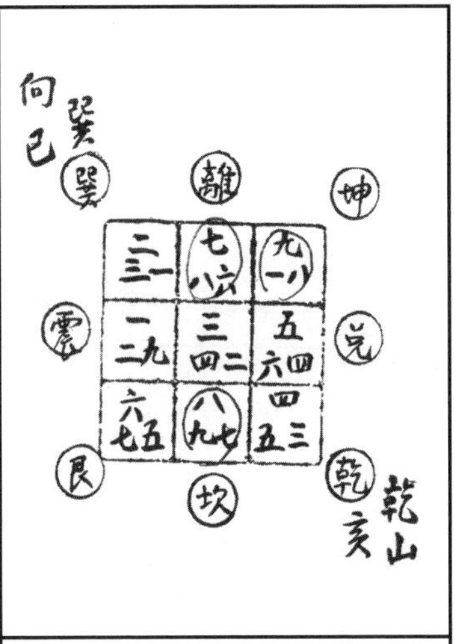

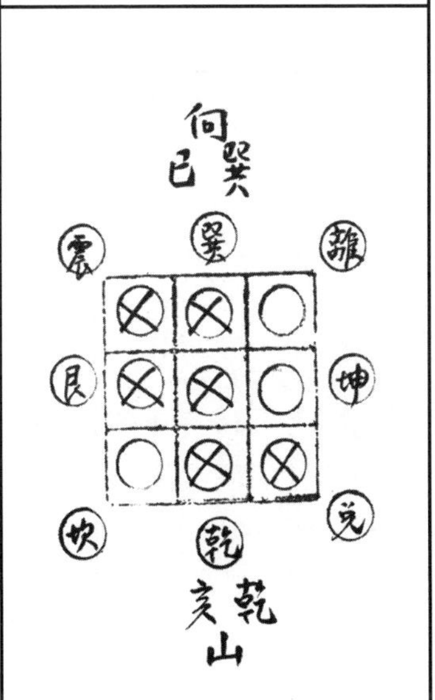

此局大門設在離方。
床位安在坎方、離方。
書桌位安在坤方。
灶爐位安在坎方。
住之平安。

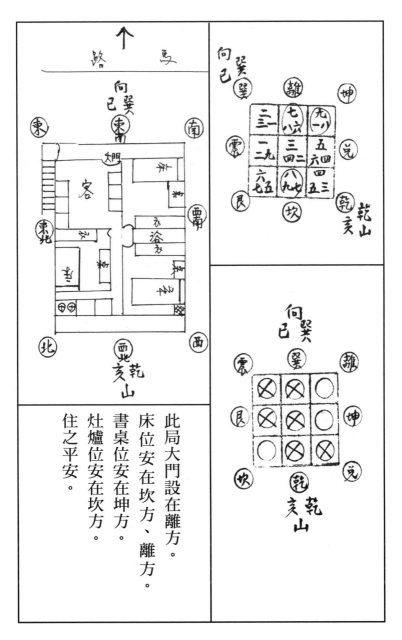

天運四運壬山丙向天心正運圖（坐北向南）

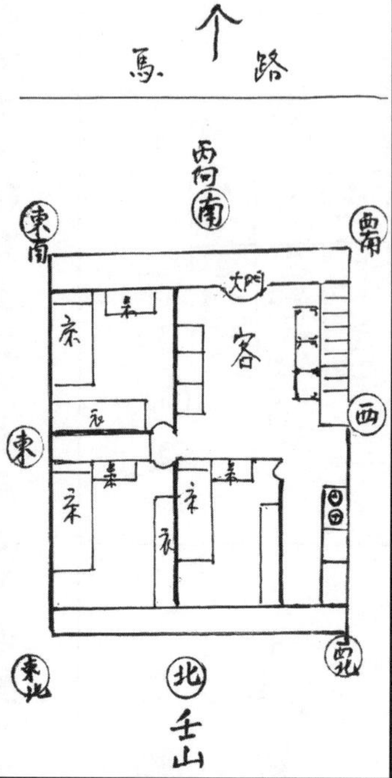

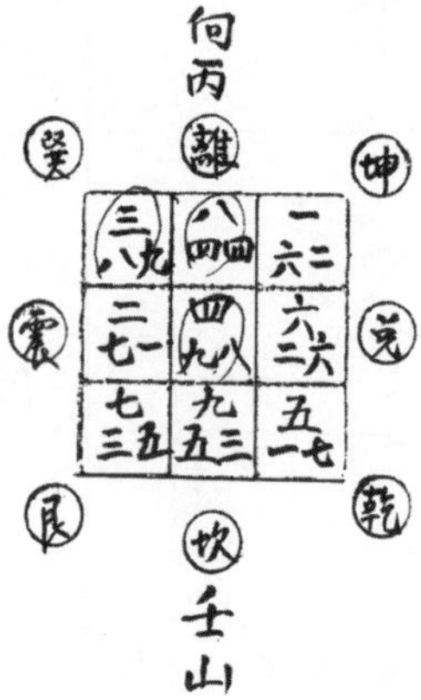

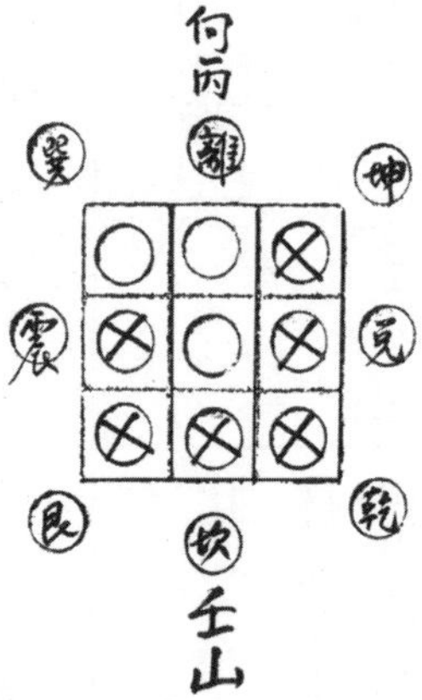

此局大門設在離方。
床位安在巽方。
書桌位安在離方。
灶爐位安在兌方。
住之平安。

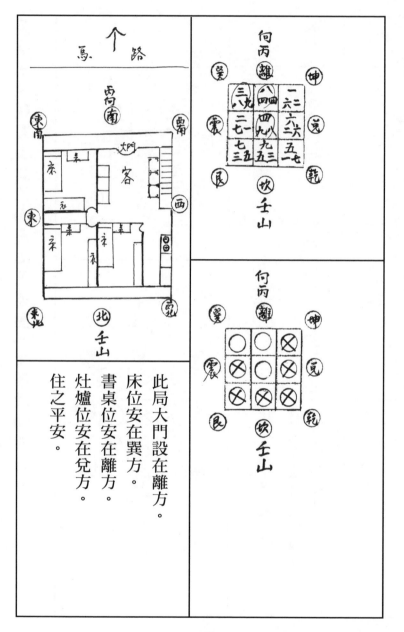

天運四運子癸山午丁向天心正運圖（坐北向南）

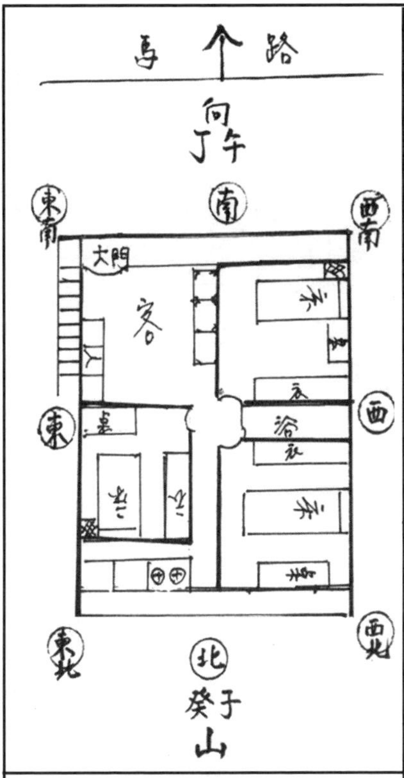

此局大門設在巽方。
床位安在兌方、坎方。
書桌位安在兌方、坎方。
灶爐位安在坎方。
住之平安。

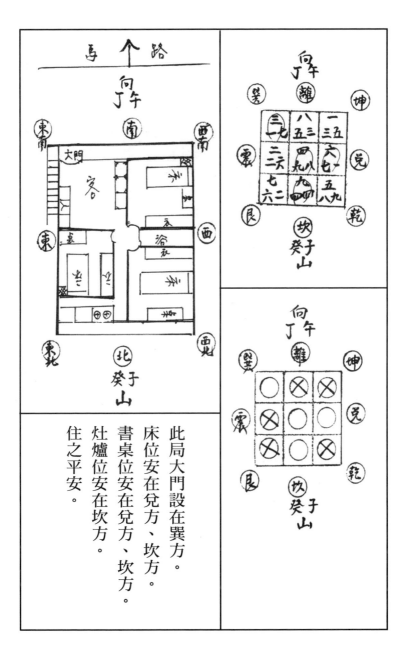

天運四運丑山未向天心正運圖（坐東北向西南）

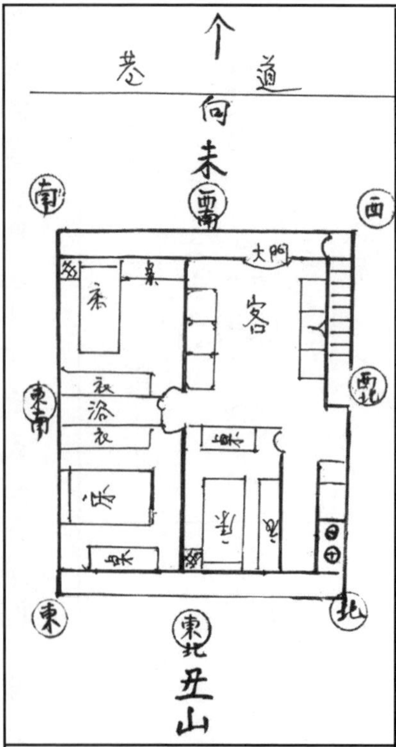

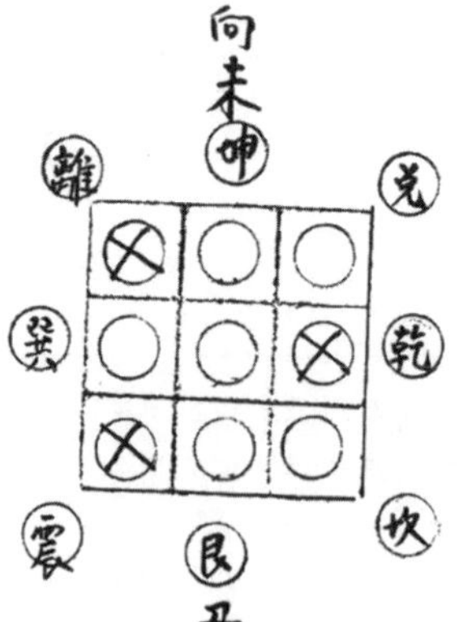

此局大門設在坤方。
床位安在坤方、巽方。
書桌位安在艮方、坤方。
灶爐位安在坎方。
住之平安。

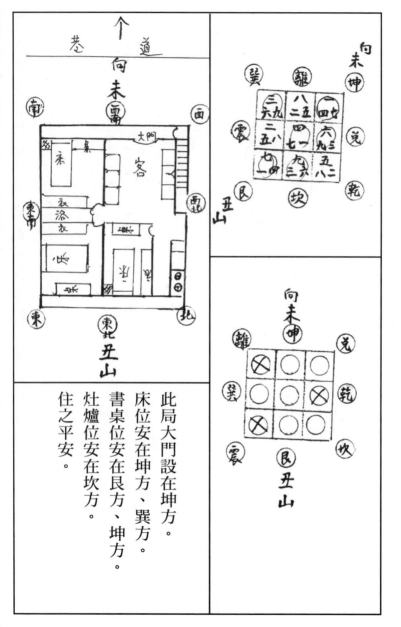

天運四運艮寅山坤申向天心正運圖（坐東北向西南）

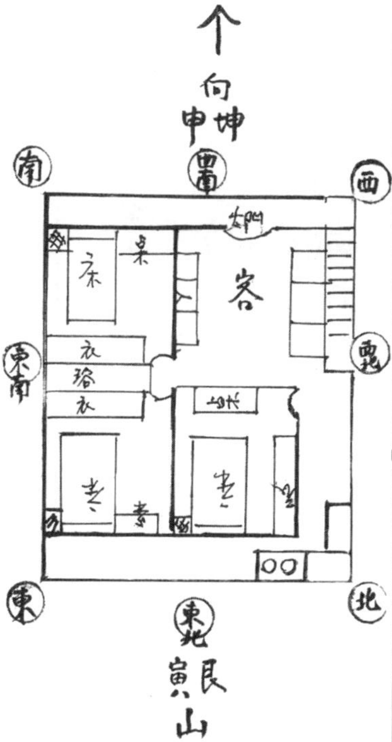

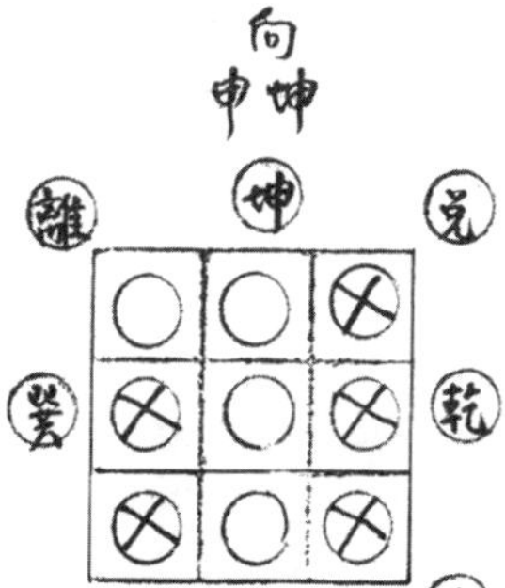

此局大門設在坤方。
床位安在艮方、坤方。
書桌位安在坤方。
灶爐位安在艮方。
住之平安。

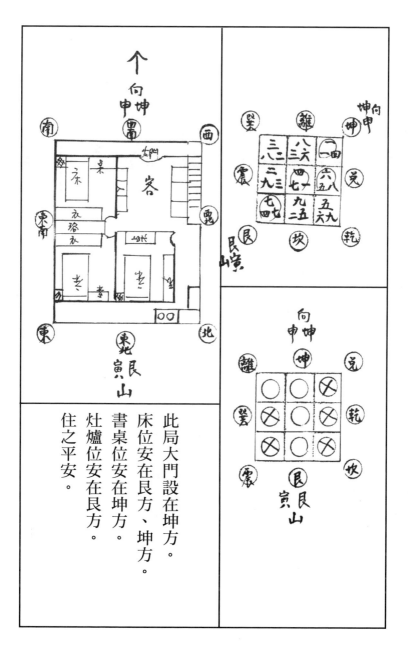

天運四運甲山庚向天心正運圖（坐東向西）

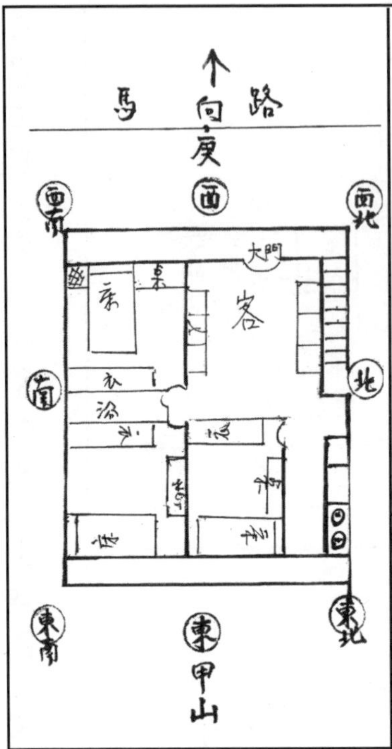

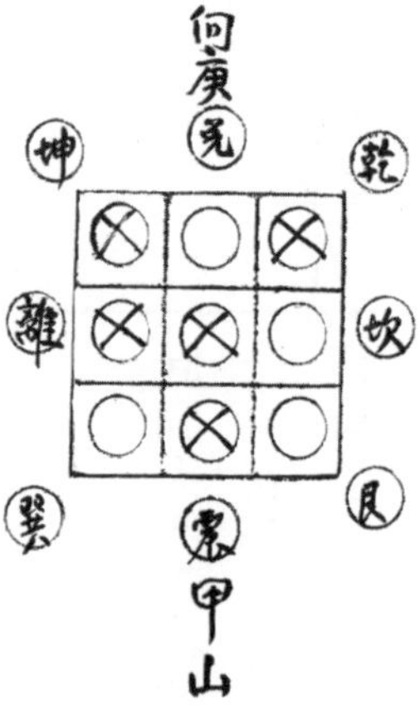

此局大門設在兌方。
床位安在兌方、艮方。
書桌位安在坎方。
灶爐位安在艮方。
住之平安。

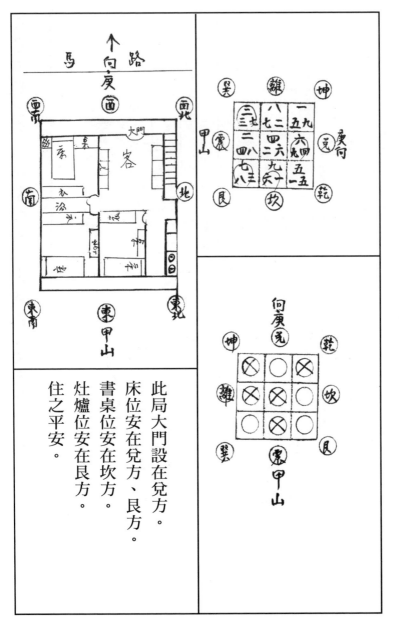

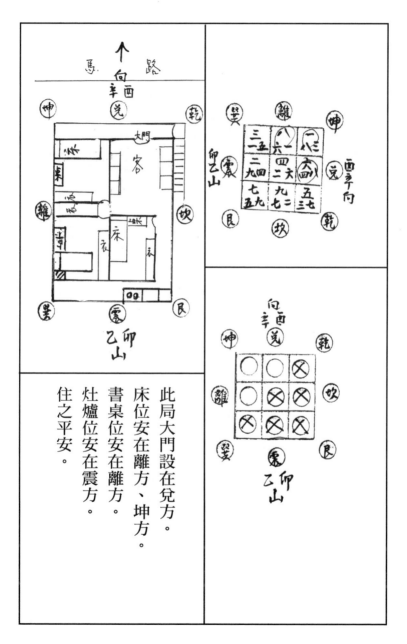

天運四運卯乙山酉辛向室內佈局（坐東向西）

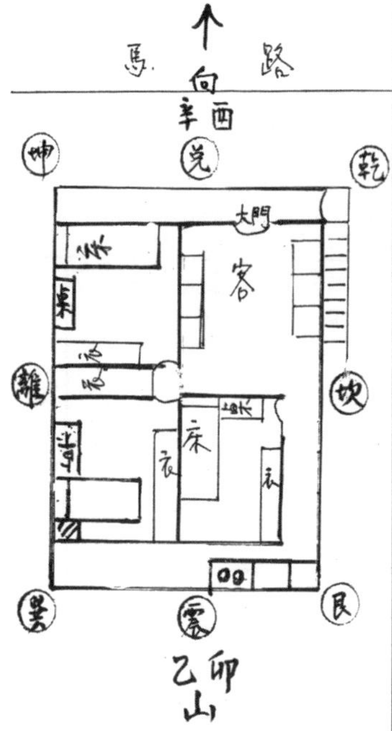

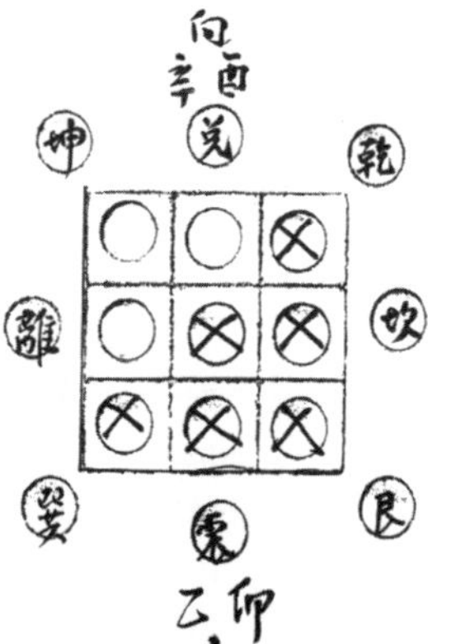

此局大門設在兌方。
床位安在離方、坤方。
書桌位安在離方。
灶爐位安在震方。
住之平安。

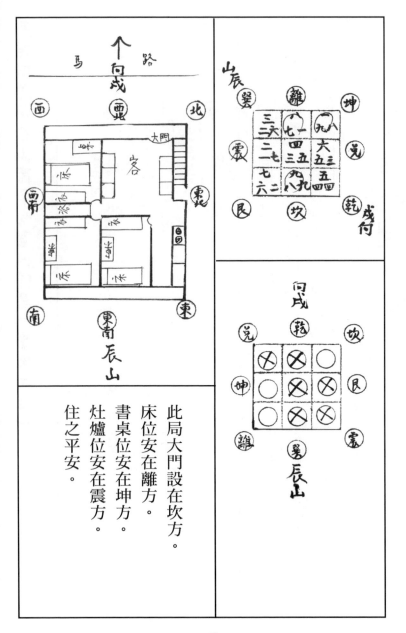

天運四運辰山戌向天心正運圖（坐東南向西北）

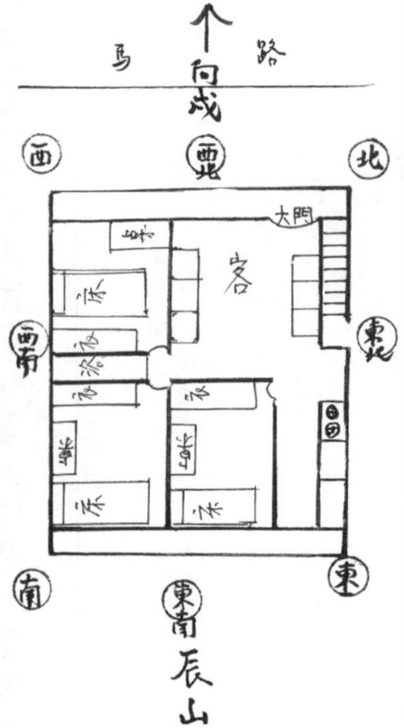

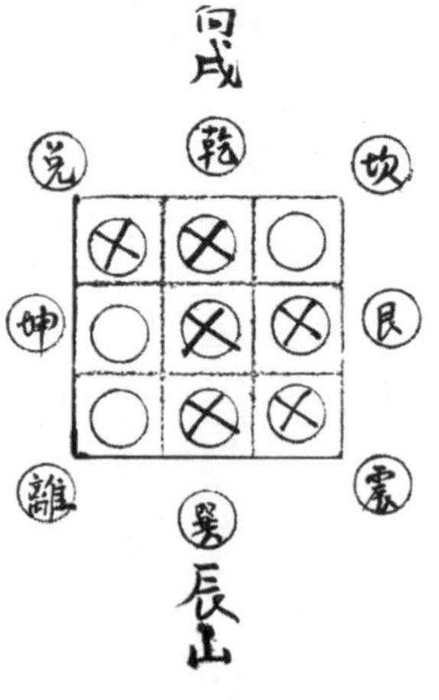

此局大門設在坎方。床位安在離方。書桌位安在坤方。灶爐位安在震方。住之平安。

天運四運巽巳山乾亥向室內佈局（坐東南向西北）

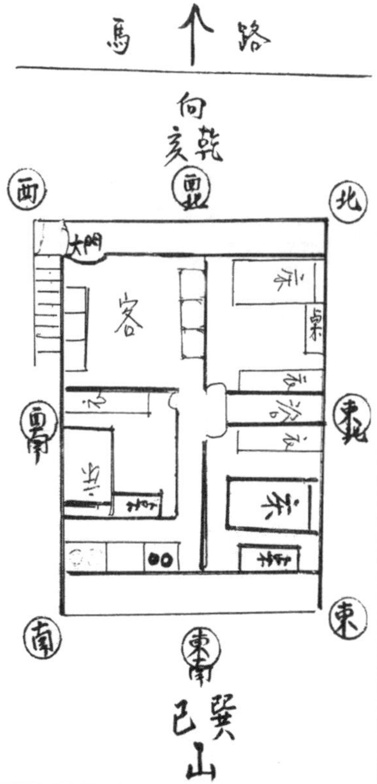

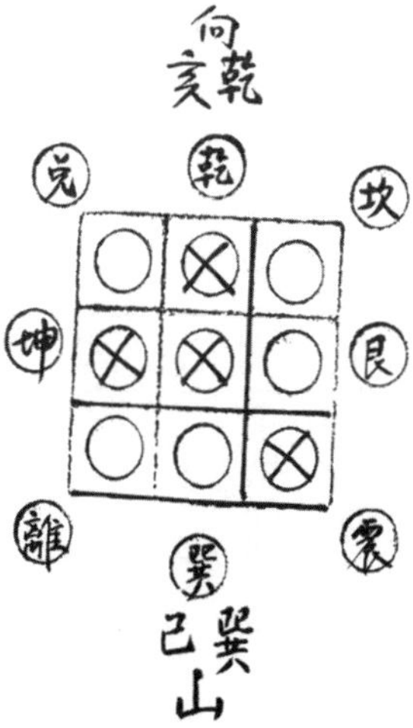

此局大門設在兌方。
床位安在艮方、離方。
書桌位巽方。
灶爐位安在巽方。
住之平安。

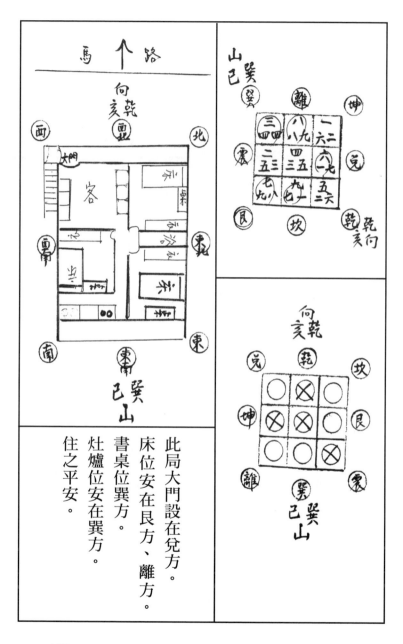

天運四運丙山壬向天心正運圖（坐南向北）

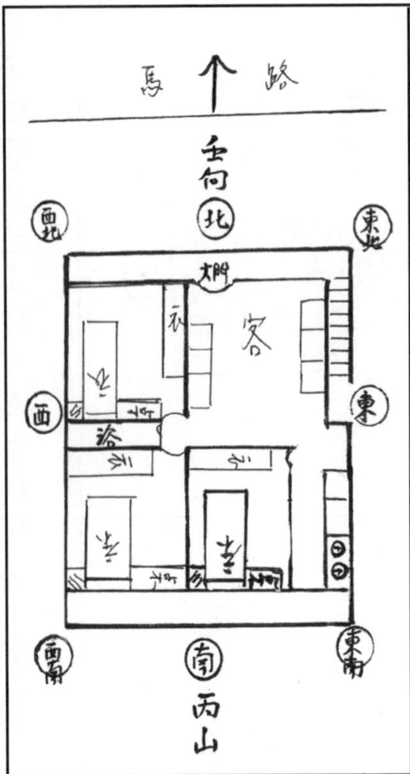

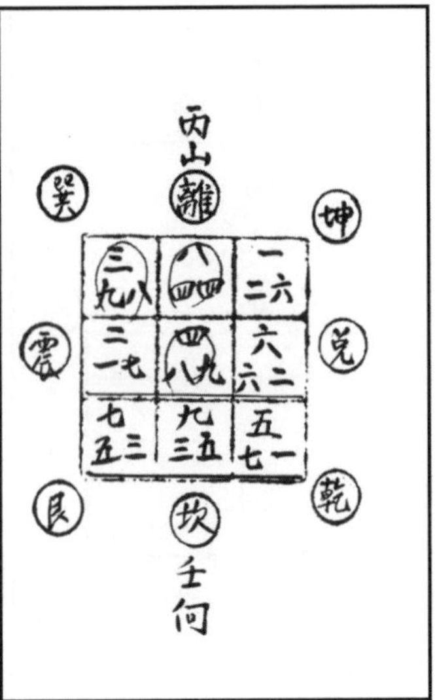

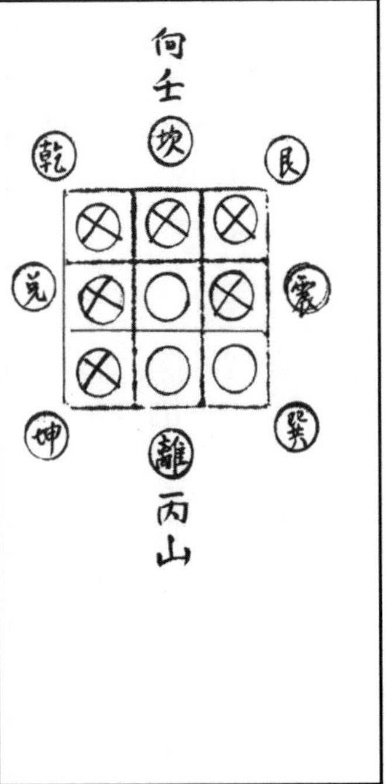

此局大門設在乾方。
床位安在巽方、離方。
書桌位離方。
灶爐位安在巽方。
住之平安。

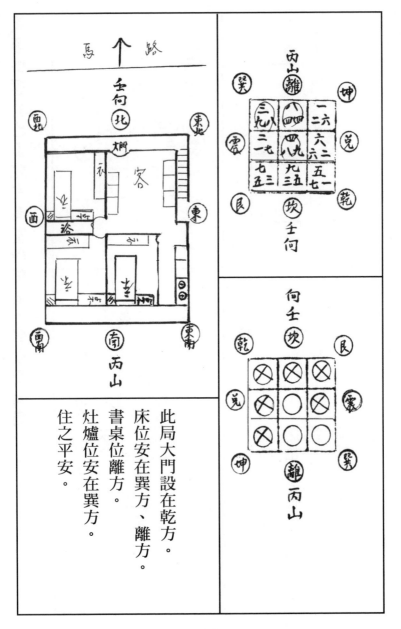

天運四運午丁山子癸向室內佈置（坐南向北）

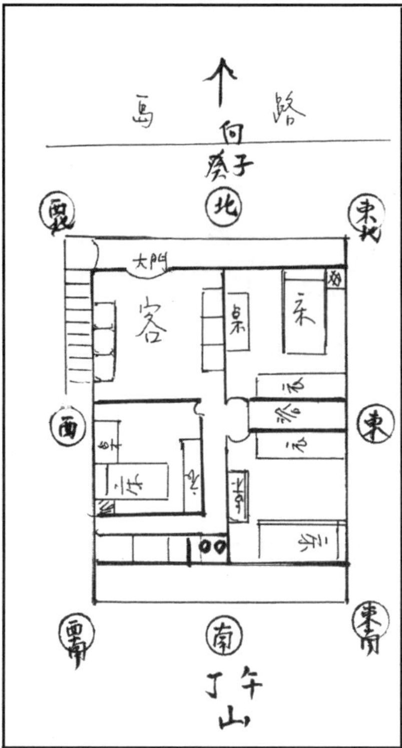

此局大門設在坎方。
床位安在坎方、巽方。
書桌位安在兌方。
灶爐位安在巽方。
住之平安‧。

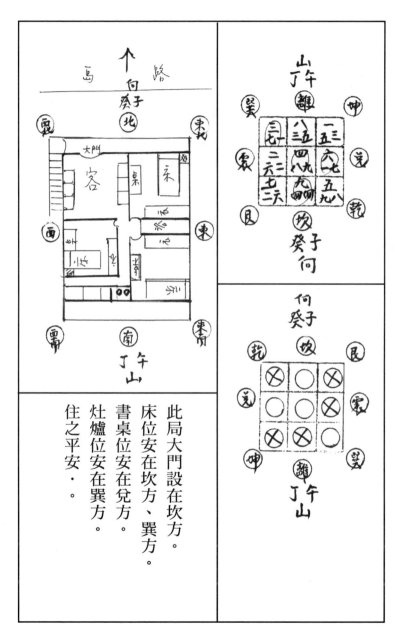

天運四運未山丑向天心正運圖（坐西南向東北）

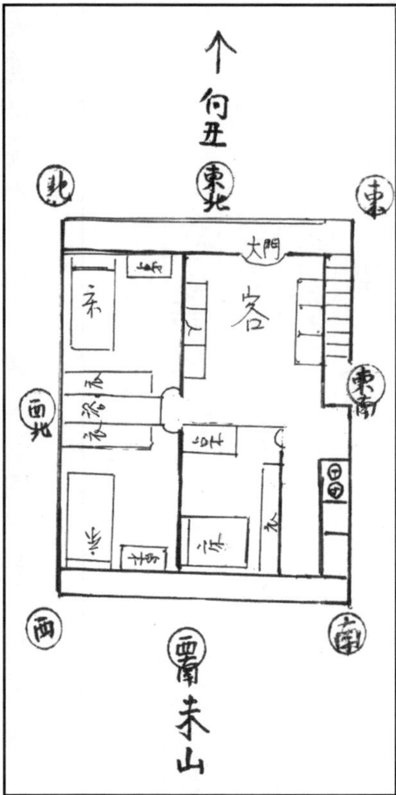

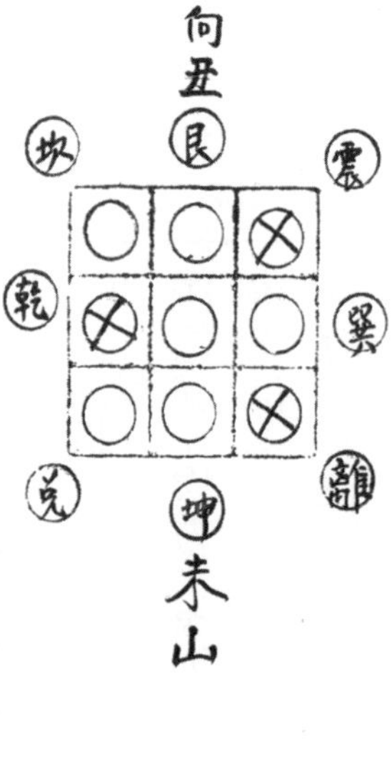

此局大門設在艮方。
床位安在巽方、坎方。
書桌位安在坤方。
灶爐位安在巽方。
住之平安。

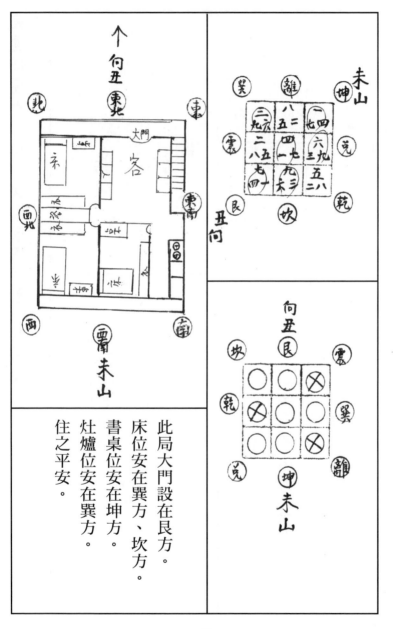

天運四運坤申山艮寅向室內佈局（坐西南向東北）

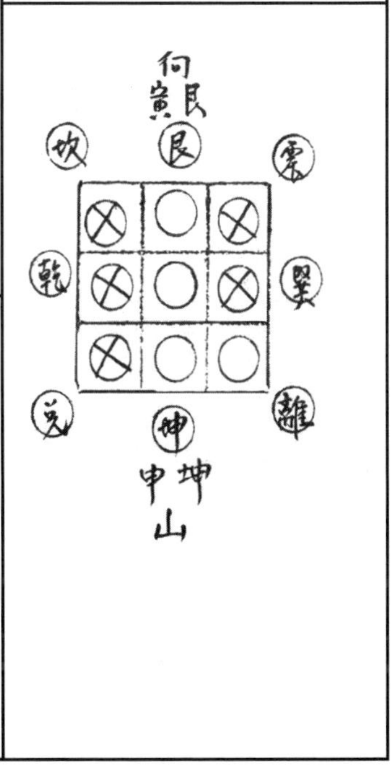

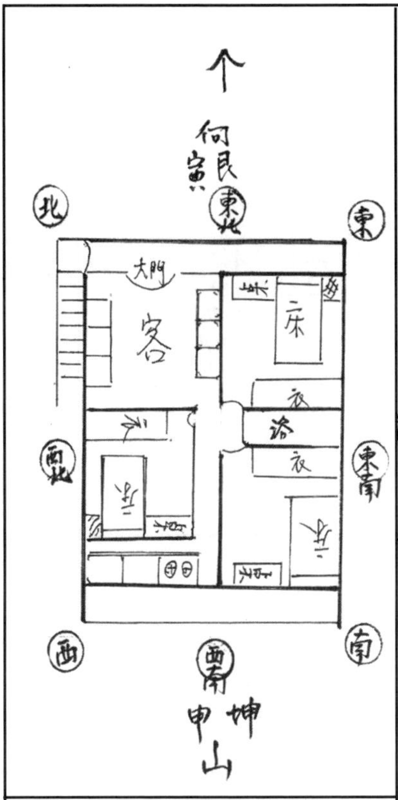

此局大門設在艮方。
床位安在坤方、艮方。
書桌位安在坤方。
灶爐位安在坤方。
住之平安。

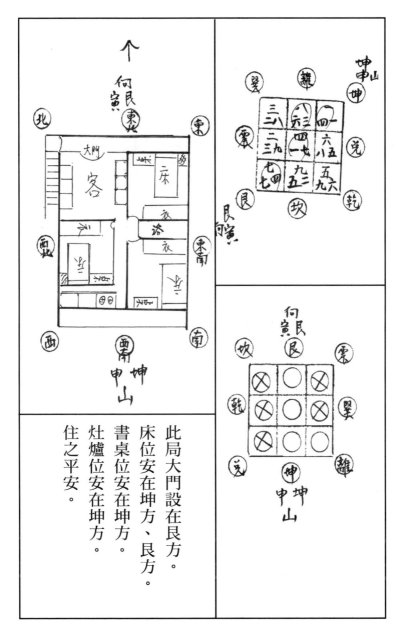

天運四運庚山甲向天心正運圖（坐西向東）

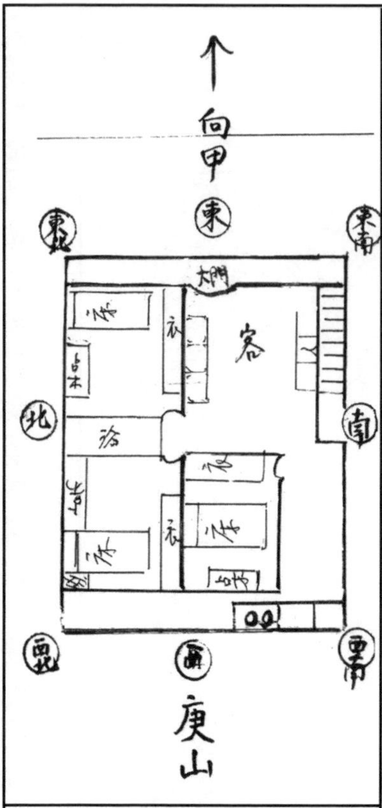

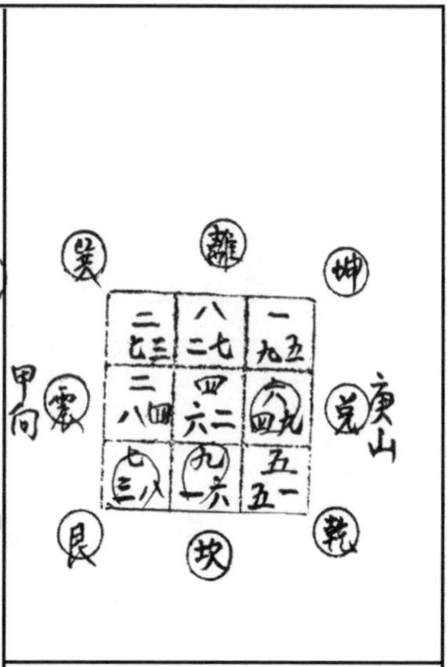

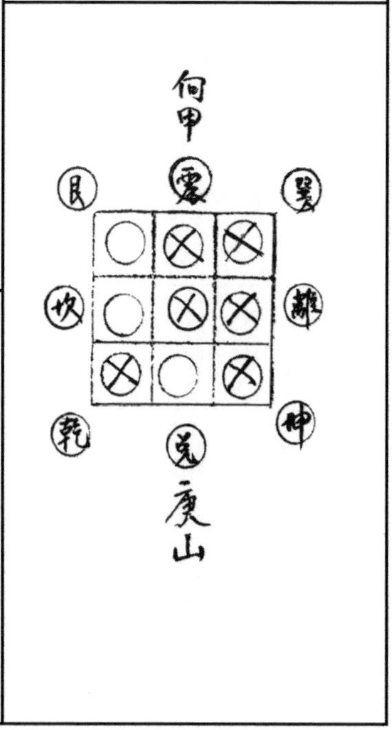

此局大門設在艮方。
床位安在坎方、艮方。
書桌位安在坎方。
灶爐位安在兌方。
住之平安。

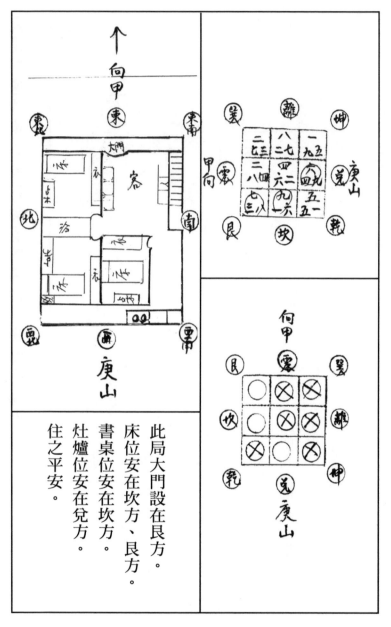

天運四運酉辛山卯乙向室內佈局（坐西向東）

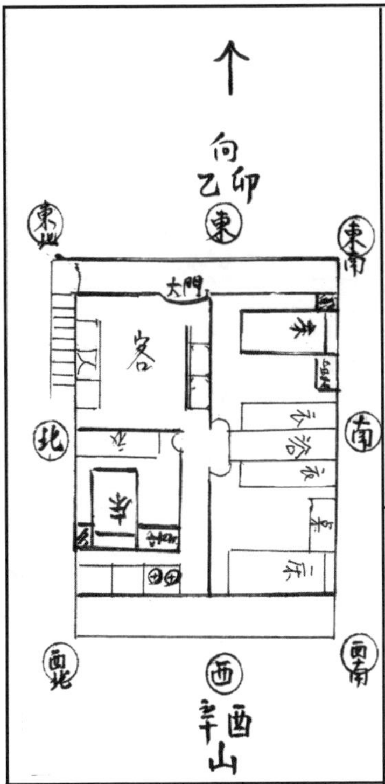

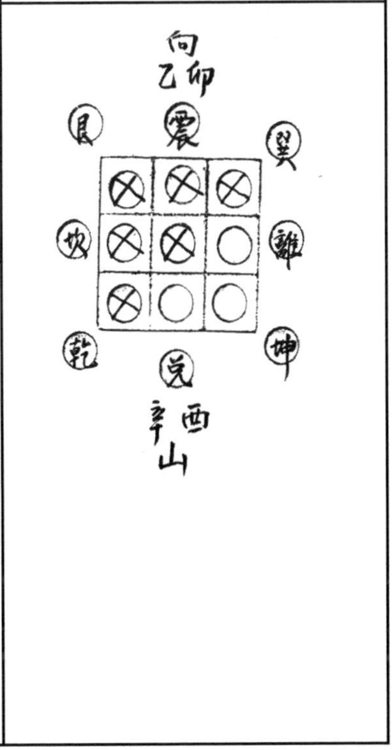

此局大門設在巽方。
床位安在坤方、兌方。
書桌位安在離方。
灶爐位安在兌方。
住之平安。

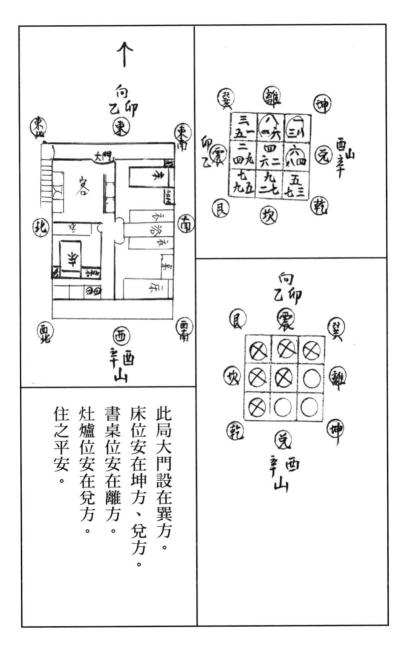

天運四運戌山辰向天心正運圖（坐西北向東南）

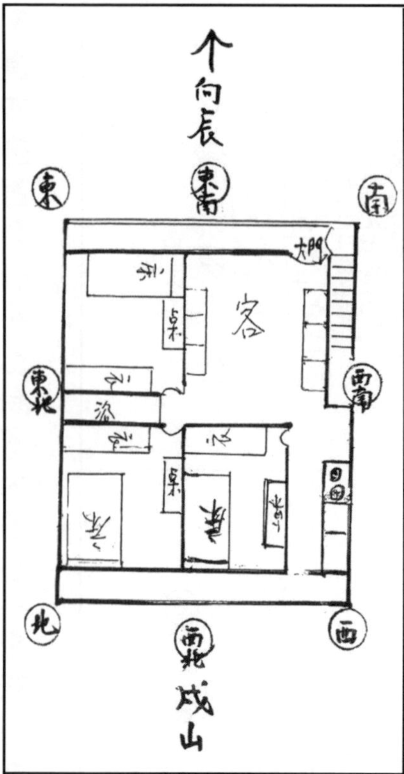

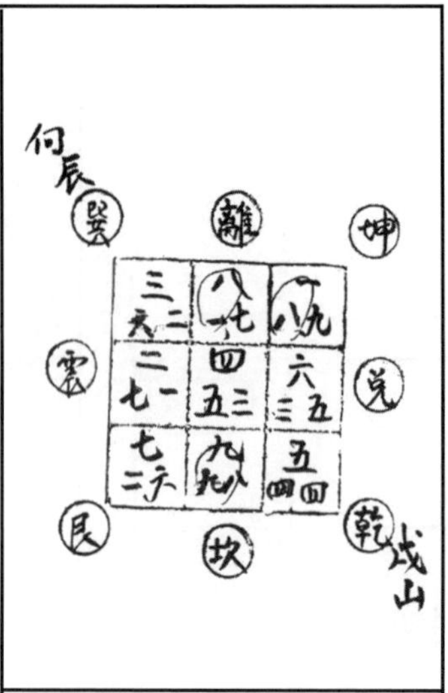

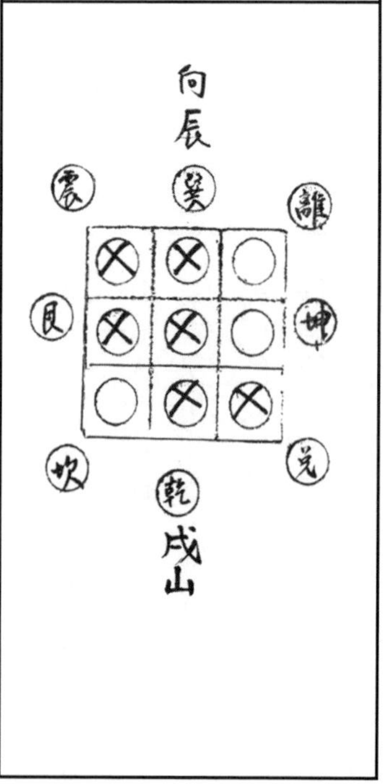

此局大門設在離方。
床位安在坎方、離方。
書桌位安在坤方。
灶爐位安在坤方。
住之平安。

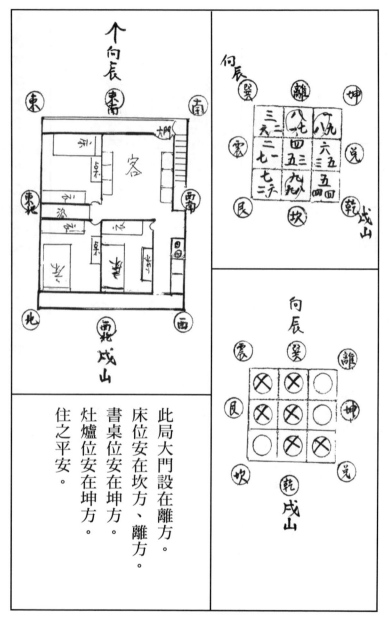

天運四運乾亥山巽巳向室內佈局（坐西北向東南）

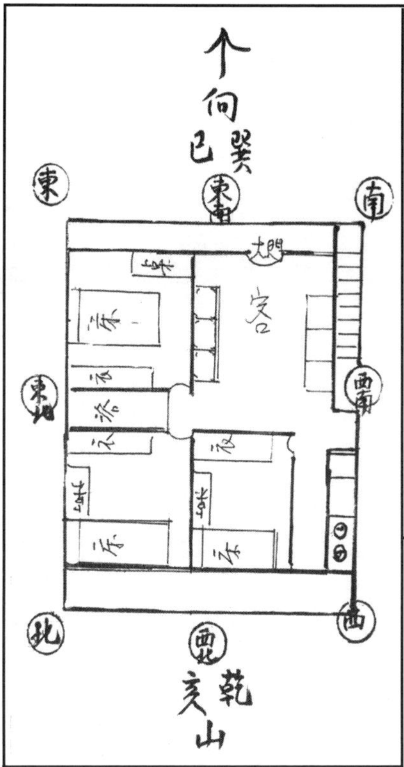

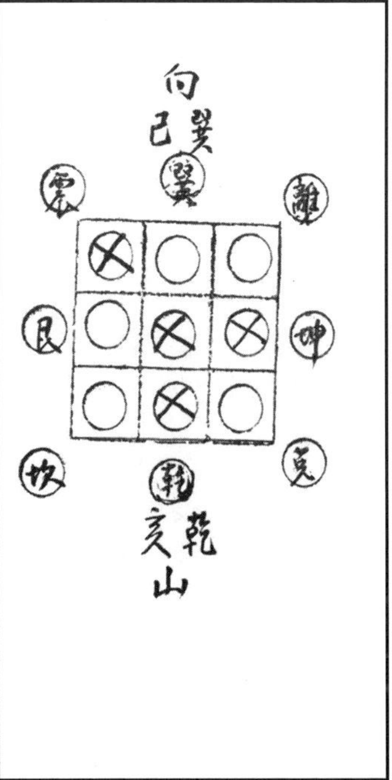

此局大門設在巽方。
床位安在兌方、艮方。
書桌位安在巽方。
灶爐位安在兌方。
住之平安。

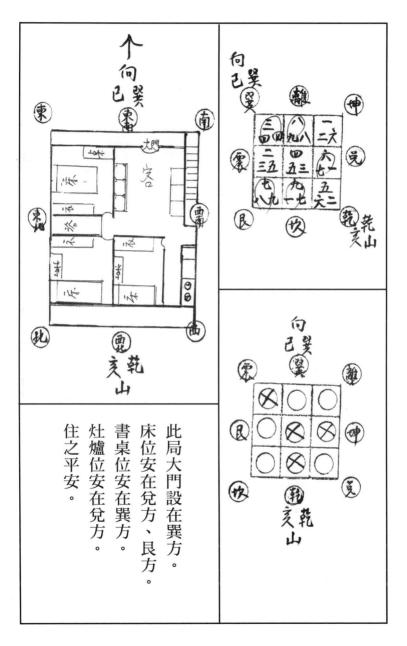

天運五運壬山丙向天心正運圖（坐北向南）

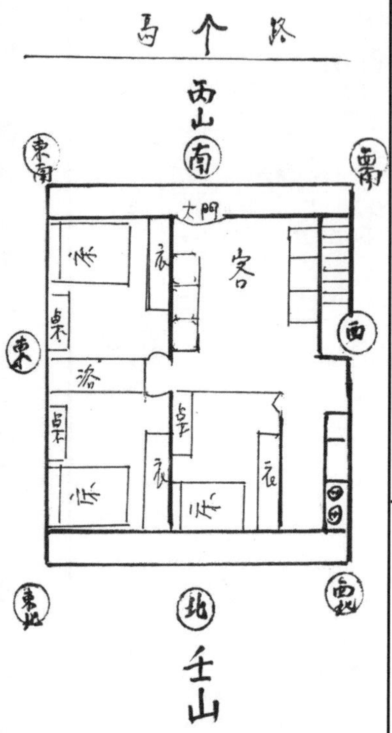

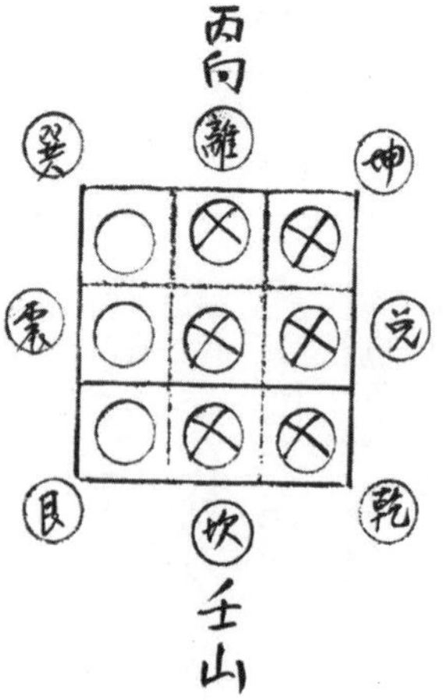

此局大門設在巽方。
床位安在艮方，巽方。
書桌位安在震方。
灶爐位安在乾方。
住之平安。

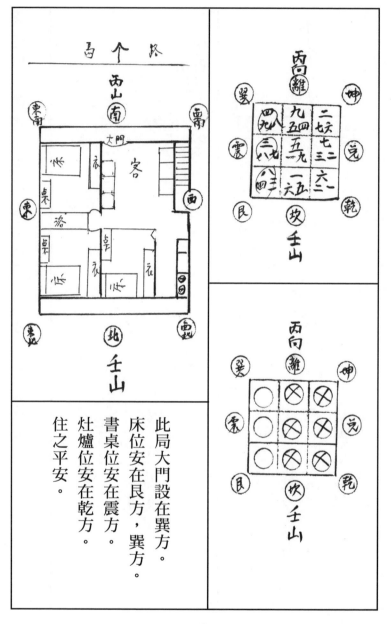

天運五運子癸山午丁向室內佈局（坐北向南）

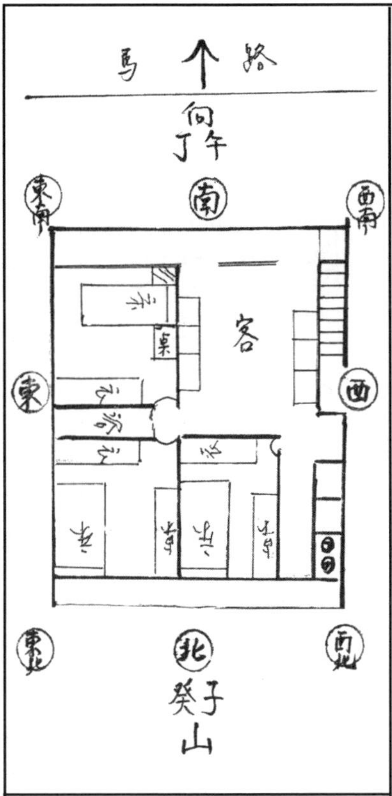

此局大門設在巽方。
床位安在艮方，兌方。
書桌位安在乾方。
灶爐位安在乾方。
住之平安。

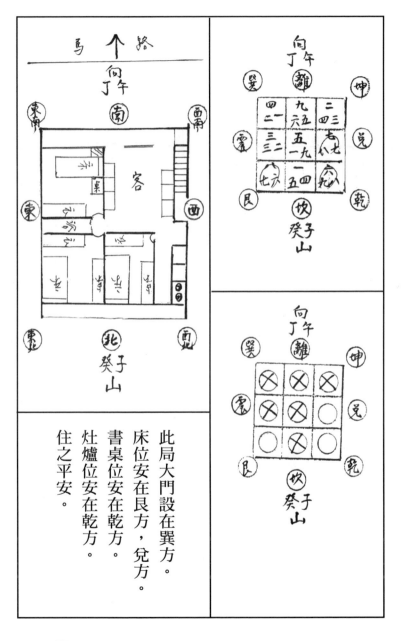

天運五運丑山未向天心正運圖（坐東北向西南）

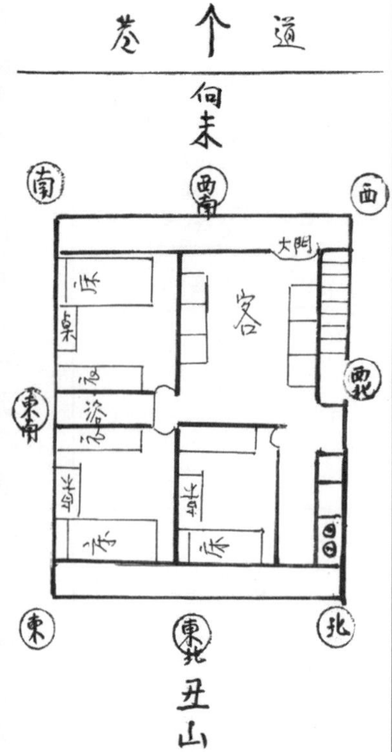

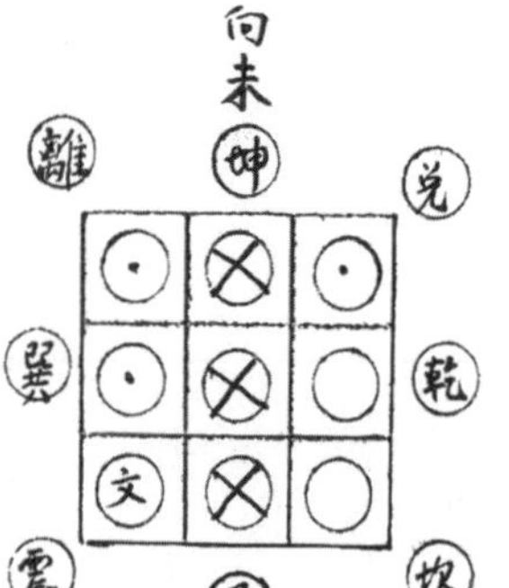

此局大門設在兌方。
床位安在震方、離方。
書桌位安在乾方。
灶爐位安在坎方。
住之平安。

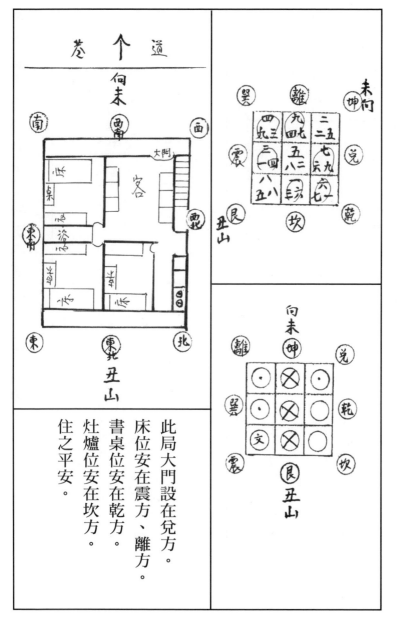

天運五運艮寅山坤申向室內佈局（坐東北向西南）

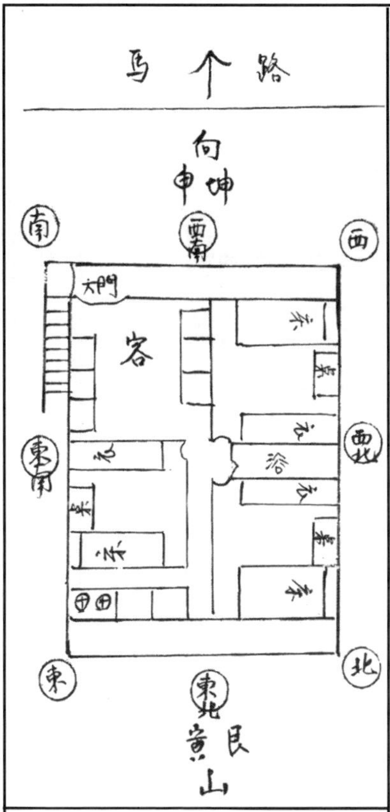

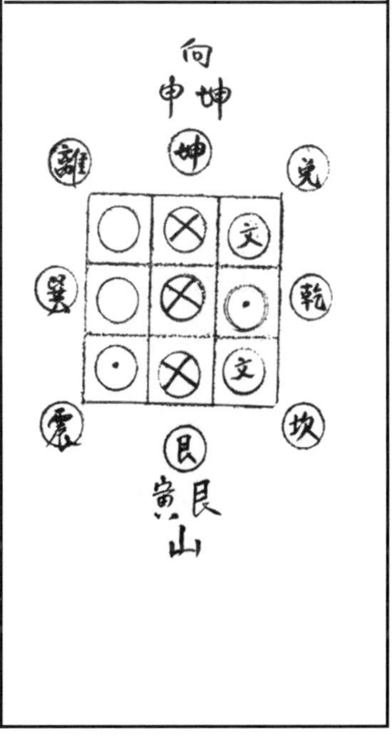

此局大門設在離方。
床位安在坎方、兌方。
書桌位安在巽方。
灶爐位安在震方。
住之平安。

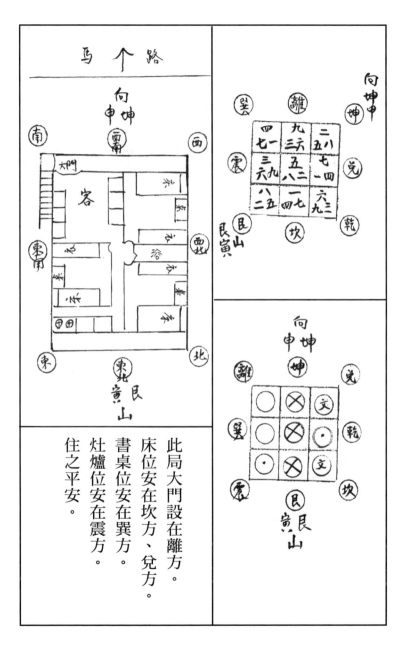

天運五運甲山庚向天心正運圖（坐東向西）

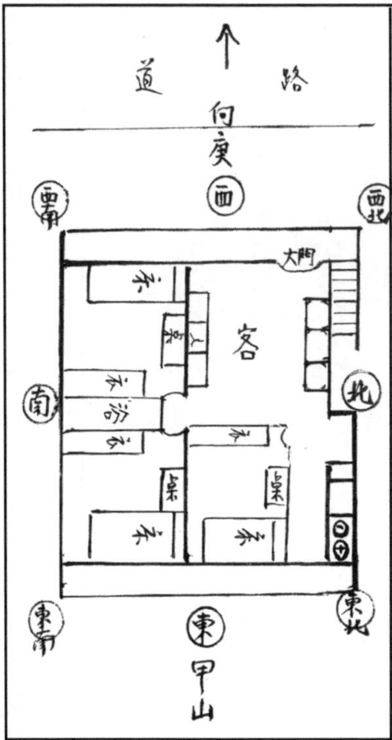

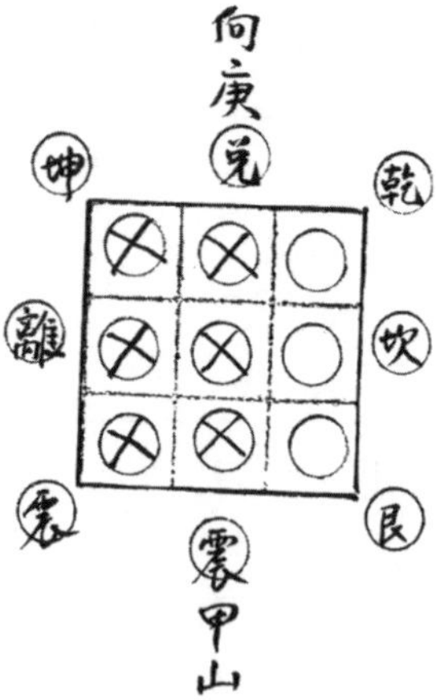

此局大門設在乾方。
床位安在艮方、乾方。
書桌位安在坎方。
灶爐位安在艮方。
住之平安。

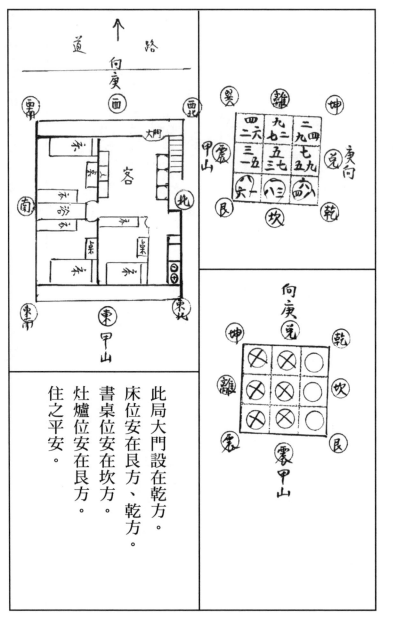

天運五運卯乙山酉辛向室內佈局（坐東向西）

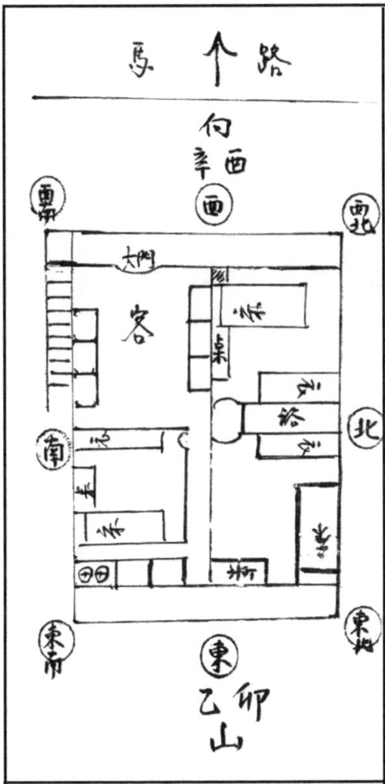

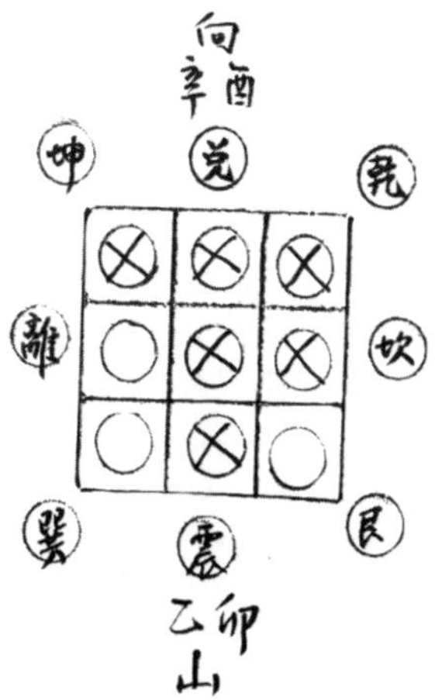

此局大門設在乾方。
床位安在巽方、艮方。
書桌位安在巽方。
灶爐位安在巽方。
住之平安。

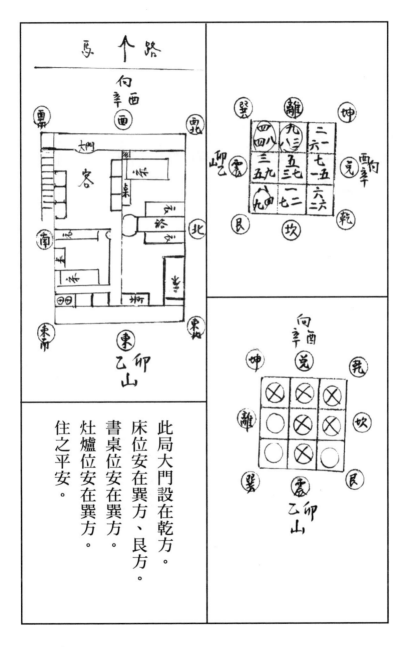

天運五運辰山戌向天心正運圖（坐東南向西北）

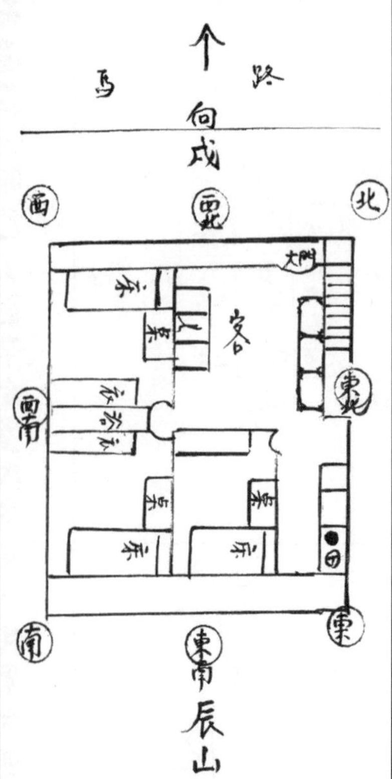

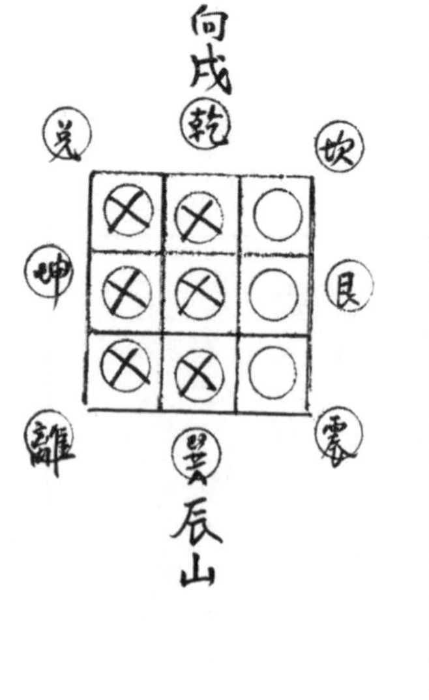

此局大門設在坎方。
床位安在震方。
書桌位安在坎方。
灶爐位安在震方。
住之平安。

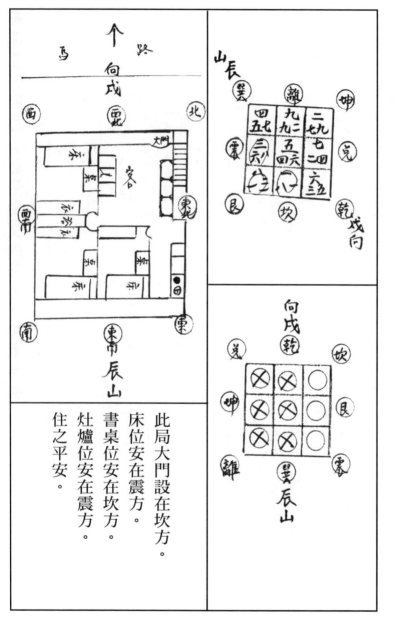

天運五運巽巳山乾亥向室內佈局（坐東南向西北）

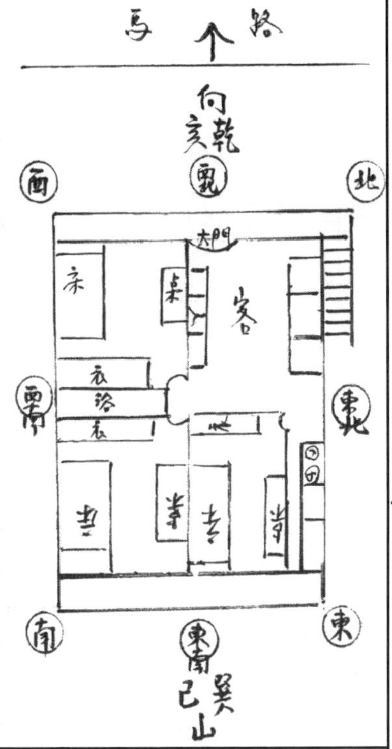

此局大門設在兌方。
床位安在兌方。
書桌位安在離方。
灶爐位安在艮方。
住之平安。

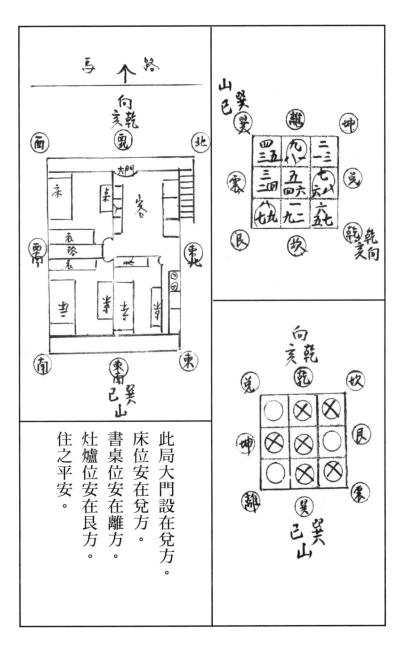

天運五運丙山壬向天心正運圖（坐南向北）

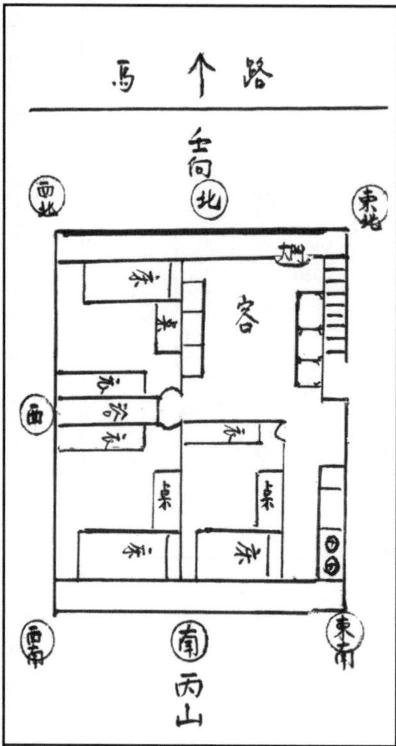

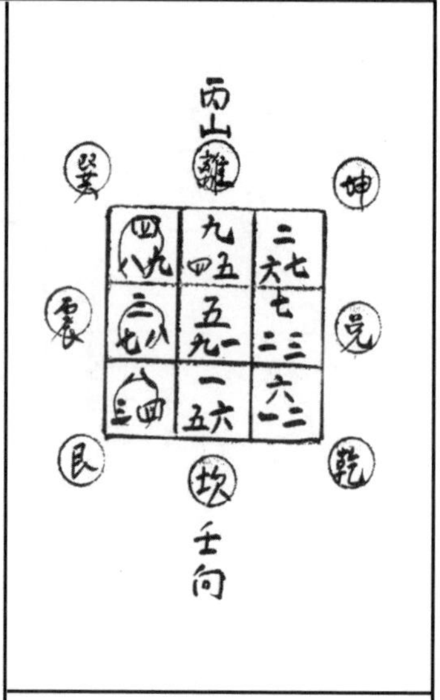

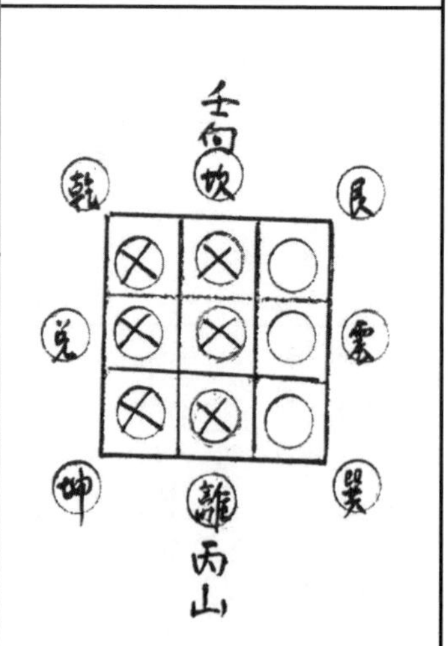

此局大門設在艮方。
床位安在巽方、艮方。
書桌位安在震方。
灶爐位安在巽方。
住之平安。

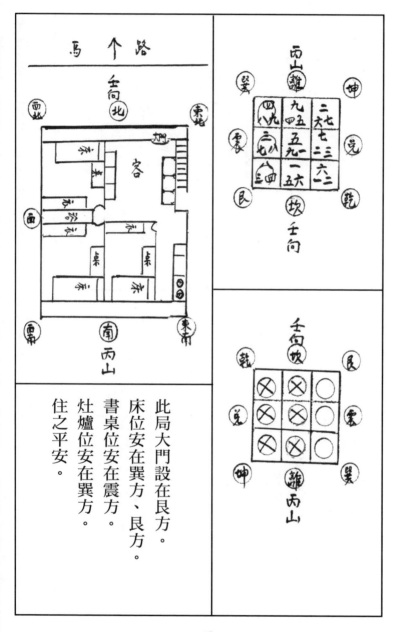

天運五運午丁山子癸向室內佈局（坐南向北）

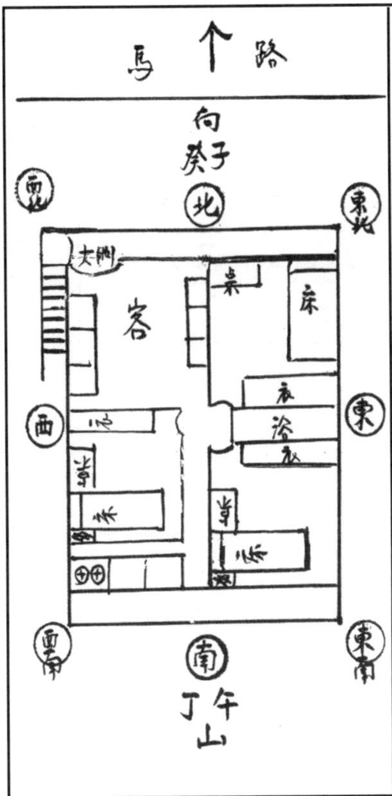

此局大門設在乾方。
床位安在兌方、艮方。
書桌位安在乾方。
灶爐位安在坤方。
住之平安。

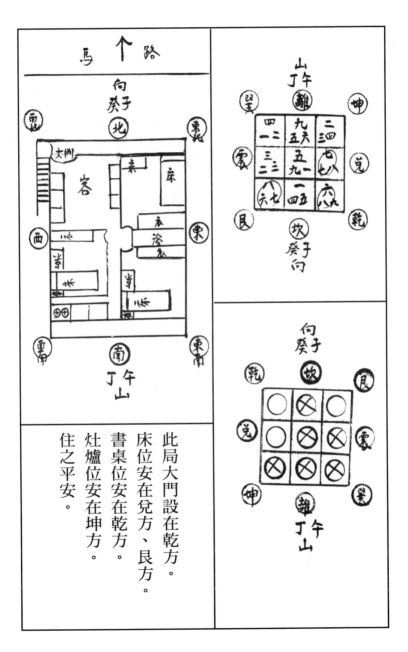

天運五運未山丑向天心正運圖（坐西南向東北）

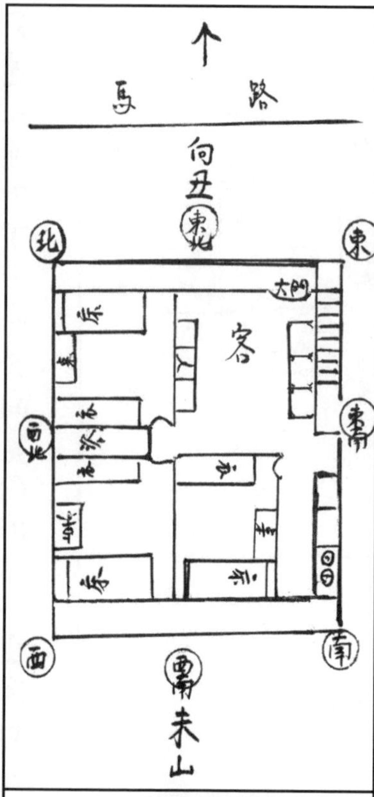

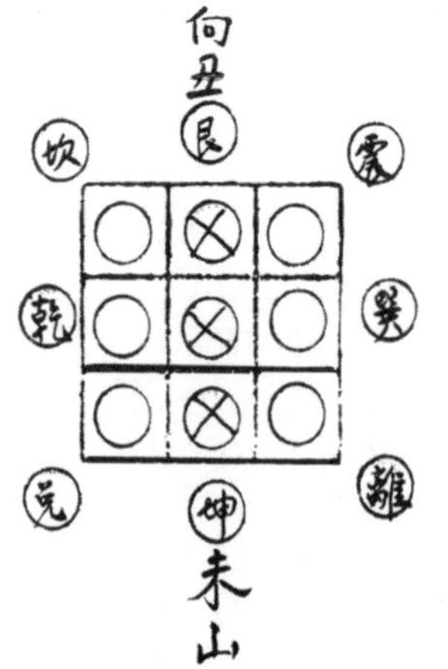

此局大門設在震方。

床位安在兌方、離方。

書桌位安在震方。

灶爐位安在離方。

住之平安。

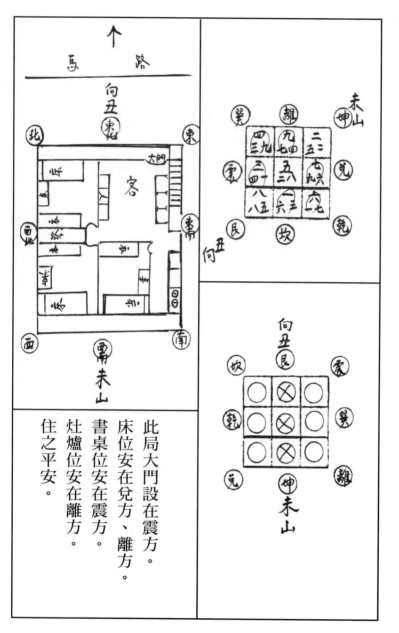

天運五運坤申山艮寅向室內佈局（坐西南向東北）

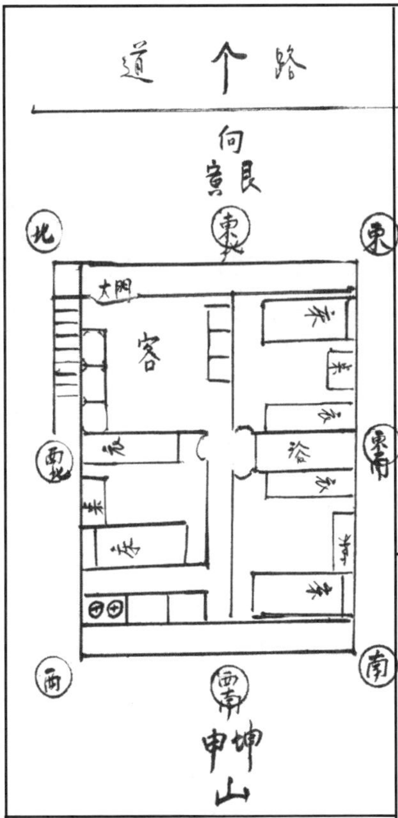

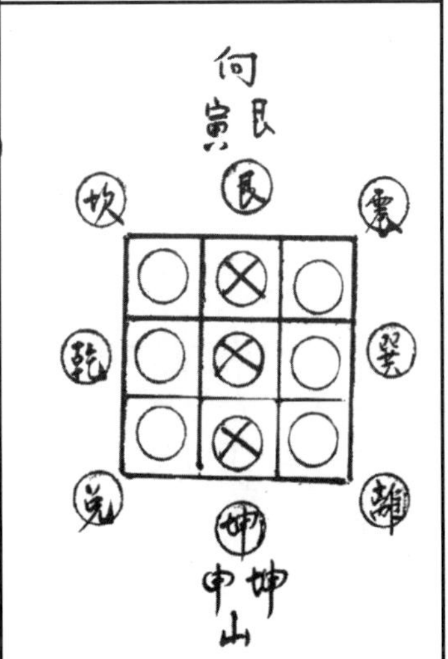

此局大門設在坎方。
床位安在離方、震方。
書桌位安在巽方。
灶爐位安在兌方。
住之平安。

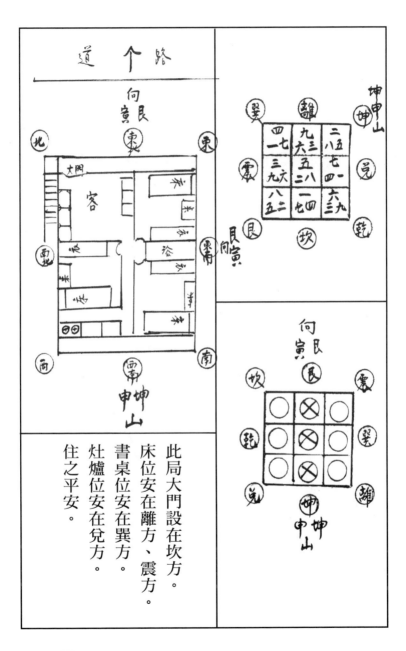

天運五運庚山甲向天心正運圖（坐西向東）

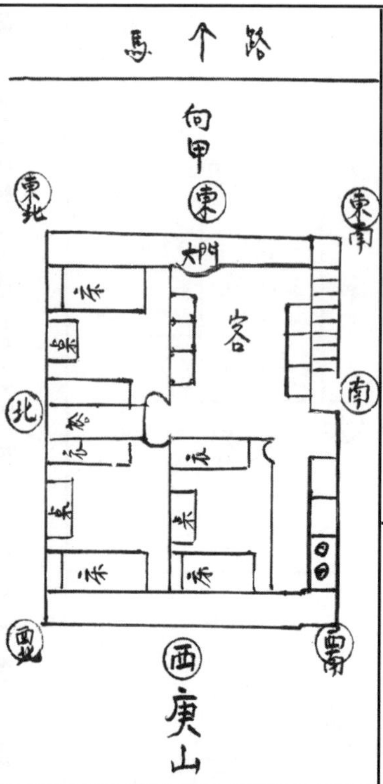

此局大門設在艮方。
床位安在乾方、艮方。
書桌位安在坎方。
灶爐位安在坤方。
住之平安。

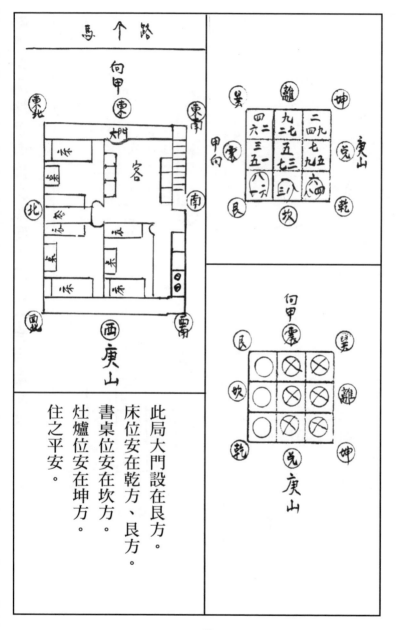

天運五運酉辛山卯乙向室內佈置（坐西向東）

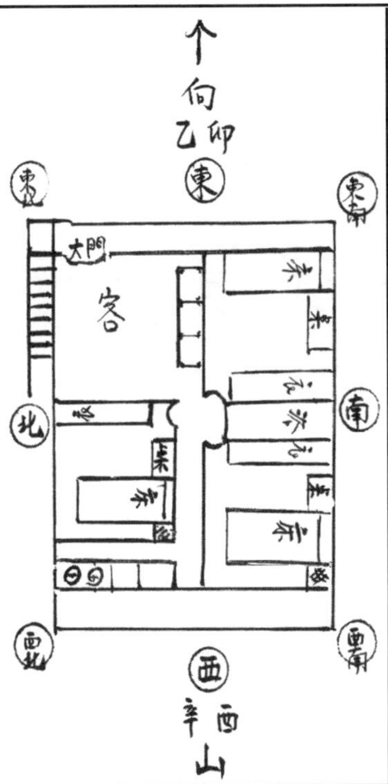

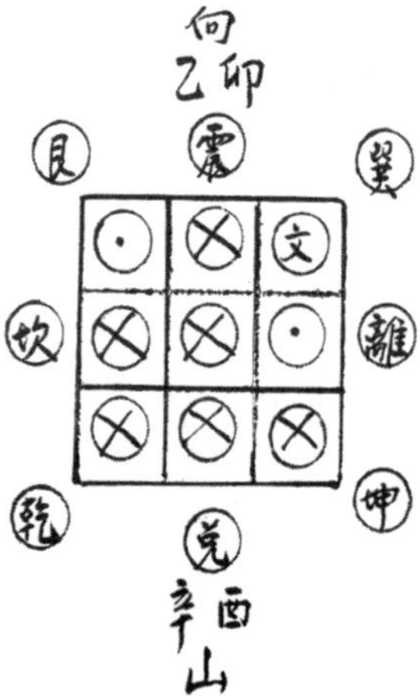

此局大門設在艮方。
床位安在離方、巽方。
書桌位安在巽方。
灶爐位安在乾方。
住之平安。

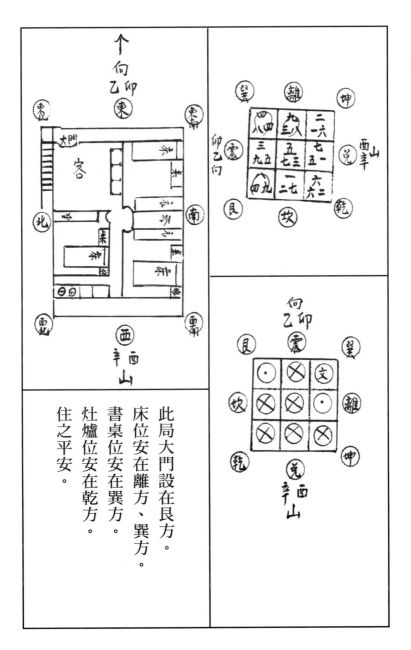

天運五運戌山辰向天心正運圖（坐西北向東南）

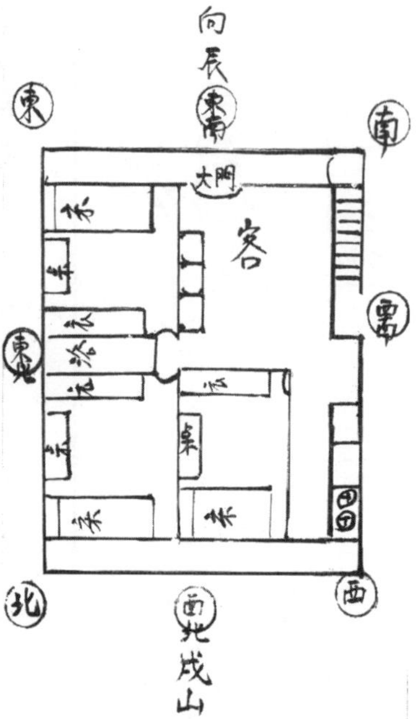

此局大門設在震方。
床位安在坎方、震方。
書桌位安在艮方。
灶爐位安在兌方。
住之平安。

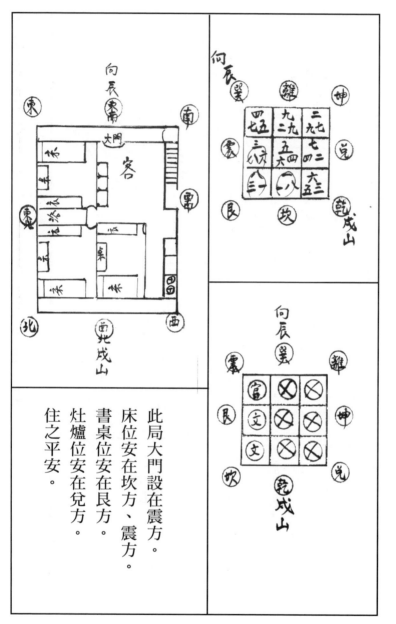

天運五運乾亥山巽巳向室內佈局(坐西北向東南)

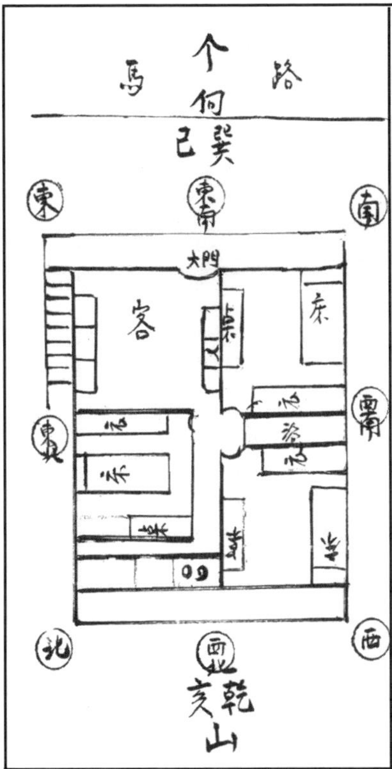

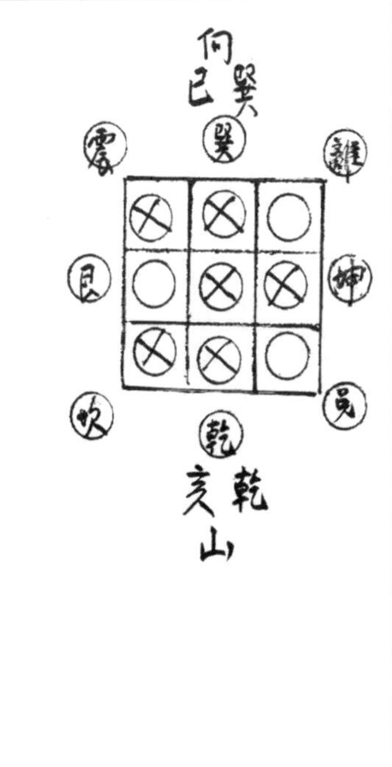

此局大門設在離方。
床位安在兌方、離方。
書桌位安在離方。
灶爐位安在兌方。
住之平安。

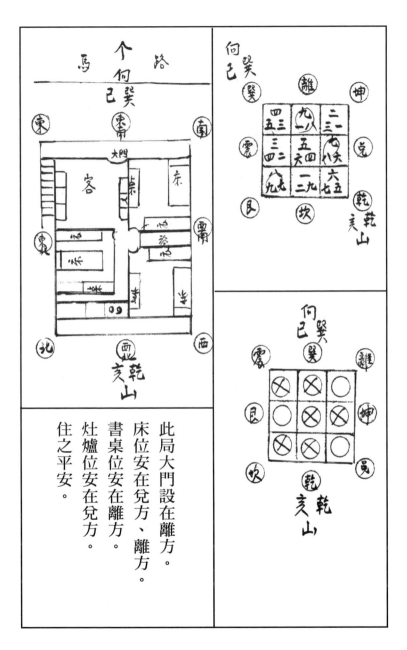

天運六運壬山丙向天心正運圖（坐北向南）

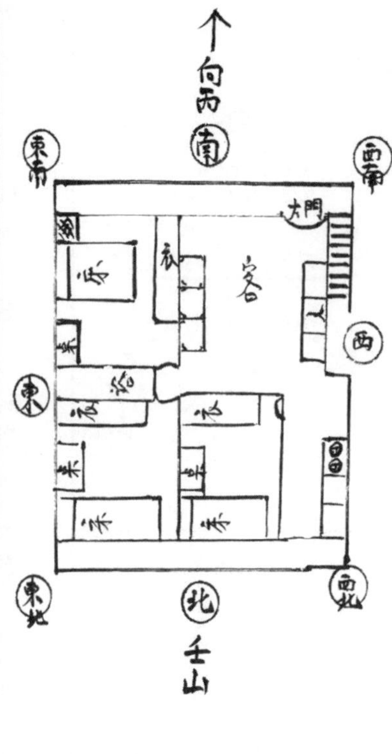

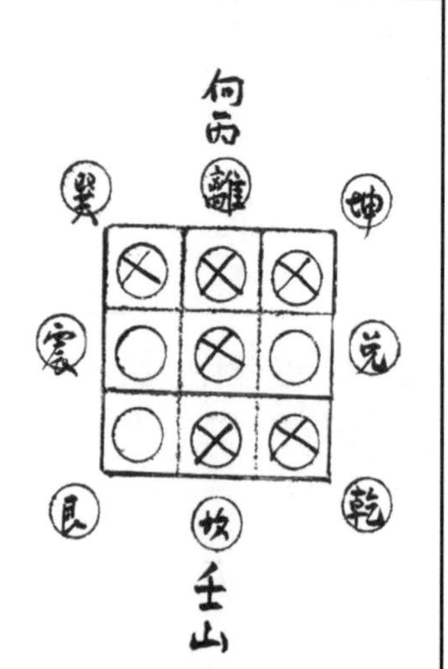

此局大門設在坤方。
床位安在艮方、震方。
書桌位安在震方。
灶爐位安在兌方。
住之平安。

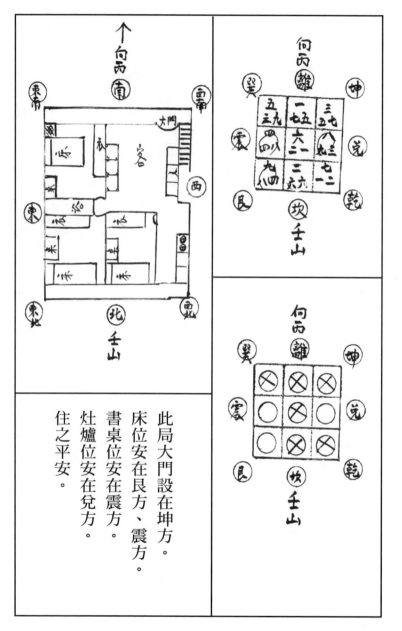

天運六運子癸山午丁向室內佈局（坐北向南）

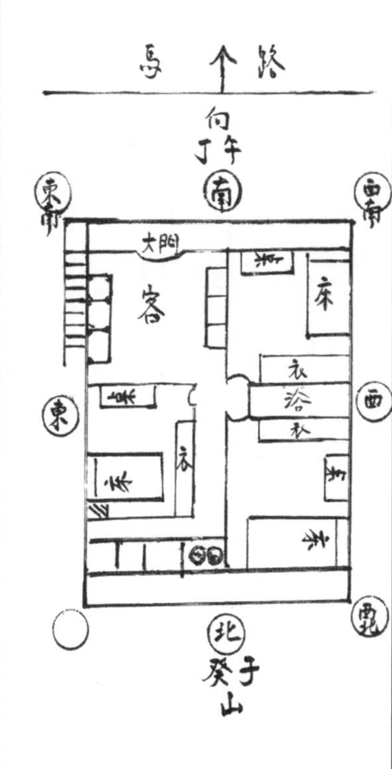

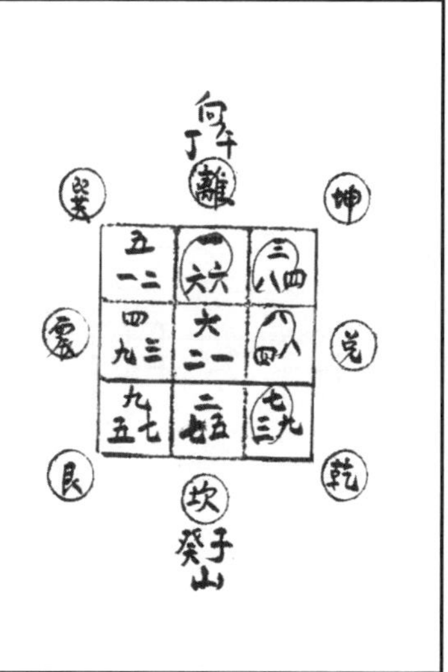

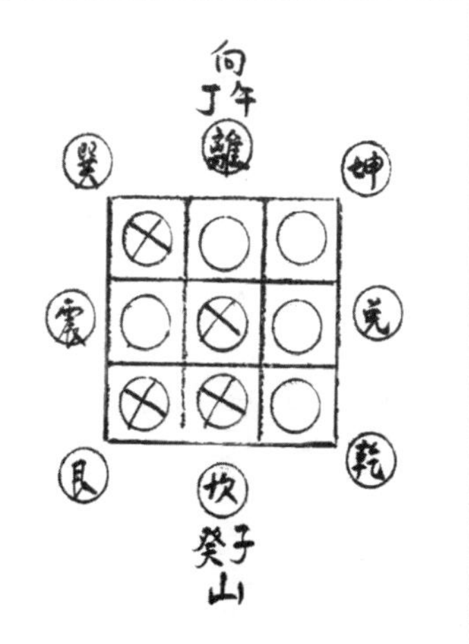

此局大門設在離方。
床位安在乾方、坤方。
書桌位安在離方。
灶爐位安在乾方。
住之平安。

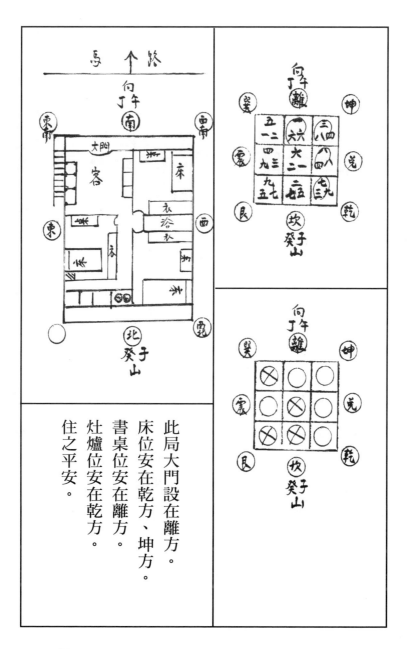

天運六運丑山未向天心正運圖（坐東北向西南）

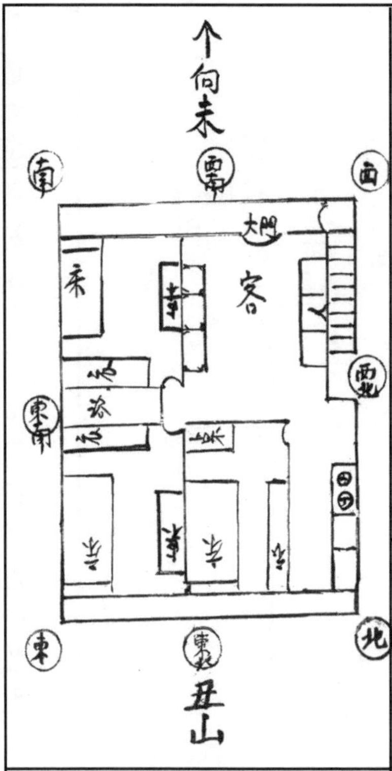

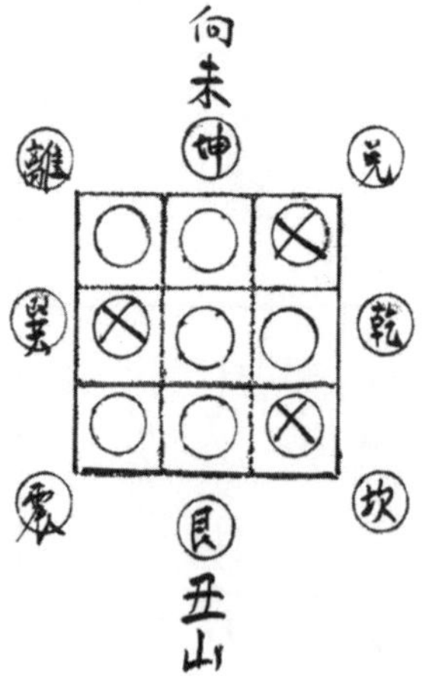

此局大門設在坤方。
床位安在震方、離方。
書桌位安在乾方。
灶爐位安在乾方。
住之平安。

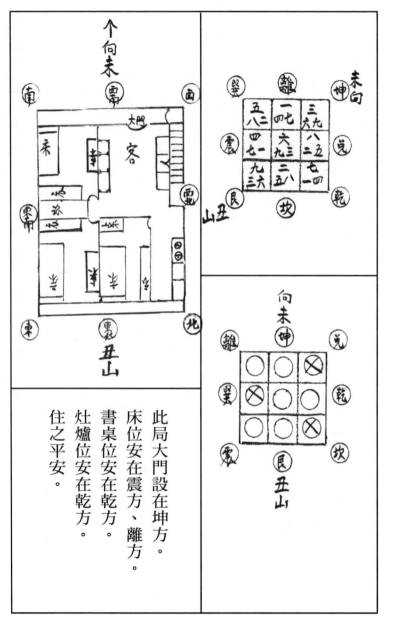

天運六運艮寅山坤申向室內佈局（坐東北向西南）

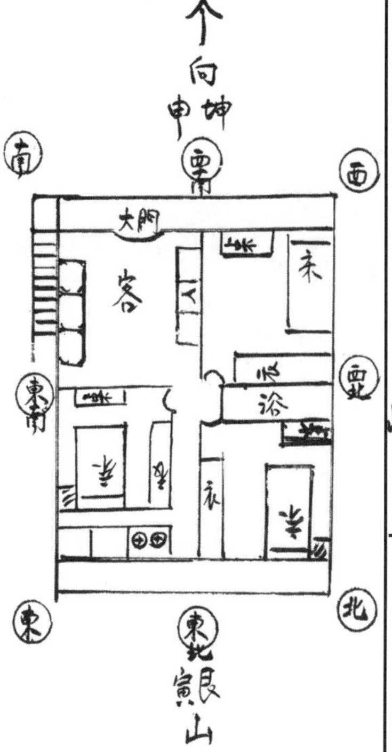

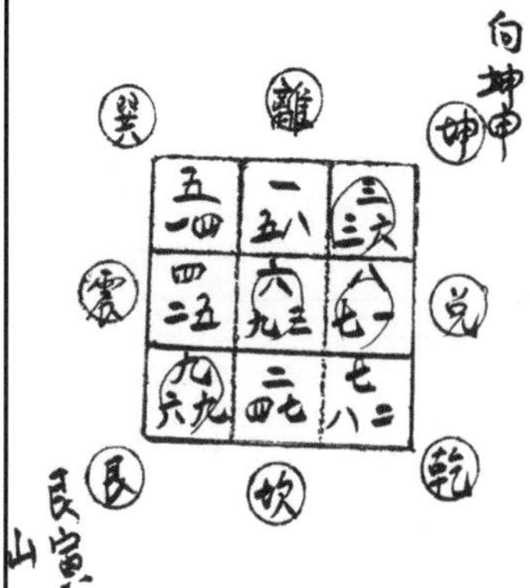

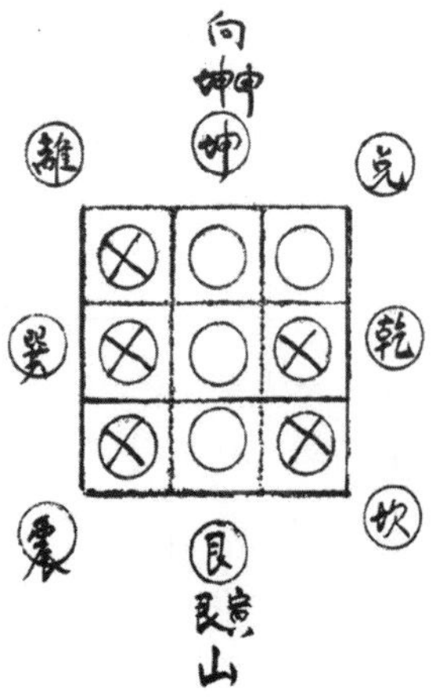

此局大門設在坤方。
床位安在艮方、兌方。
書桌位安在兌方。
灶爐位安在艮方。
住之平安。

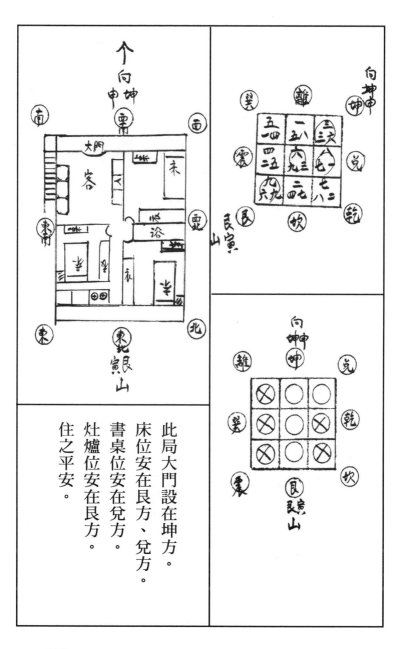

天運六運甲山庚向天心正運圖（坐東向西）

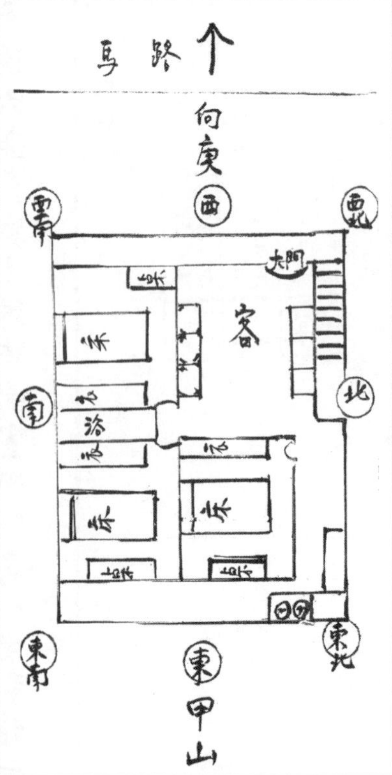

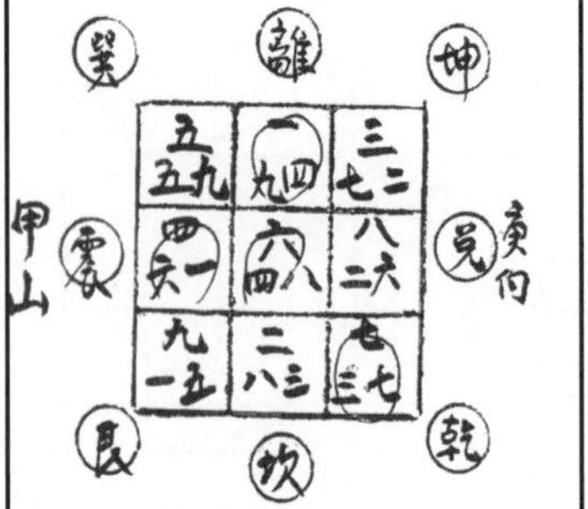

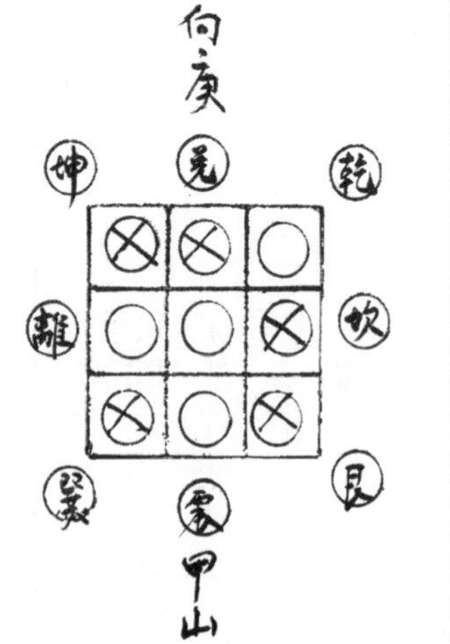

此局大門設在乾方。
床位安在離方。
書桌位安在震方。
灶爐位安在震方。
住之平安。

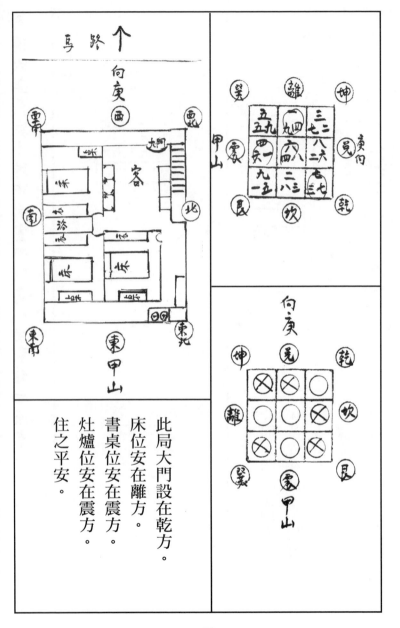

天運六運卯乙山酉辛向室內佈局（坐東向西）

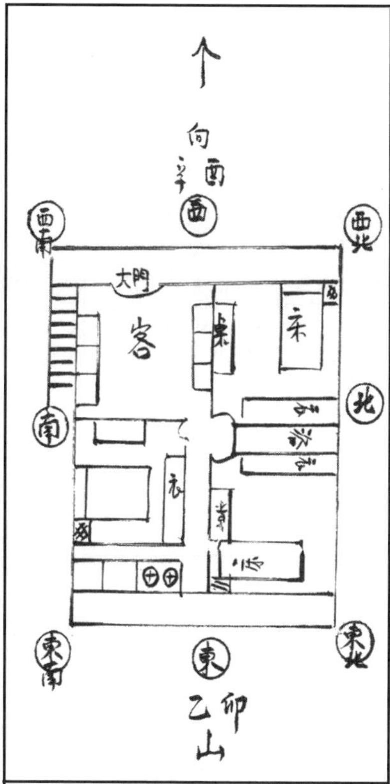

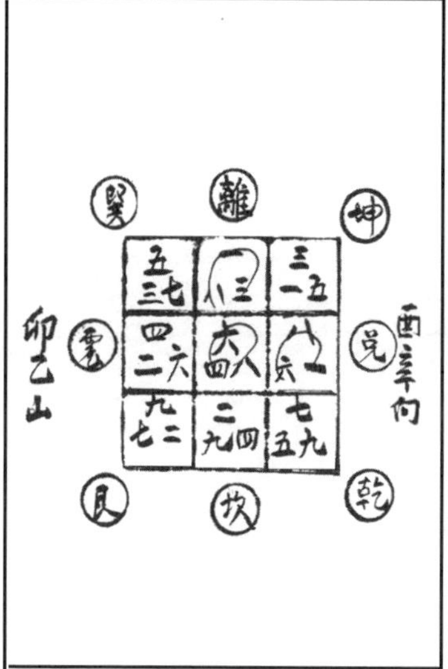

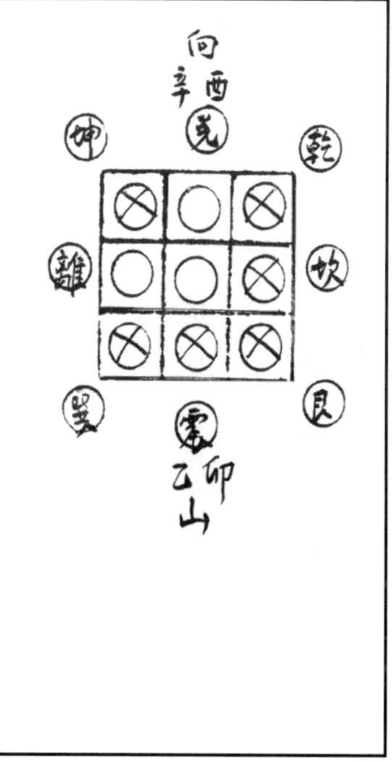

此局大門設在兌方。
床位安在離方。
書桌位安在兌方。
灶爐位安在震方。
住之平安。

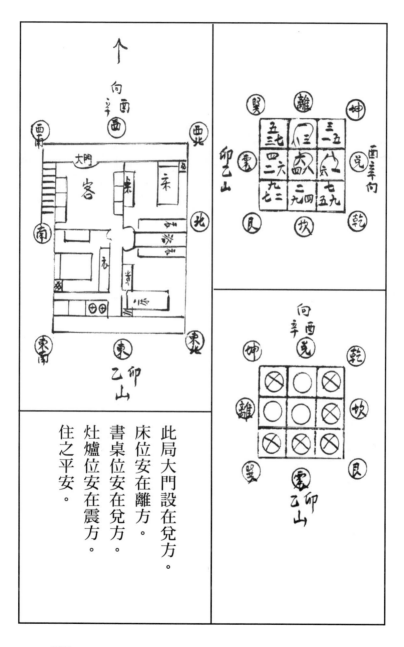

天運六運辰山戌向天心正運圖（坐東南向西北）

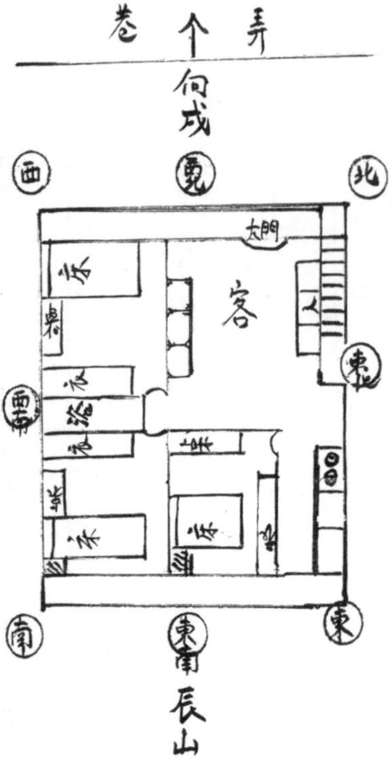

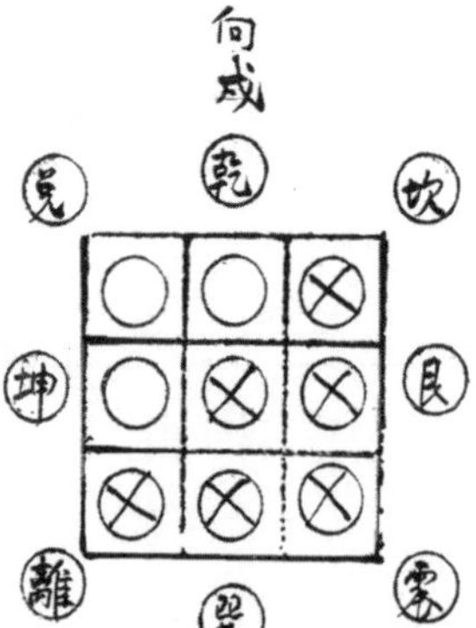

此局大門設在乾方。
床位安在坤方、兌方。
書桌位安在坤方。
灶爐位安在艮方。
住之平安。

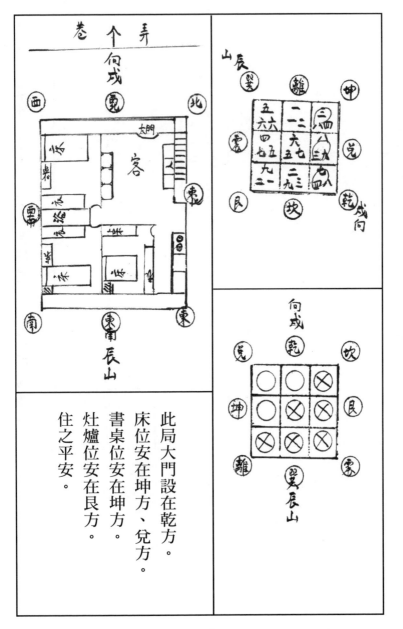

天運六運巽巳山乾亥向室內佈局（坐東南向西北）

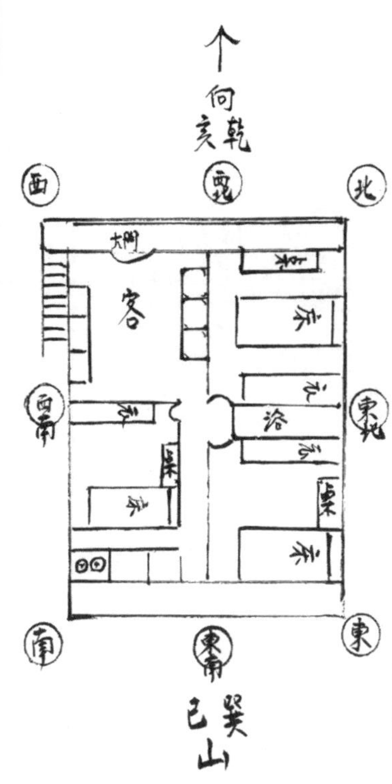

此局大門設在乾方。
床位安在震方、艮方。
書桌位安在乾方。
灶爐位安在離方。
住之平安。

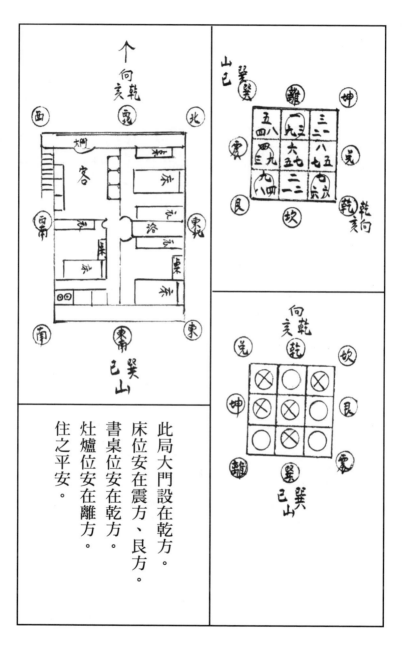

天運六運丙山壬向天心正運圖（坐南向北）

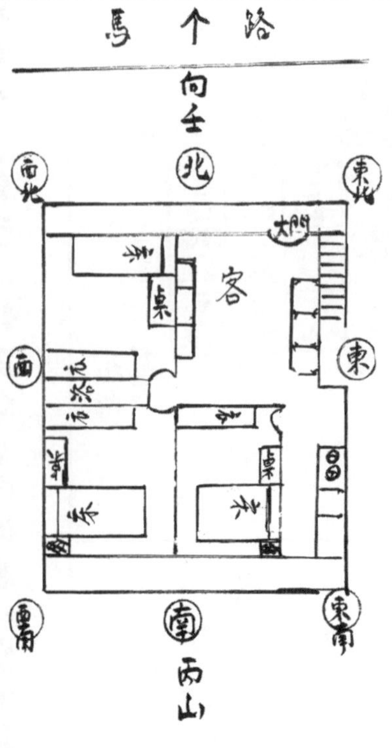

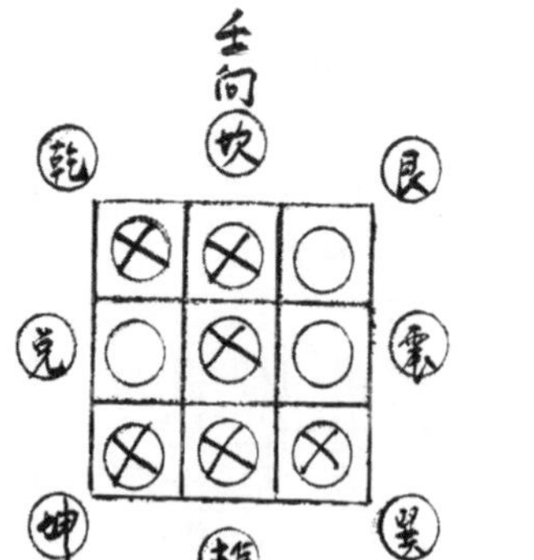

此局大門設在艮方。
床位安在兌方、震方。
書桌位安在震方。
灶爐位安在震方。
住之平安。

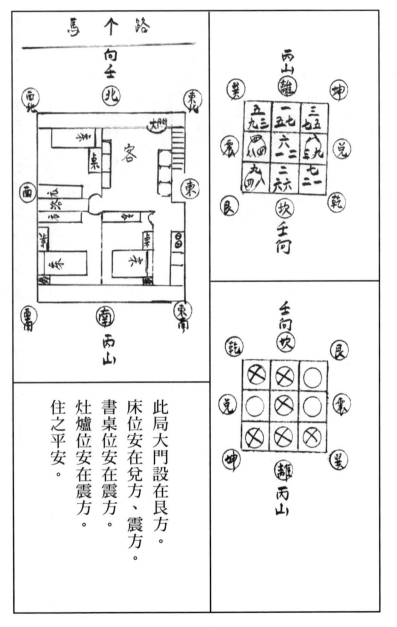

天運六運午丁山子癸向室內佈局（坐南向北）

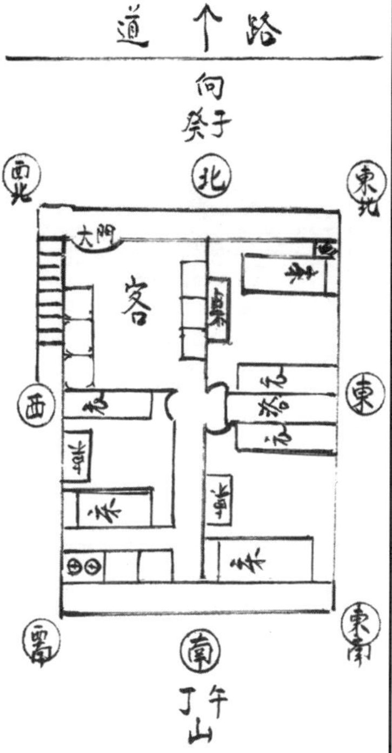

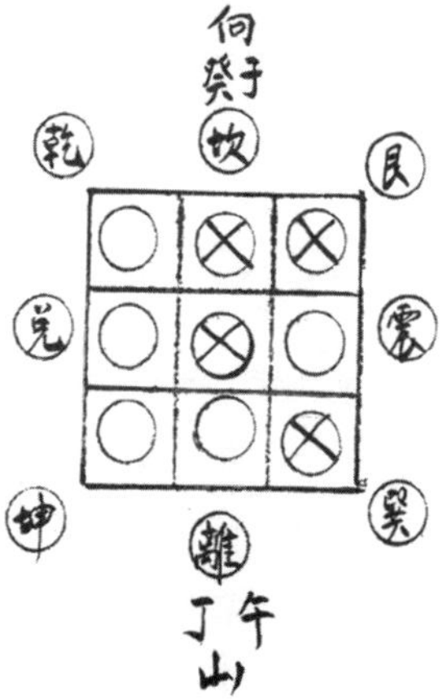

此局大門設在乾方。
床位安在坤方、震方。
書桌位安在離方。
灶爐位安在坤方。
住之平安。

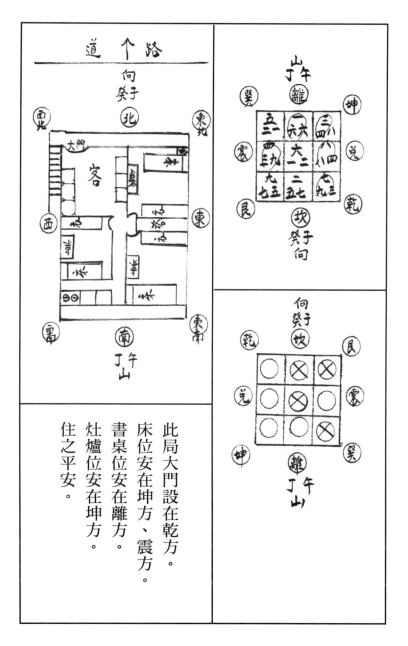

天運六運未山丑向天心正運圖（坐西南向東北）

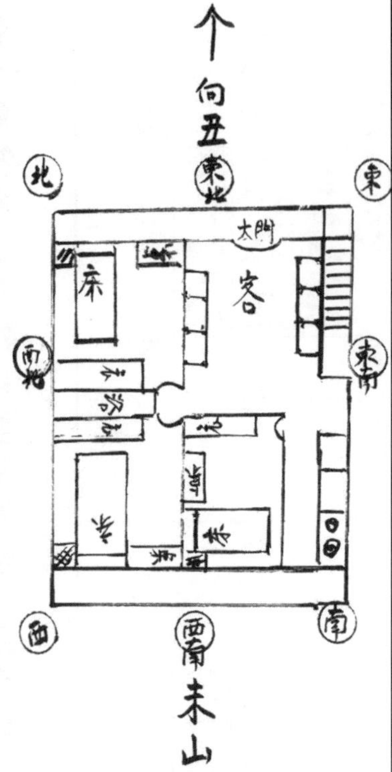

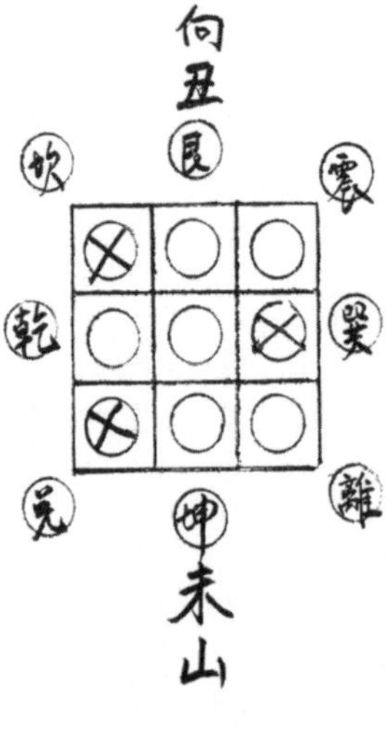

此局大門設在艮方。
床位安在坤方、乾方。
書桌位安在震方。
灶爐位安在離方。
住之平安。

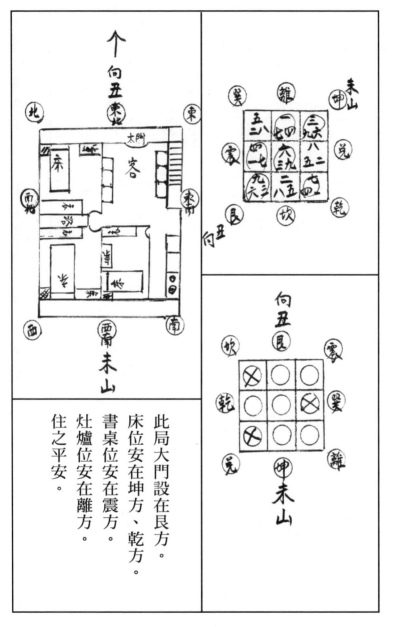

天運六運坤申山艮寅向室內佈局（坐西南向東北）

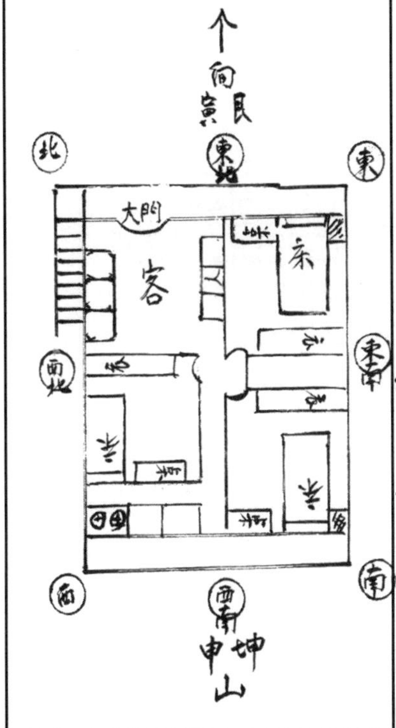

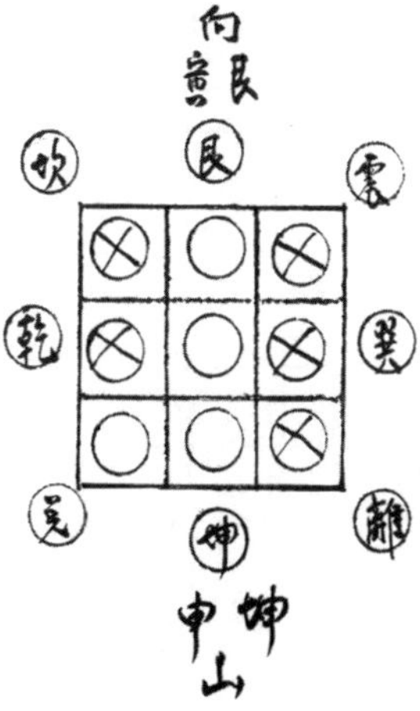

此局大門設在艮方。
床位安在坤方、兌方。
書桌位安在坤方。
灶爐位安在兌方。
住之平安。

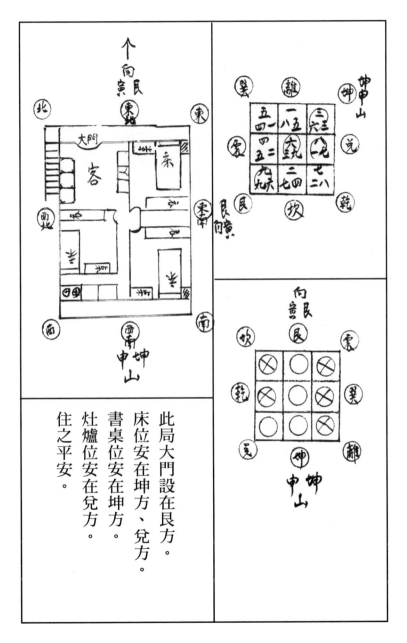

天運六運庚山甲向天心正運圖（坐西向東）

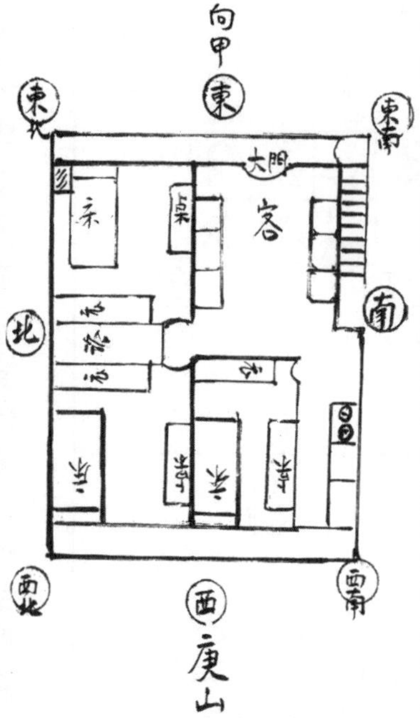

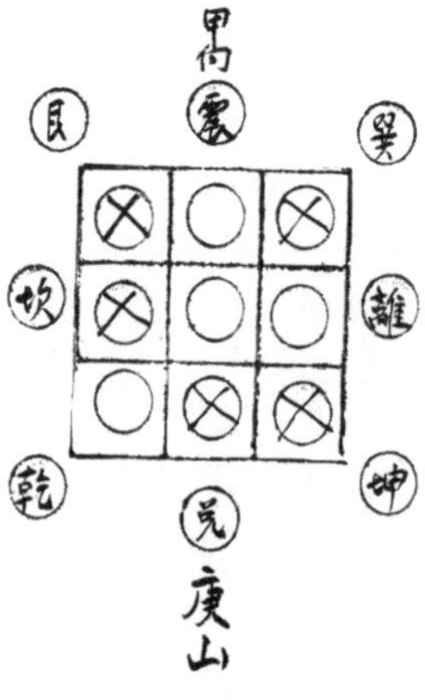

此局大門設在震方。
床位安在乾方、震方。
書桌位安在離方。
灶爐位安在離方。
住之平安。

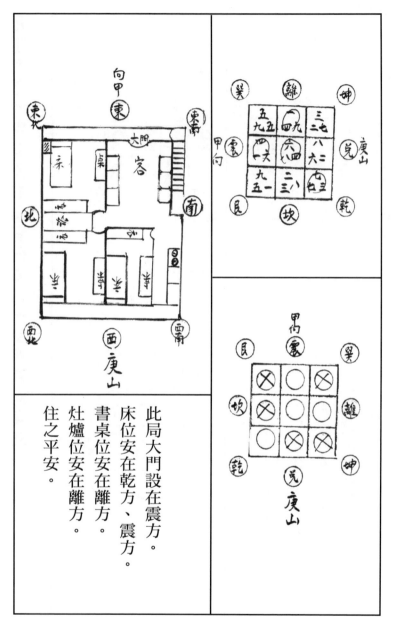

天運六運酉辛山卯乙向室內佈局（坐西向東）

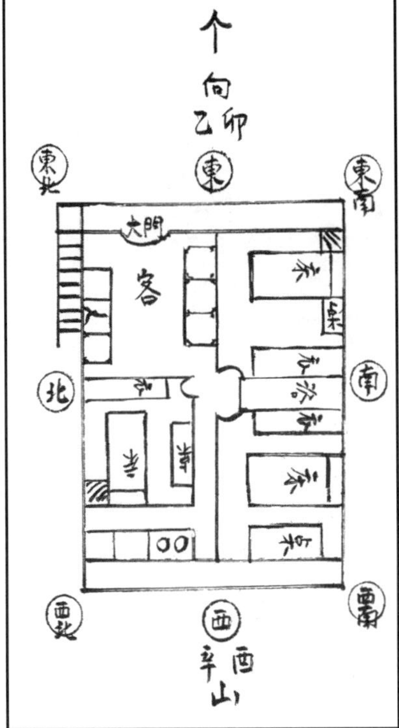

此局大門設在震方。
床位安在離方、兌方。
書桌位安在離方。
灶爐位安在兌方。
住之平安。

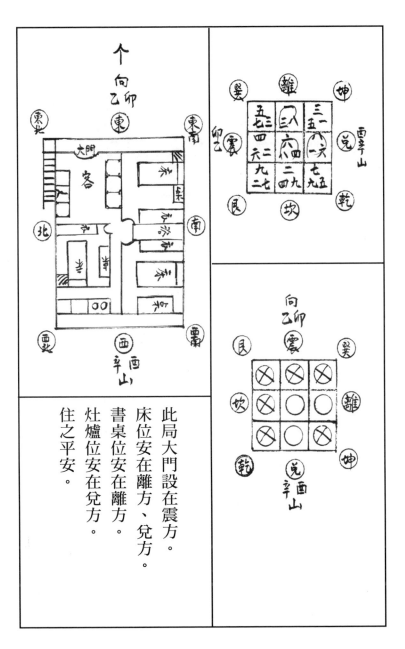

天運六運戌山辰向天心正運圖（坐西北向東南）

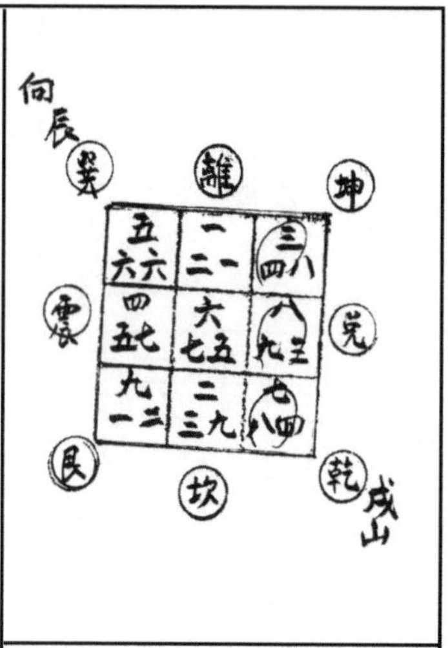

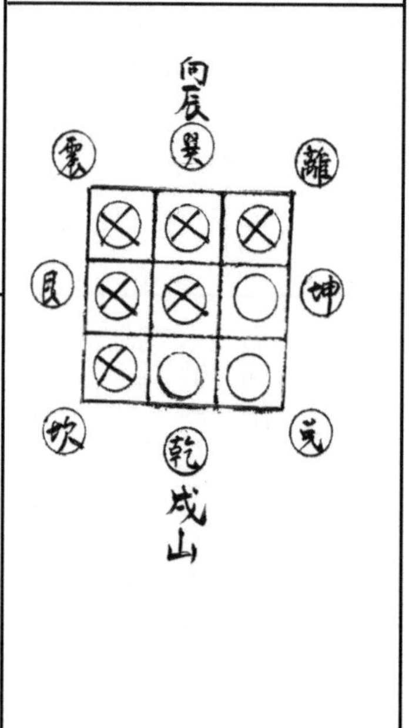

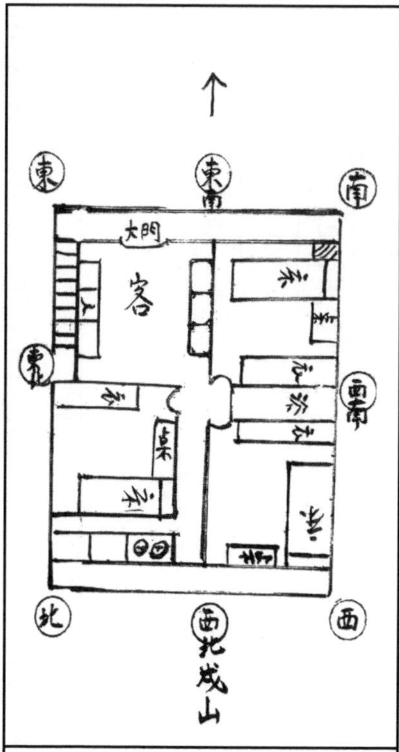

此局大門設在巽方。
床位安在兌方、坤方。
書桌位安在乾方。
灶爐位安在乾方。
住之平安。

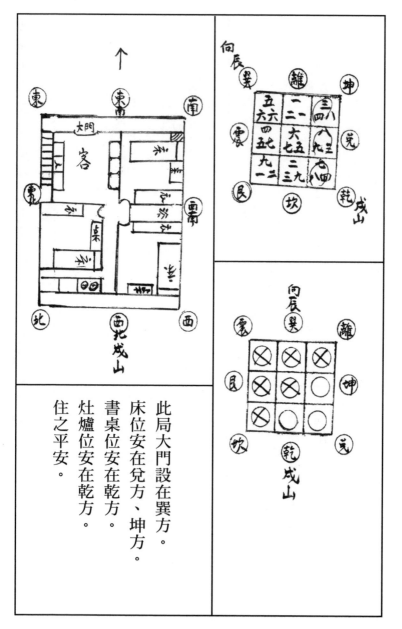

天運六運乾亥山巽巳向室內佈局（坐西北向東南）

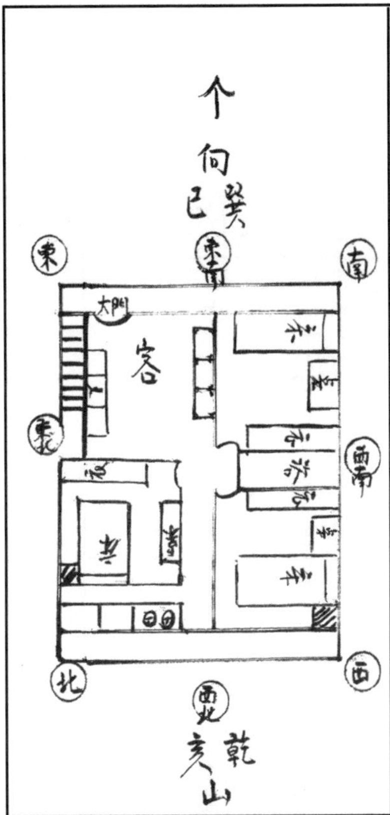

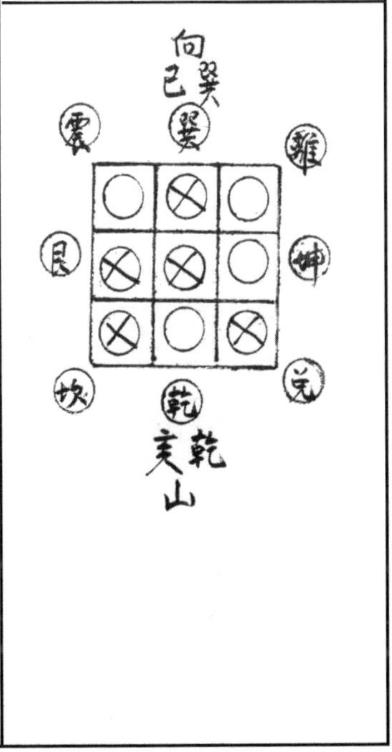

此局大門設在震方。
床位安在乾方、坤方。
書桌位安在離方。
灶爐位安在乾方。
住之平安。

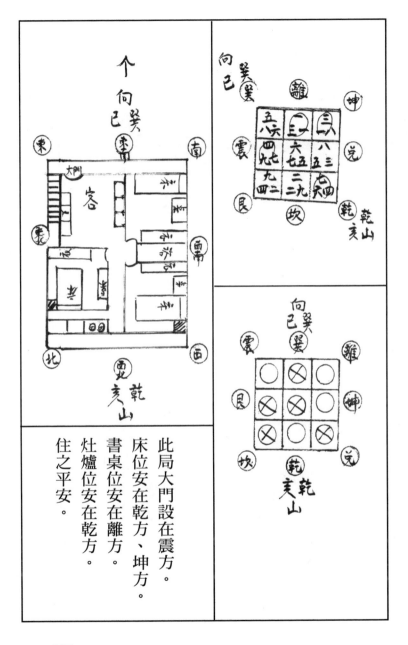

天運七運壬山丙向天心正運圖（坐北向南）

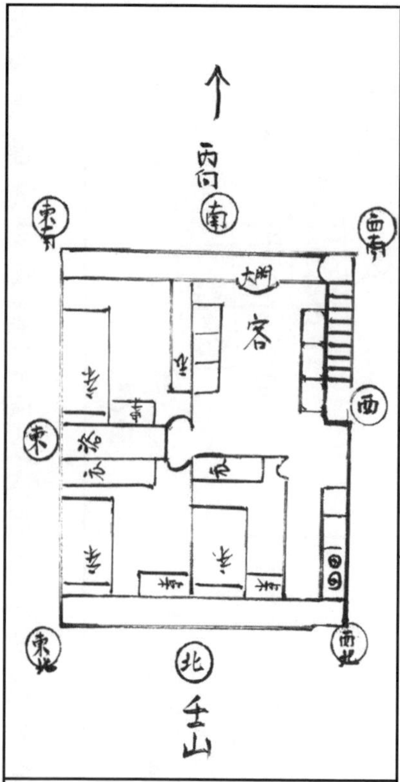

此局大門設在離方。
床位安在乾方、艮方。
書桌位安在乾方。
灶爐位安在乾方。
住之平安。

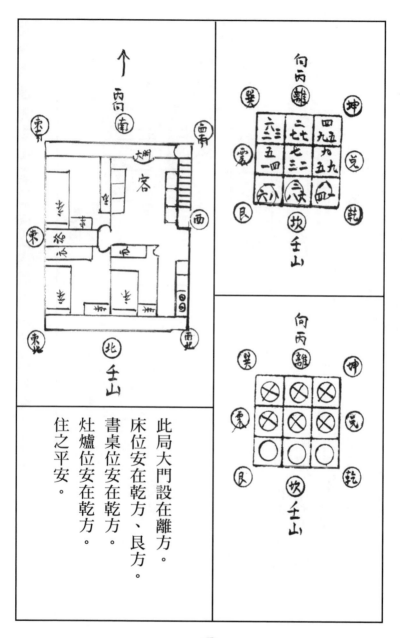

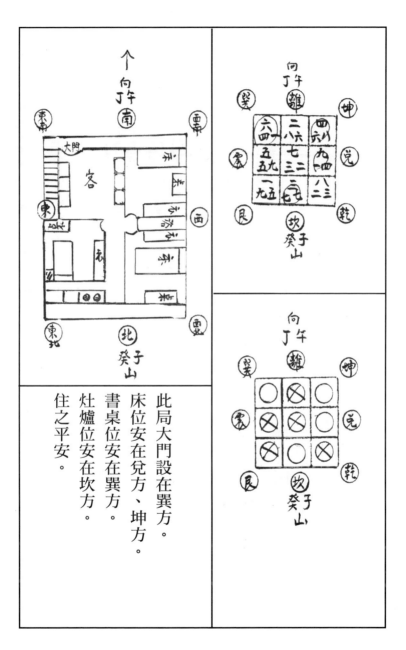

天運七運子癸山午丁向室內佈局（坐北向南）

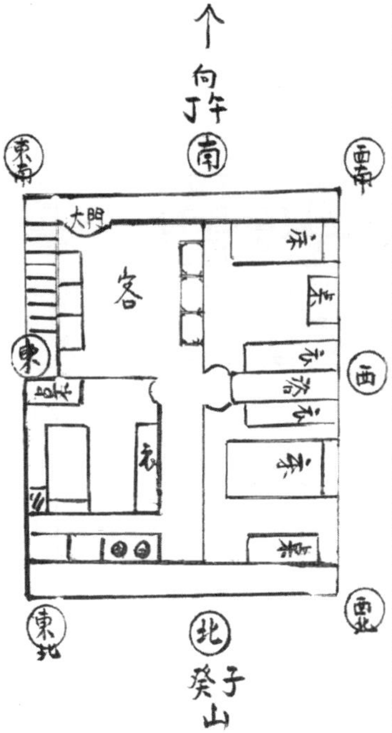

此局大門設在巽方。
床位安在兌方、坤方。
書桌位安在巽方。
灶爐位安在坎方。
住之平安。

天運七運丑山未向天心正運圖（坐東北向西南）

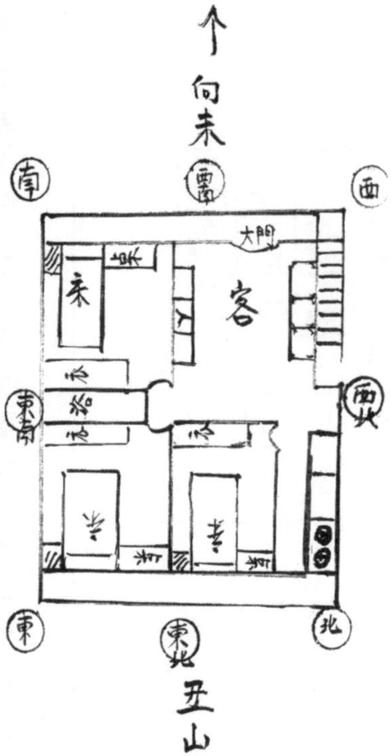

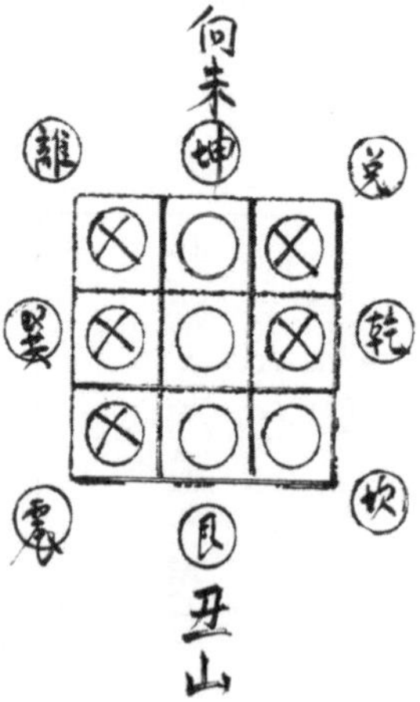

此局大門設在坤方。
床位安在艮方、坤方。
書桌位安在艮方。
灶爐位安在坎方。
住之平安。

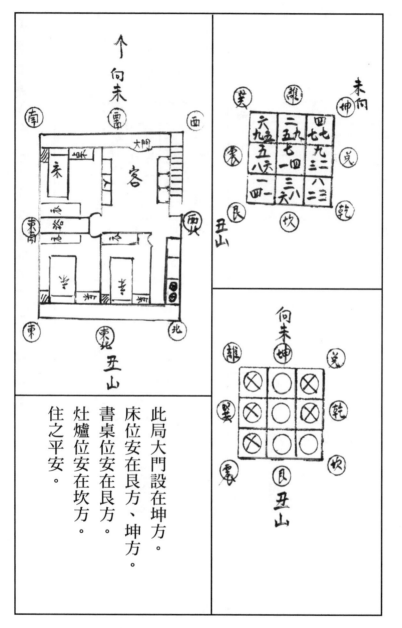

天運七運艮寅山坤申向室內佈局（坐東北向西南）

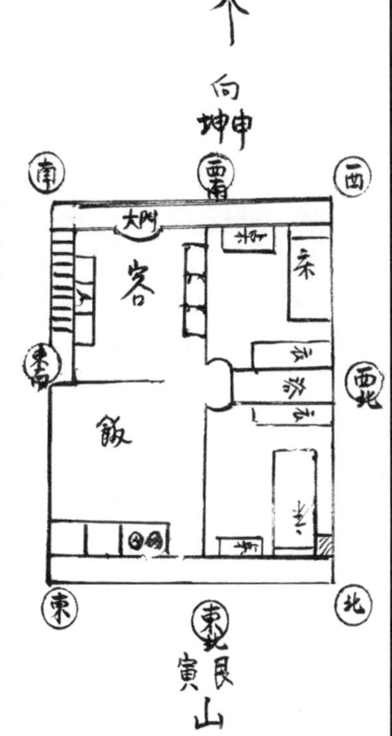

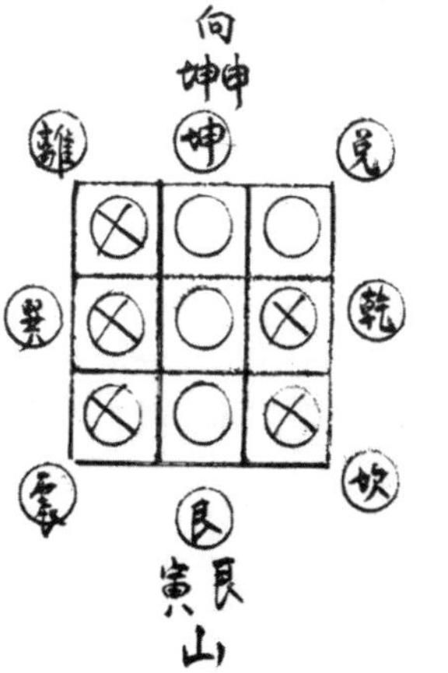

此局大門設在坤方。

床位安在艮方、兌方。

書桌位安在坤方。

灶爐位安在艮方。

住之平安。

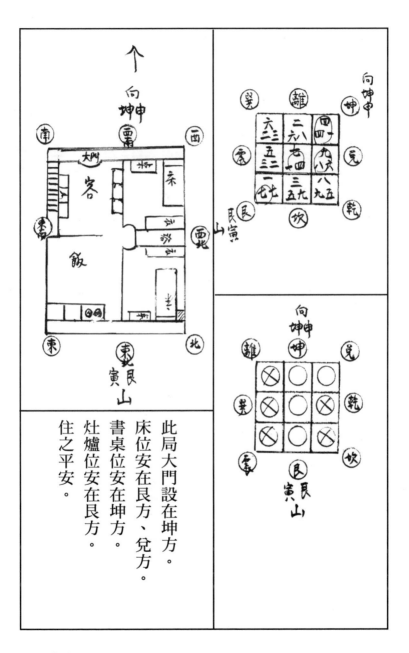

天運七運甲山庚向天心正運圖（坐東向西）

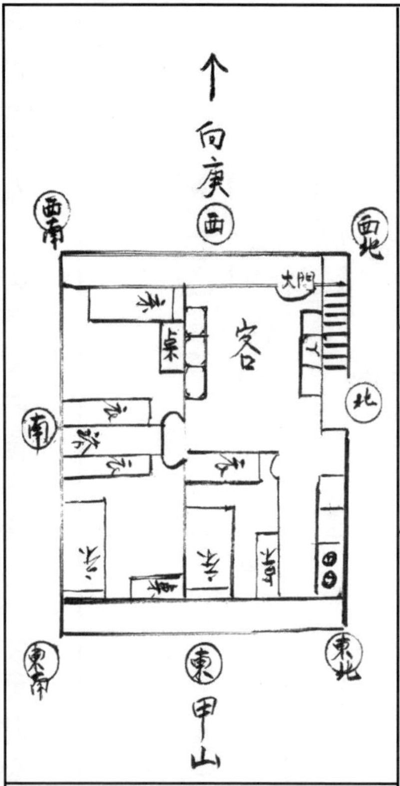

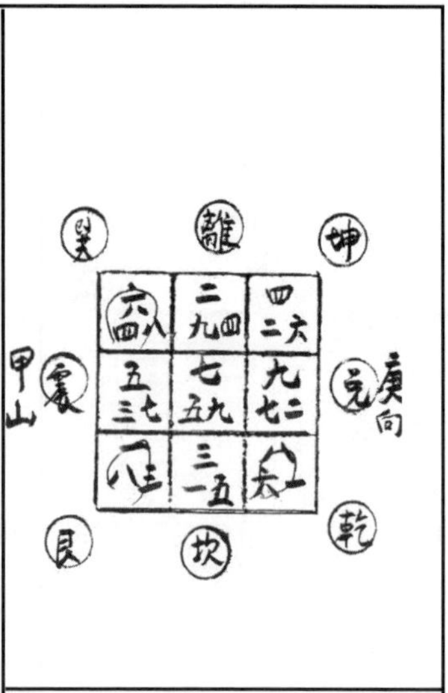

此局大門設在乾方。
床位安在巽方、乾方。
書桌位安在乾方。
灶爐位安在艮方。
住之平安。

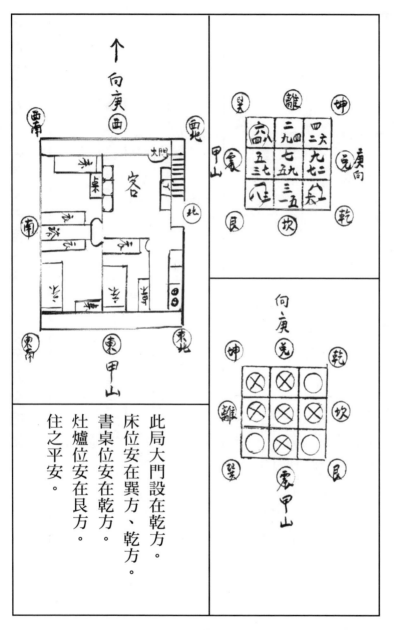

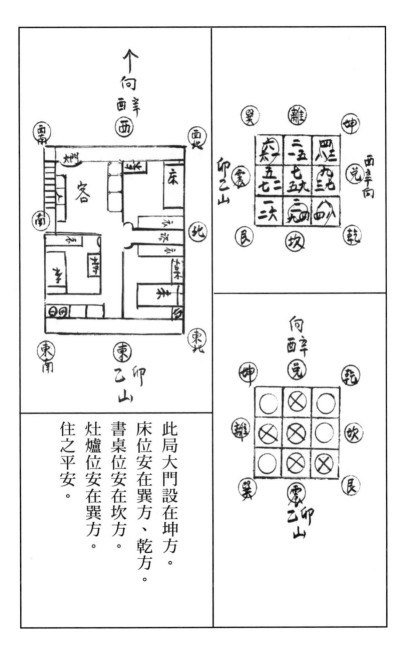

天運七運卯乙山酉辛向室內佈局（坐東向西）

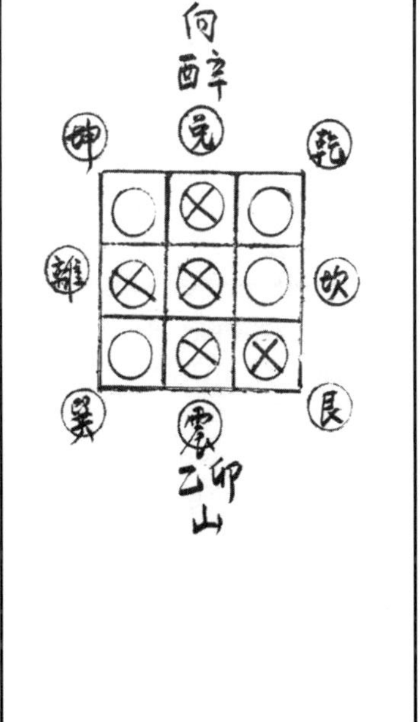

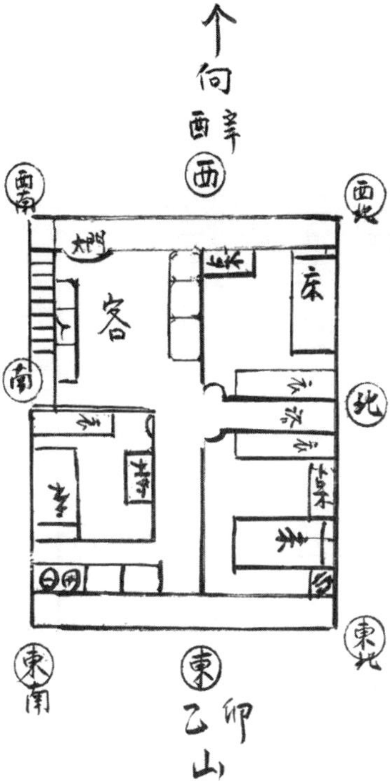

此局大門設在坤方。
床位安在巽方、乾方。
書桌位安在坎方。
灶爐位安在巽方。
住之平安。

天運七運辰山戌向天心正運圖（坐東南向西北）

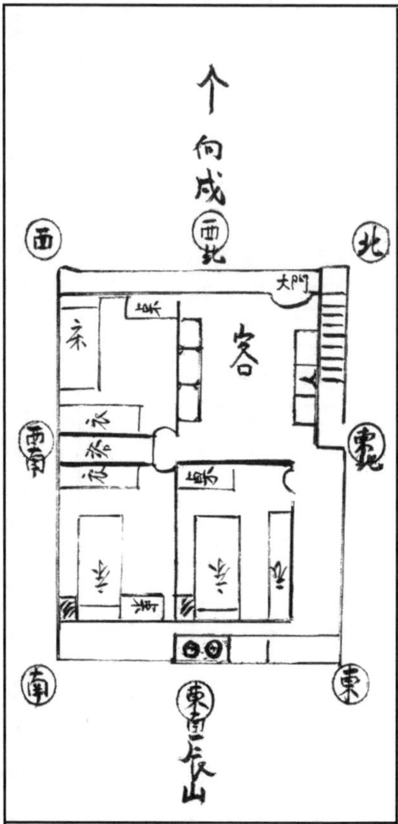

此局大門設在坎方。
床位安在巽方。
書桌位安在兌方。
灶爐位安在巽方。
住之平安。

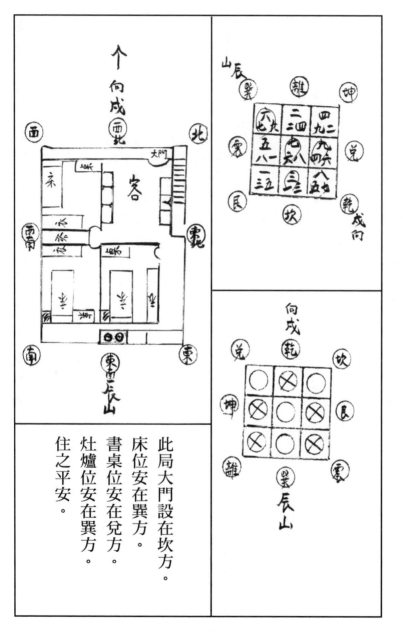

天運七運巽巳山乾亥向室內佈局（坐東南向西北）

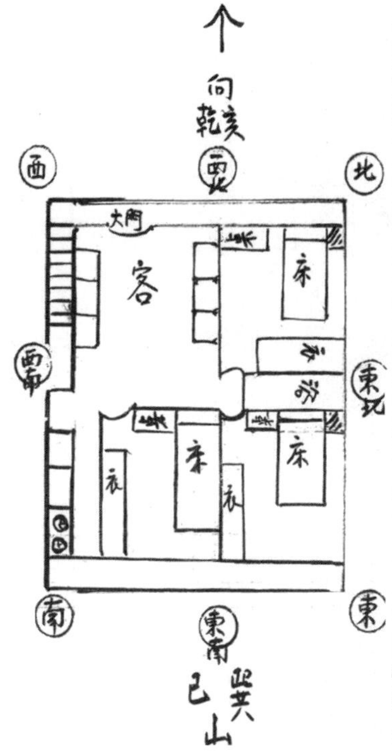

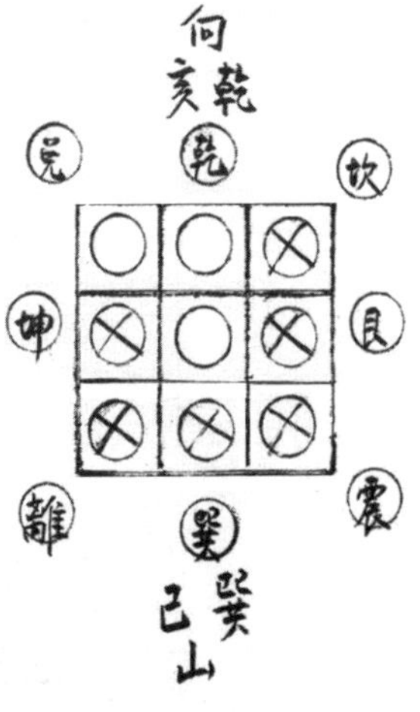

此局大門設在乾方。
床位安在乾方。
書桌位安在兌方。
灶爐位安在離方。
住之平安。

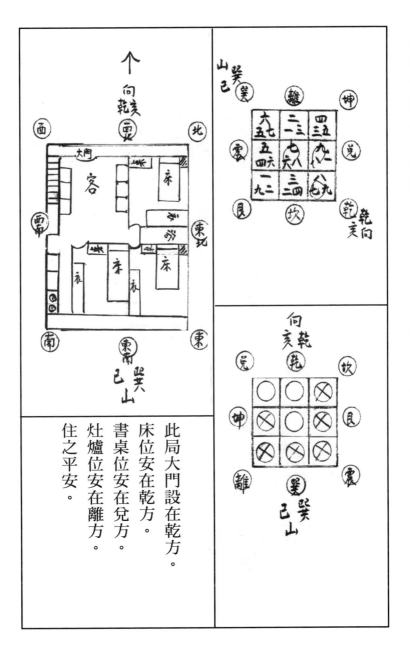

天運七運丙山壬向天心正運圖（坐南向北）

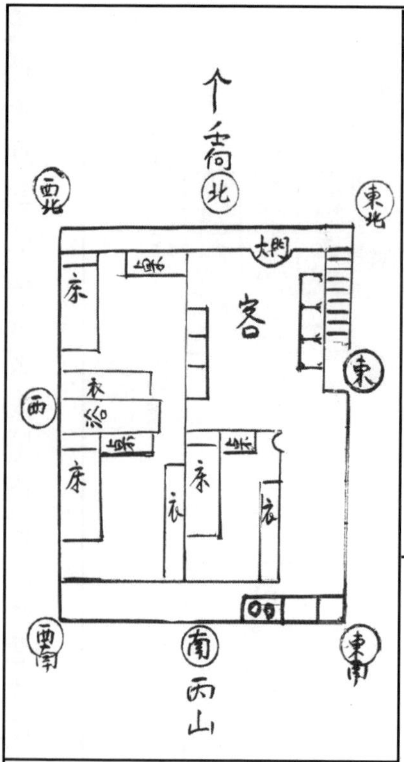

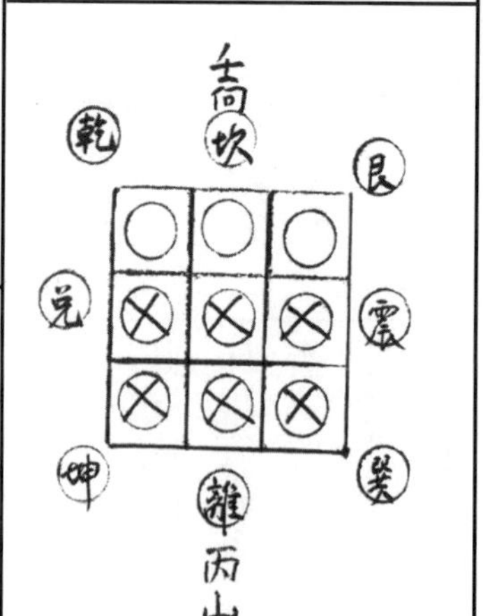

此局大門設在坎方。
床位安在乾方、艮方。
書桌位安在艮方。
灶爐位安在離方。
住之平安。

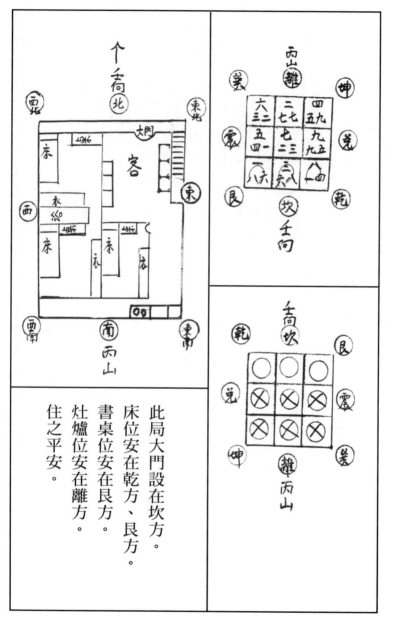

天運七運午丁山子癸向室內佈局（坐南向北）

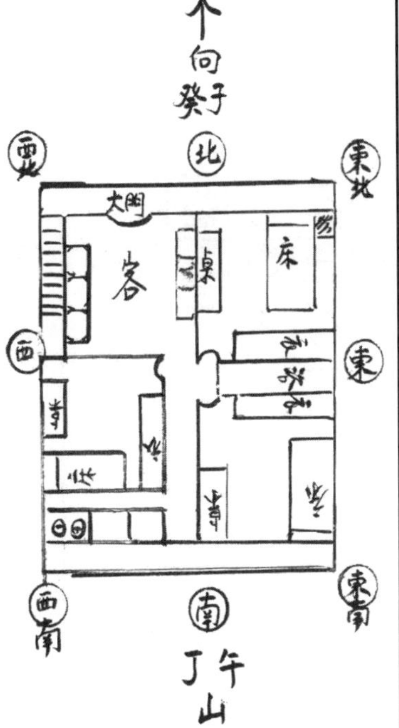

此局大門設在坎方。
床位安在坎方、巽方。
書桌位安在兌方。
灶爐位安在坤方。
住之平安。

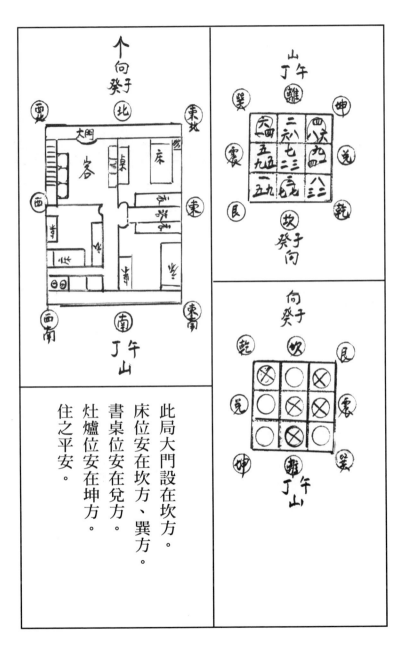

天運七運未山丑向天心正運圖（坐西南向東北）

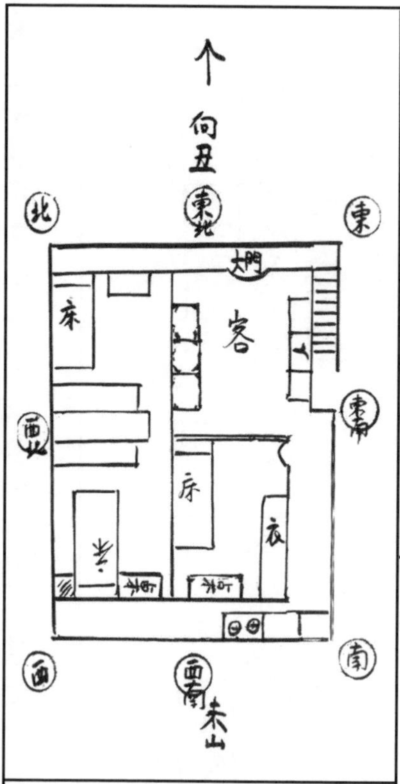

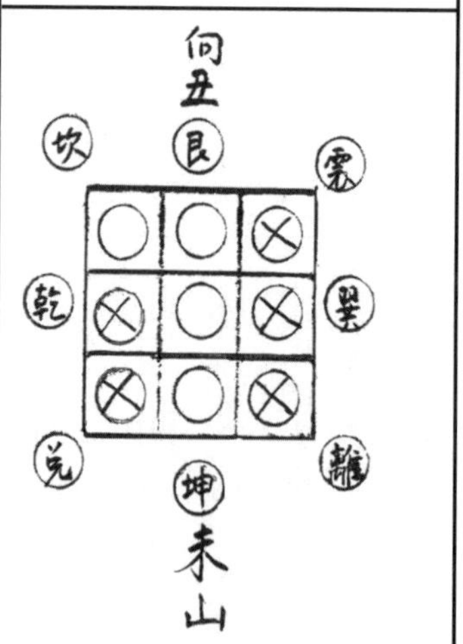

此局大門設在艮方。

床位安在坤方、坎方。

書桌位安在艮方。

灶爐位安在坤方。

住之平安。

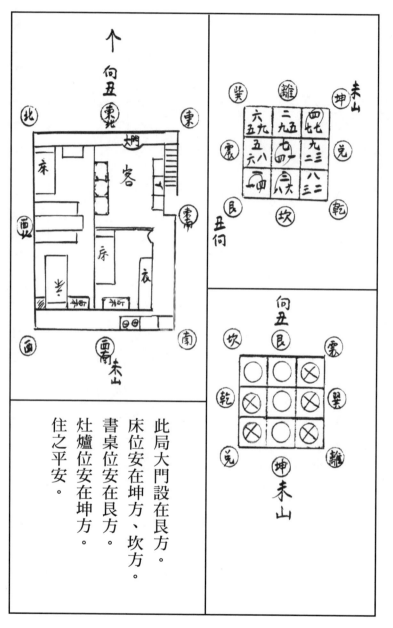

天運七運坤申山艮寅向室內佈局（坐西南向東北）

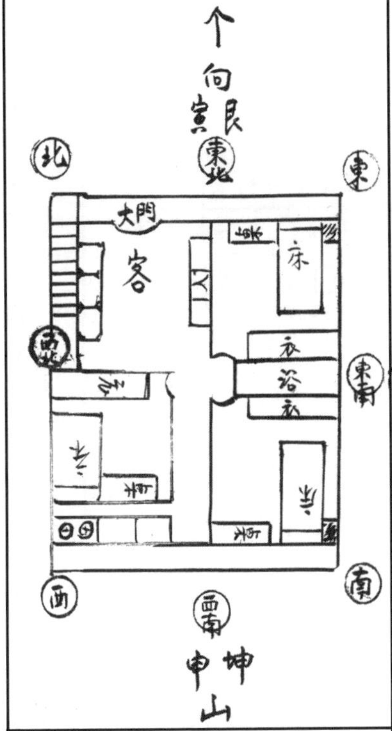

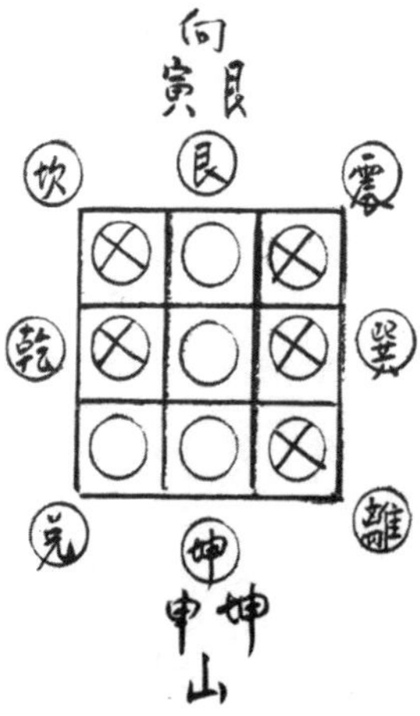

此局大門設在艮方。
床位安在坤方、艮方。
書桌位安在坤方。
灶爐位安在兌方。
住之平安。

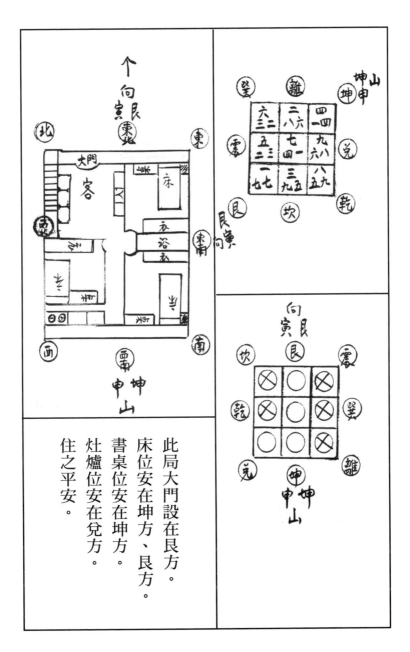

天運七運庚山甲向天心正運圖（坐西向東）

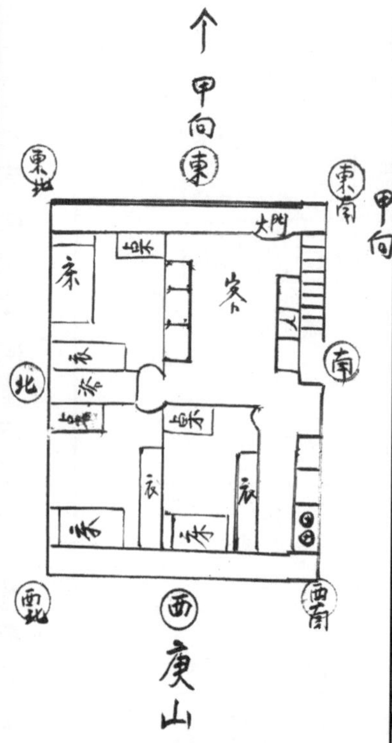

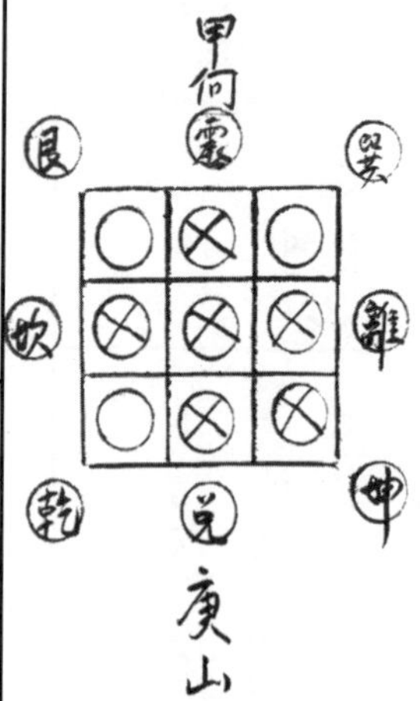

此局大門設在巽方。
床位安在乾方、艮方。
書桌位安在巽方。
灶爐位安在坤方。
住之平安。

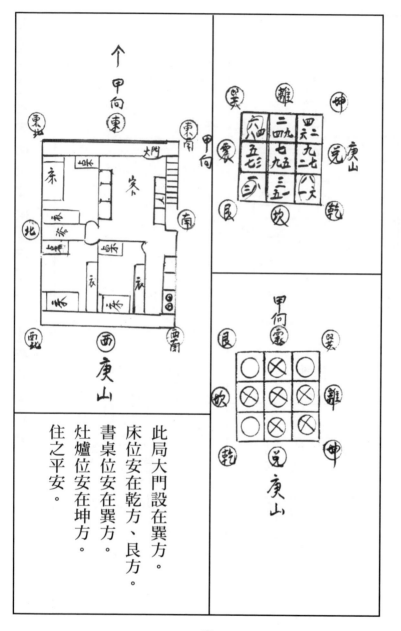

天運七運酉辛山卯乙向佈局圖（坐西向東）

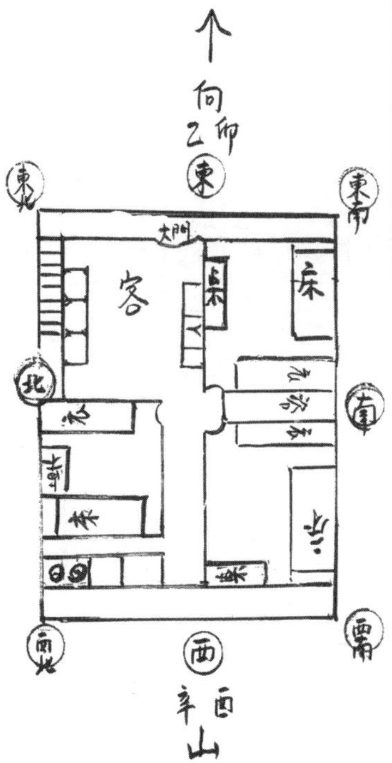

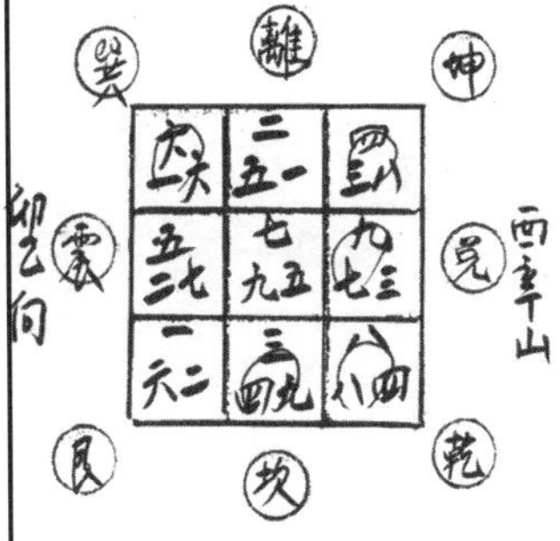

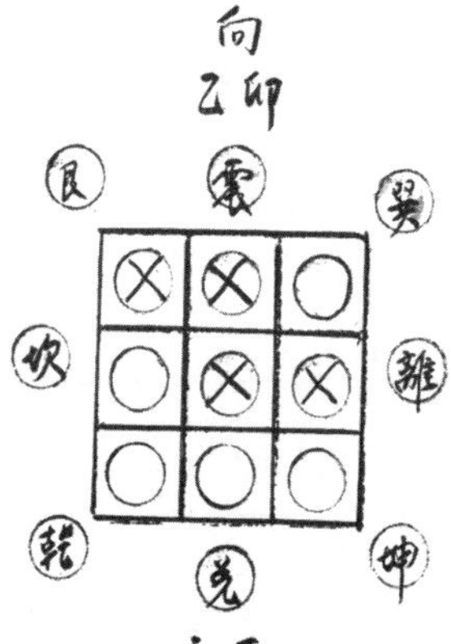

此局大門設在巽方。
床位安在巽方、乾方。
書桌位安在巽方。
灶爐位安在乾方。
住之平安。

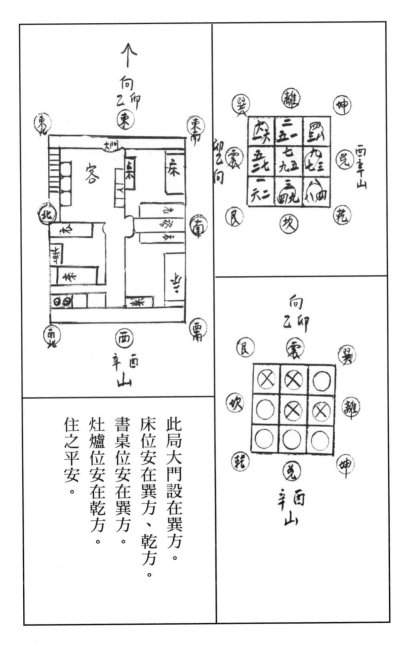

天運七運戌山辰向天心正運圖（坐西北向東南）

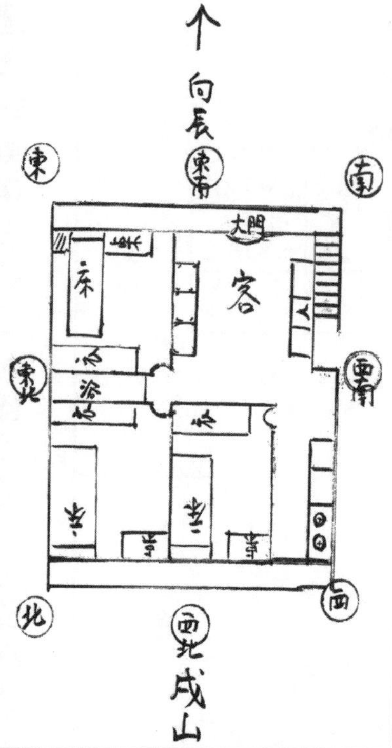

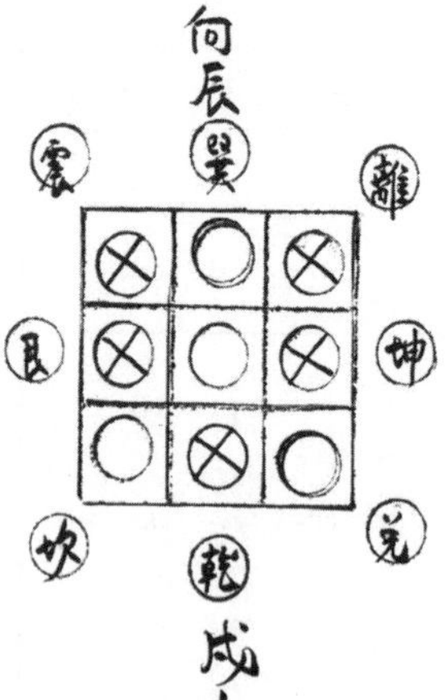

此局大門設在巽方。
床位安在巽方、坎方。
書桌位安在兌方。
灶爐位安在兌方。
住之平安。

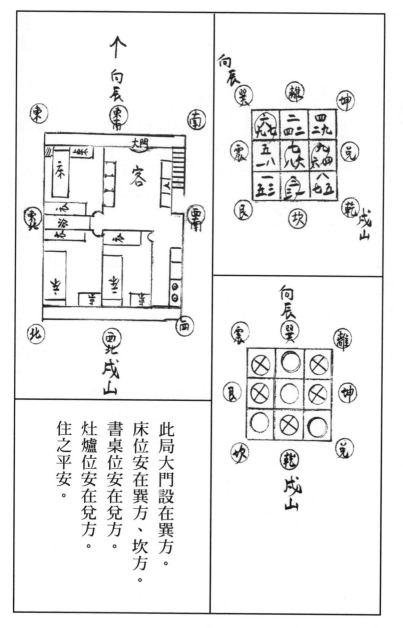

天運七運乾亥山巽巳向室內佈局（坐西北向東南）

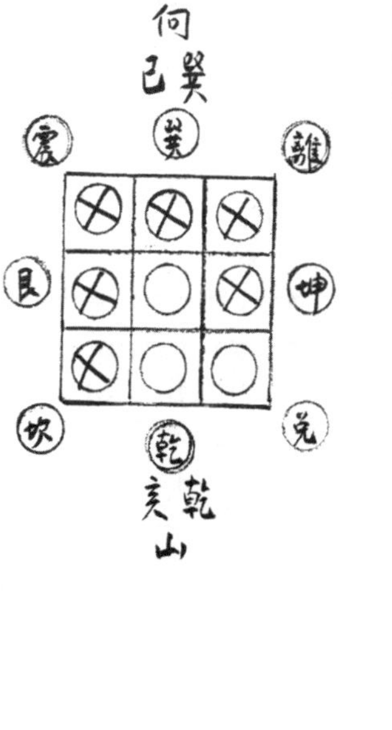

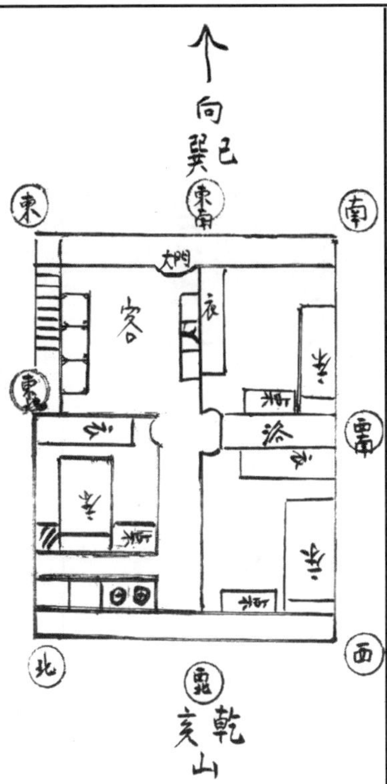

此局大門設在離方。
床位安在兌方、乾方。
書桌位安在兌方。
灶爐位安在乾方。
住之平安。

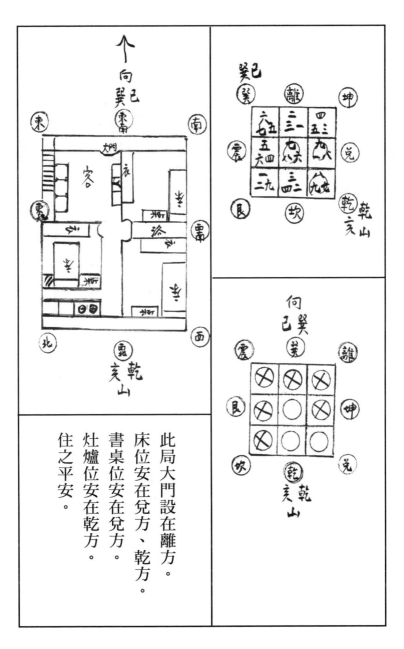

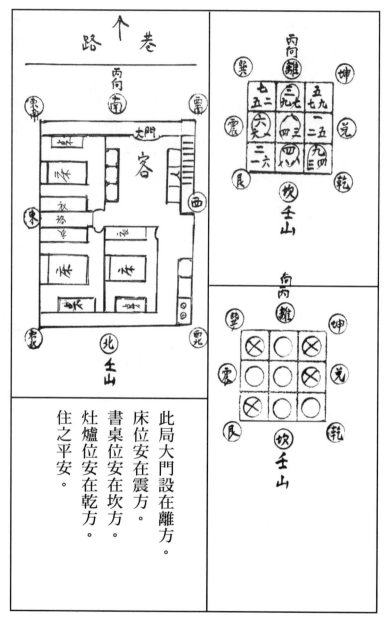

天運八運壬山丙向室內佈局（坐北向南）

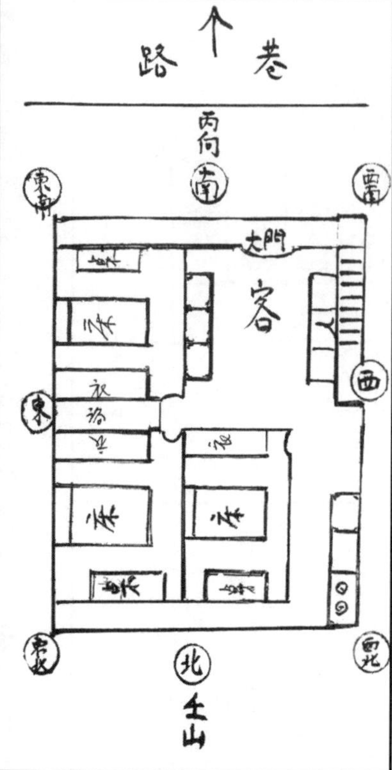

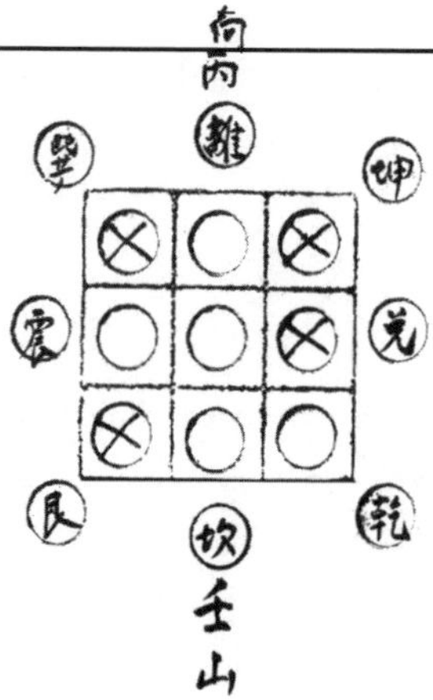

此局大門設在離方。
床位安在震方。
書桌位安在坎方。
灶爐位安在乾方。
住之平安。

天運八運子癸山午丁向室內佈局（坐北向南）

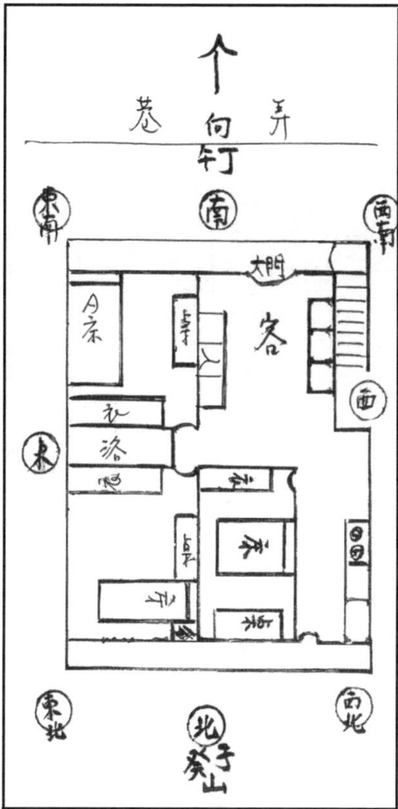

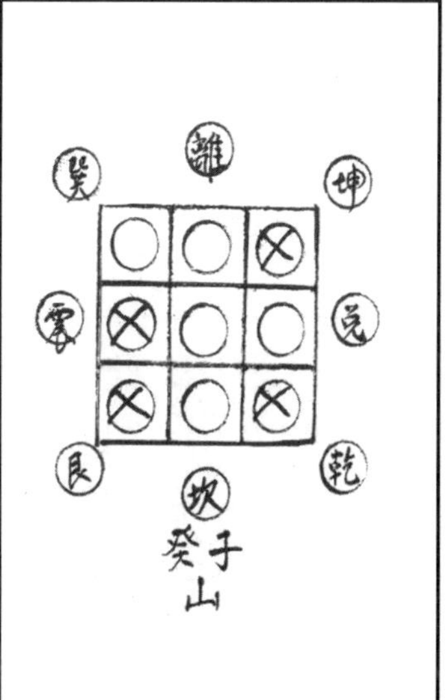

此局大門設在離方。
床位安在兌方、巽方。
書桌位安在兌方。
灶爐位安在兌方。
住之平安。

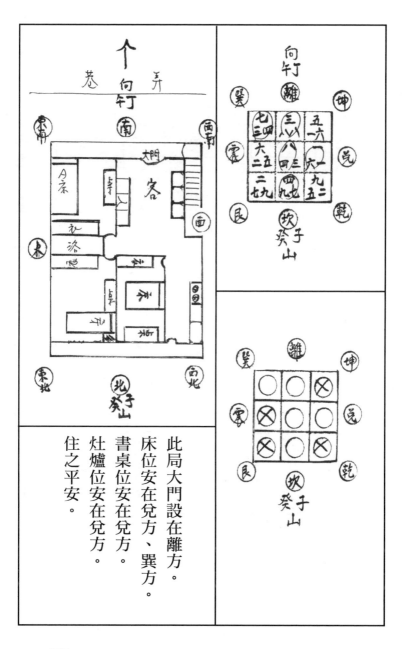

天運八運丑山未向室內佈局（坐東北向西南）

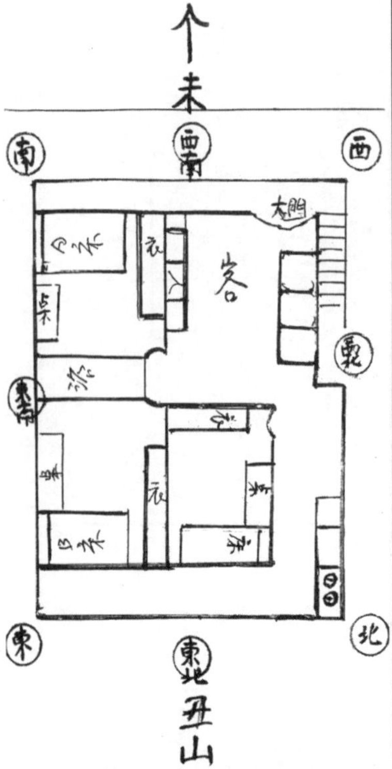

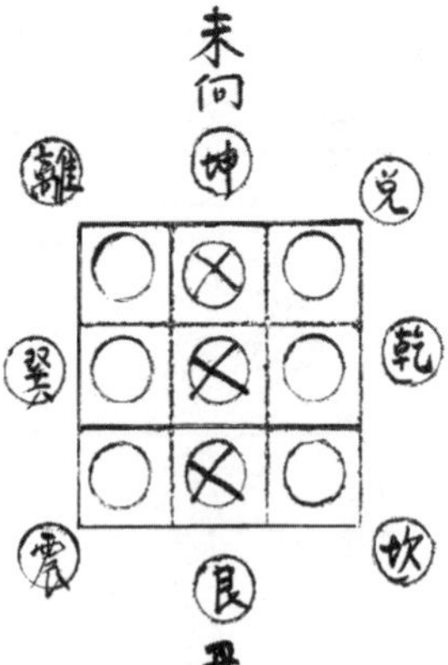

此局大門設在兌方。
床位安在震方、離方。
書桌位安在乾方。
灶爐位安在坎方。
住之平安。

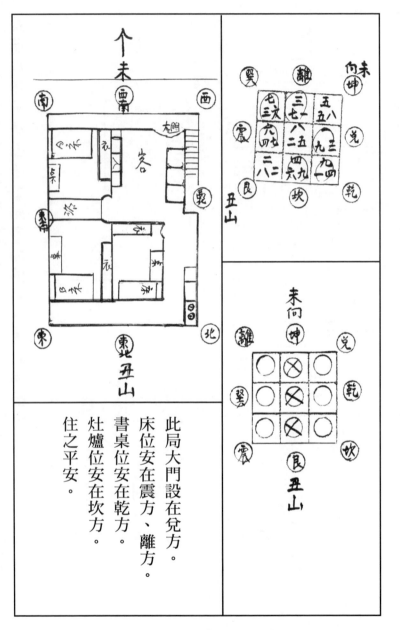

天運八運艮寅山坤申向室內佈局（坐東北向西南）

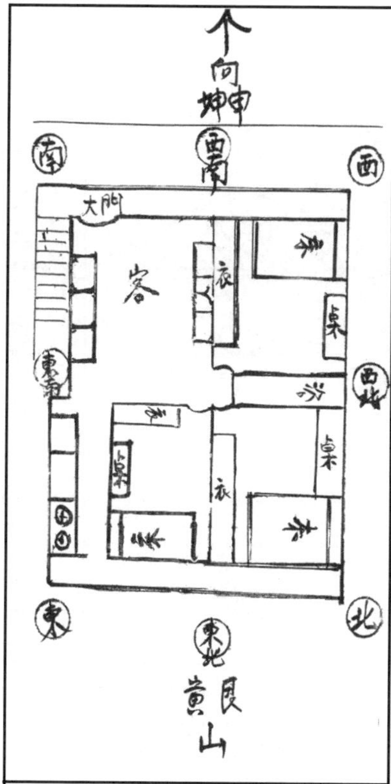

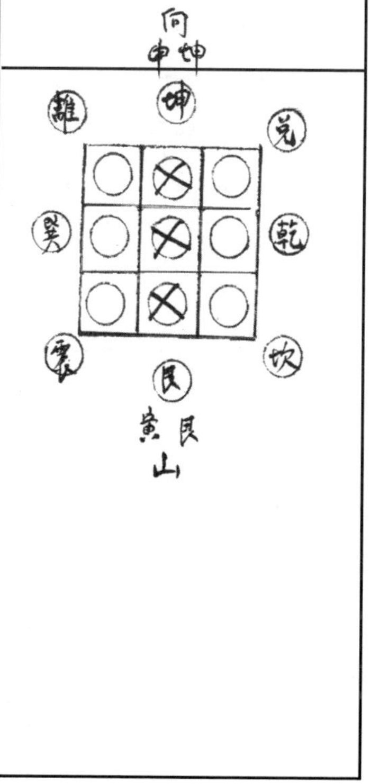

此局大門設在離方。
床位安在震方、坎方。
書桌位安在巽方。
灶爐位安在震方。
住之平安。

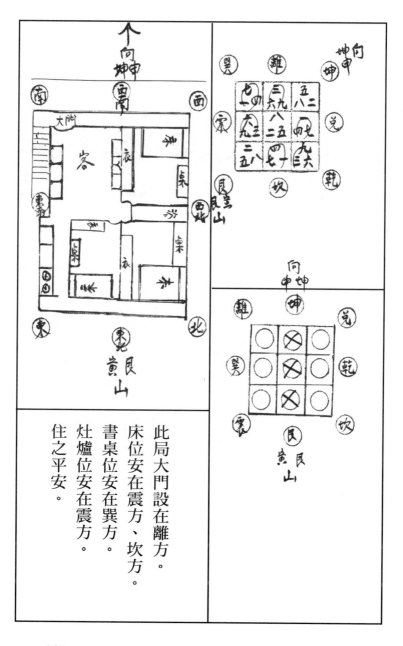

天運八運甲山庚向室內佈局（坐東向西）

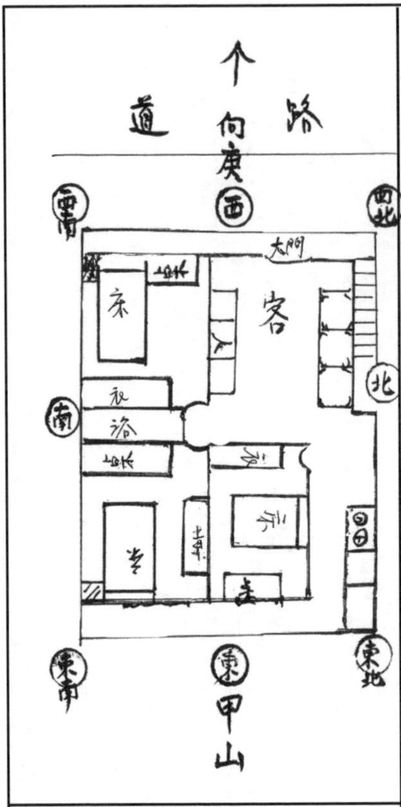

此局大門設在兌方。
床位安在坎方、震方。
書桌位安在坎方。
灶爐位安在坎方。
住之平安。

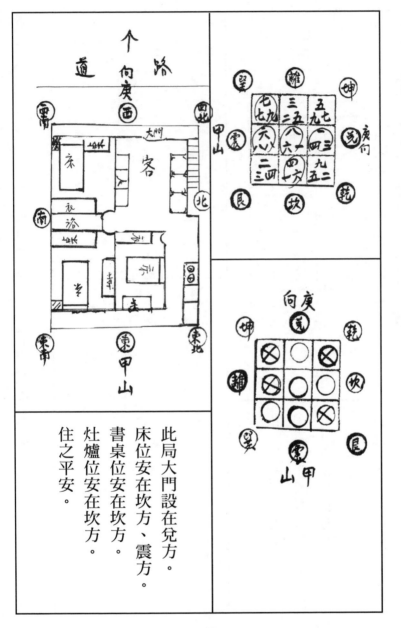

天運八運卯乙山酉辛向室內佈局（坐東向西）

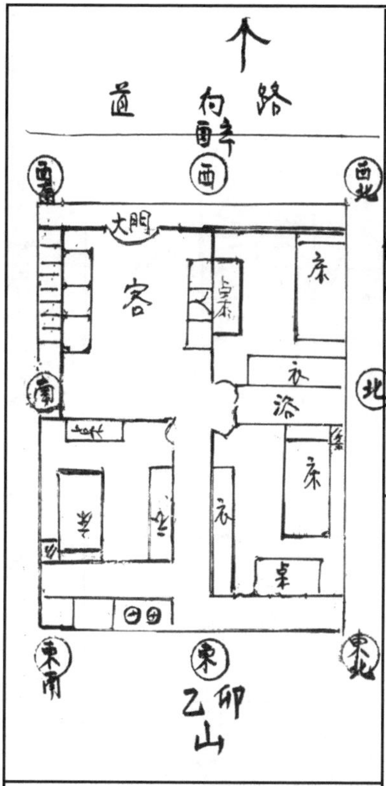

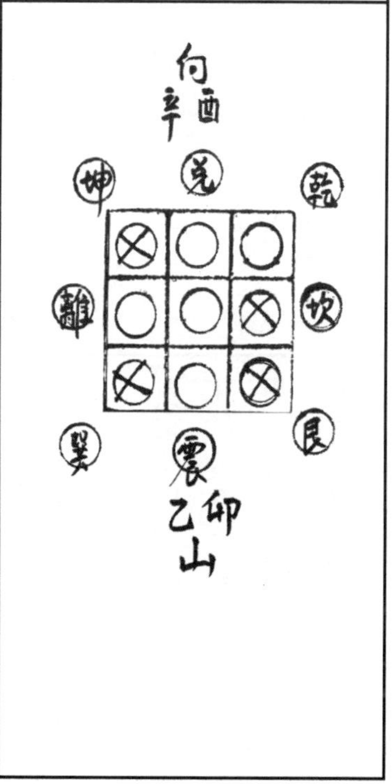

此局大門設在兌方。床位安在乾方、震方。書桌位安在離方。灶爐位安在震方。住之平安。

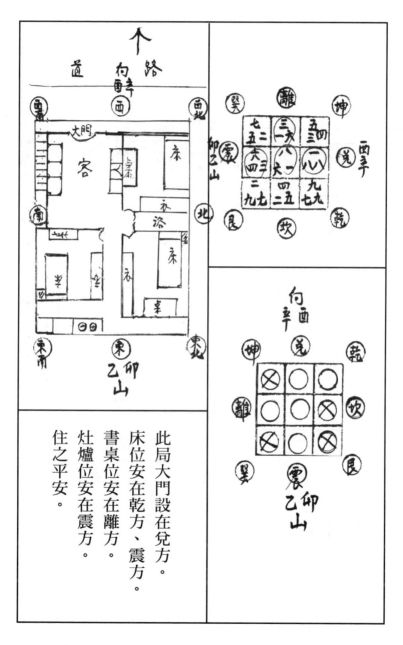

天運八運辰山戌向室內佈局（坐東南向西北）

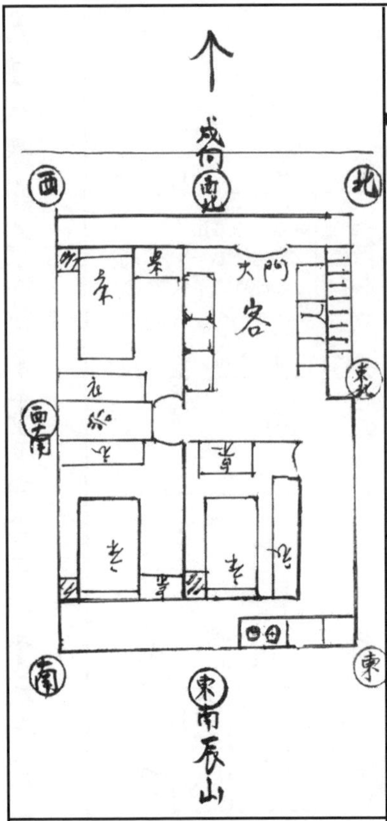

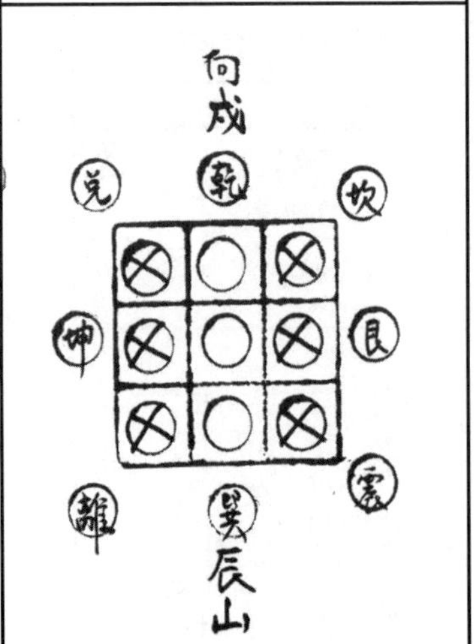

此局大門設在乾方。
床位安在巽方。
書桌位安在乾方。
灶爐位安在巽方。
住之平安。

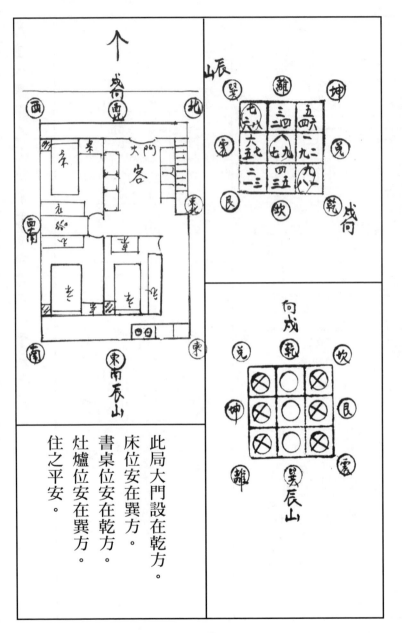

天運八運巽巳山乾亥向室內佈局（坐東南向西北）

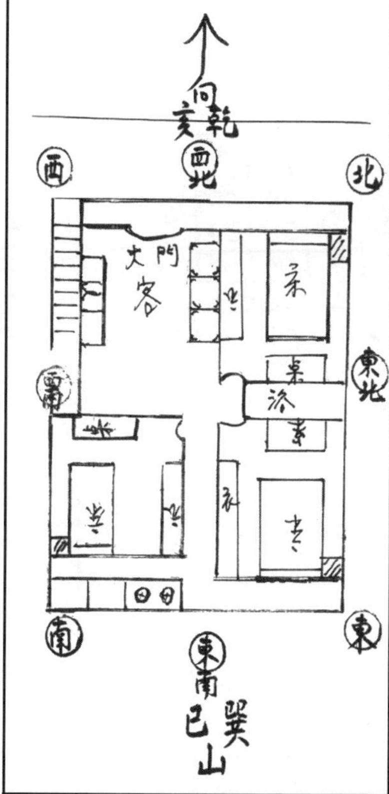

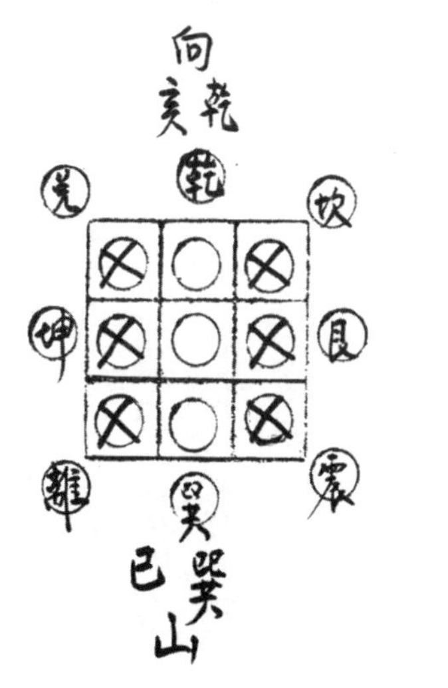

此局大門設在乾方。
床位安在巽方、乾方。
書桌位安在乾方。
灶爐位安在巽方。
住之平安。

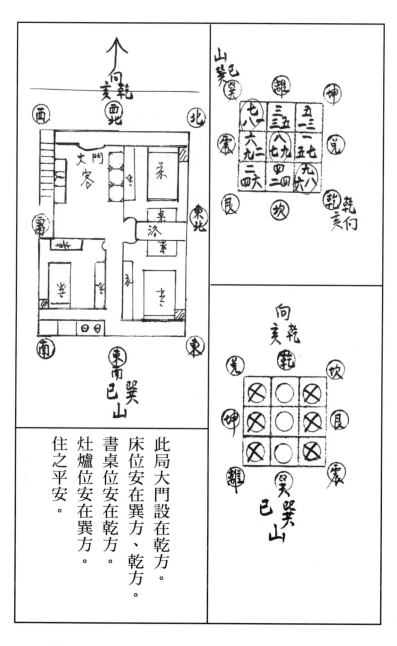

天運八運丙山壬向室內佈局（坐南向北）

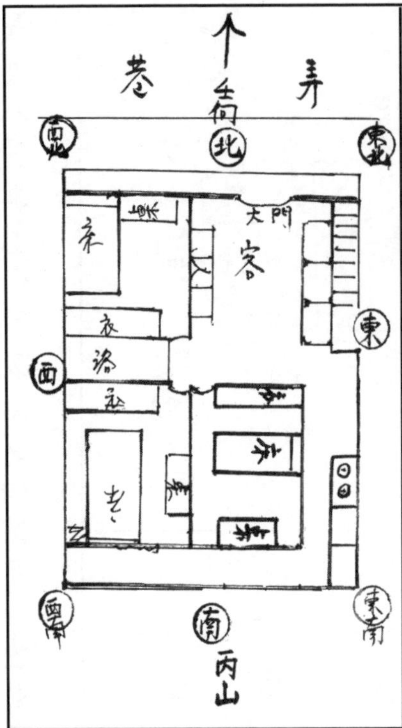

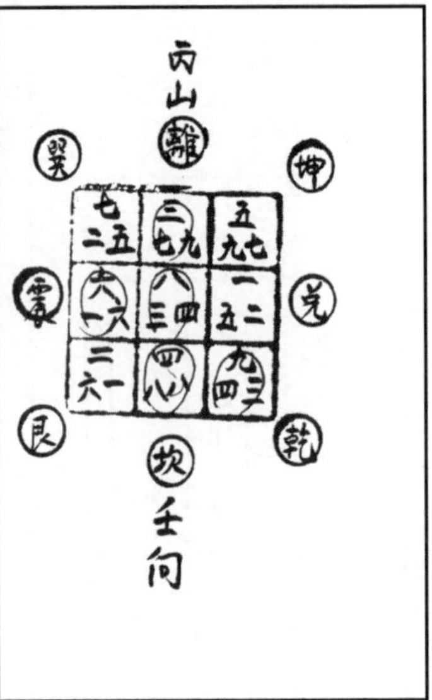

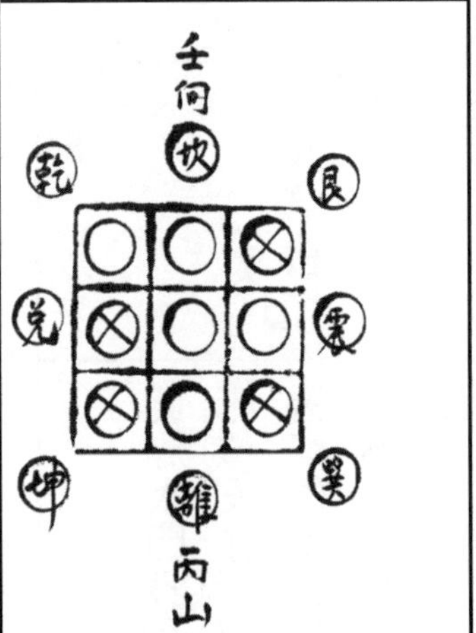

此局大門設在坎方。
床位安在離方、乾方。
書桌位安在震方。
灶爐位安在震方。
住之平安。

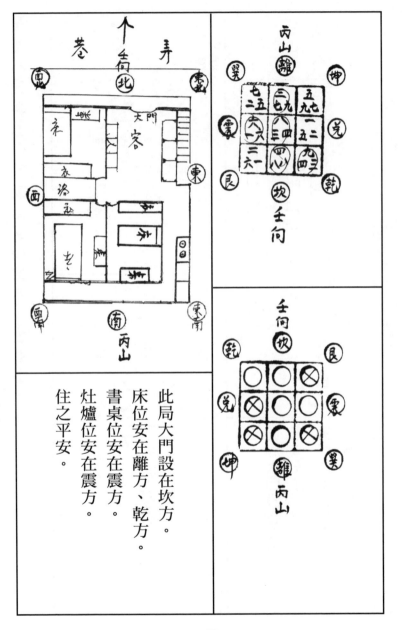

天運八運午丁山子癸向室內佈局（坐南向北）

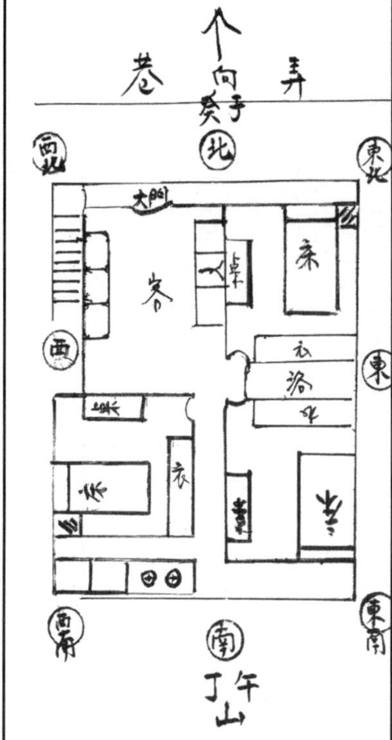

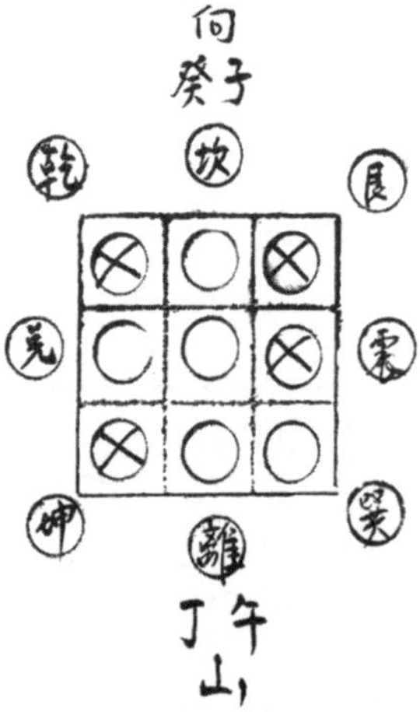

此局大門設在坎方。
床位安在兌方、巽方。
書桌位安在兌方。
灶爐位安在離方。
住之平安。

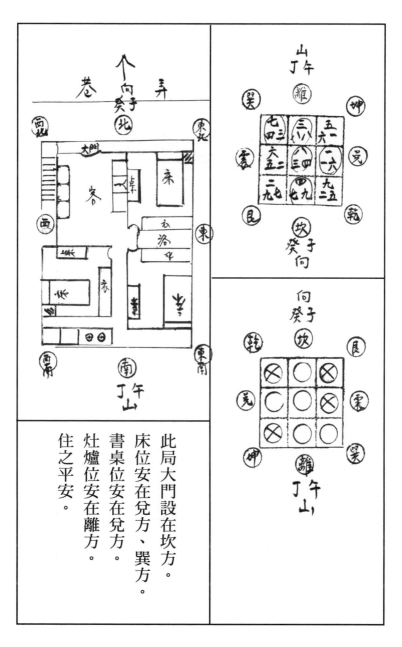

天運八運未山丑向室內佈局（坐西南向東北）

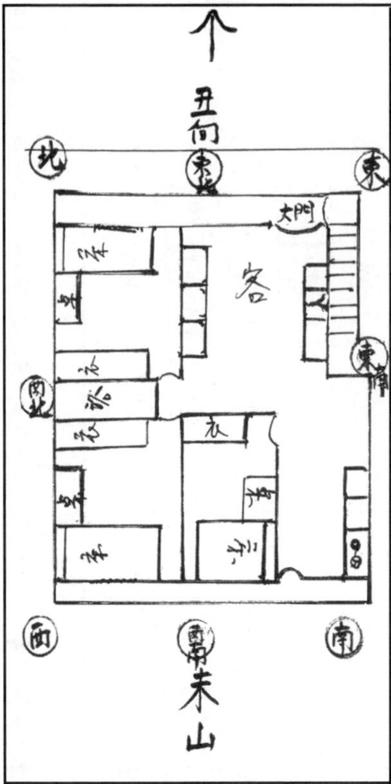

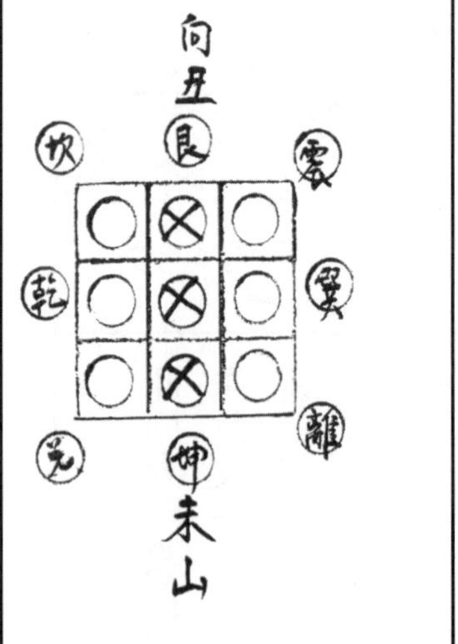

此局大門設在震方。
床位安在兌方、坎方。
書桌位安在乾方。
灶爐位安在離方。
住之平安。

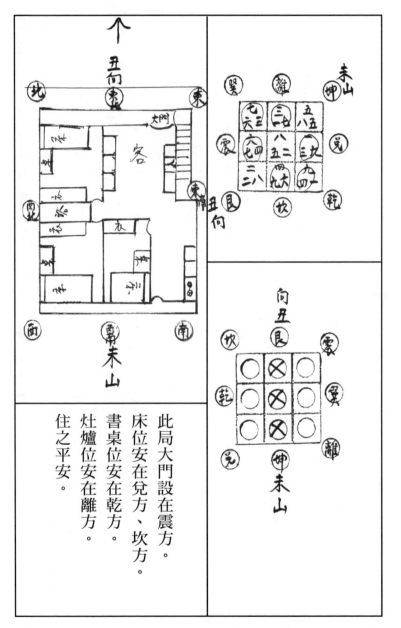

天運八運坤申山艮寅向室內佈局（坐西南向東北）

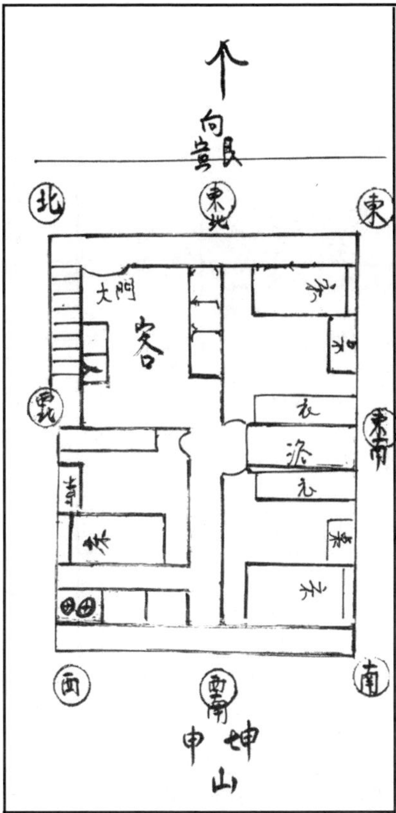

此局大門設在坎方。
床位安在離方、兌方。
書桌位安在巽方。
灶爐位安在兌方。
住之平安。

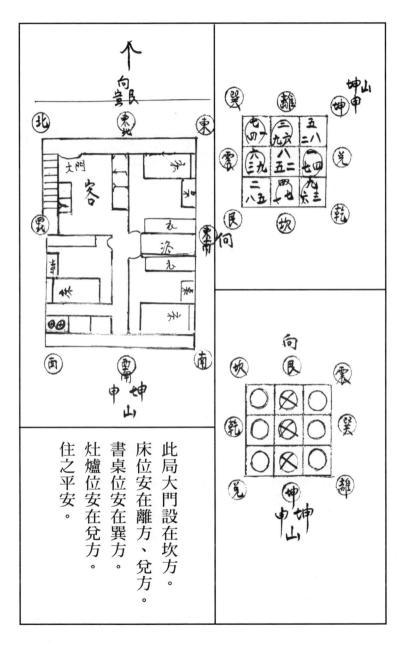

天運八運庚山甲向室內佈局（坐西向東）

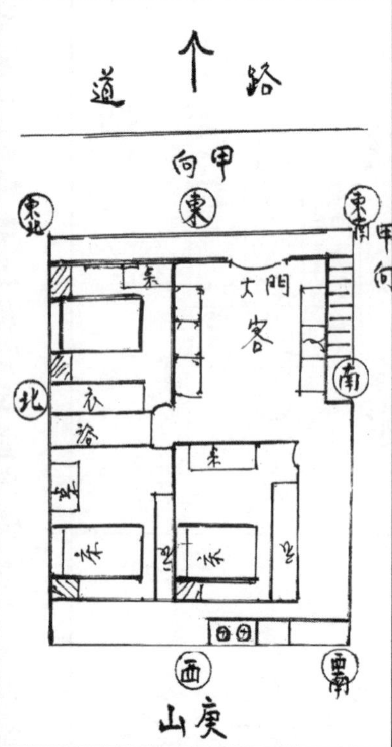

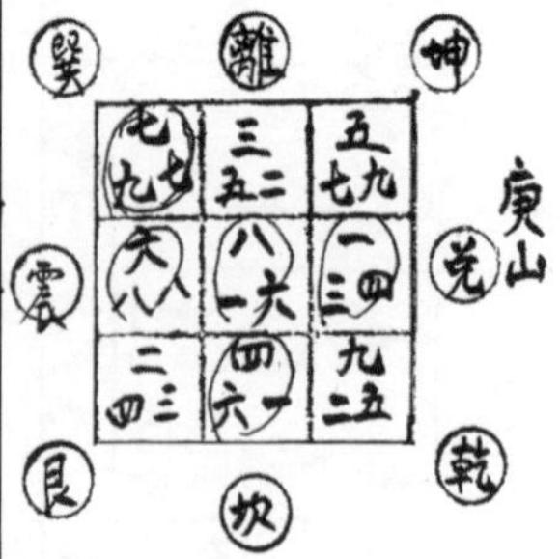

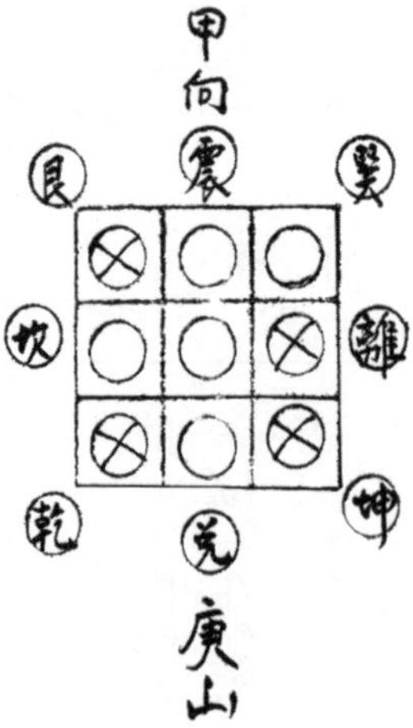

此局大門設在震方。
床位安在坎方。
書桌位安在震方。
灶爐位安在兌方。
住之平安。

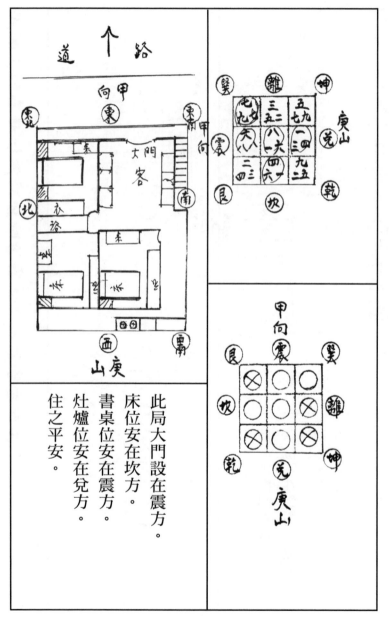

天運八運酉辛山卯乙向室內佈局（坐西向東）

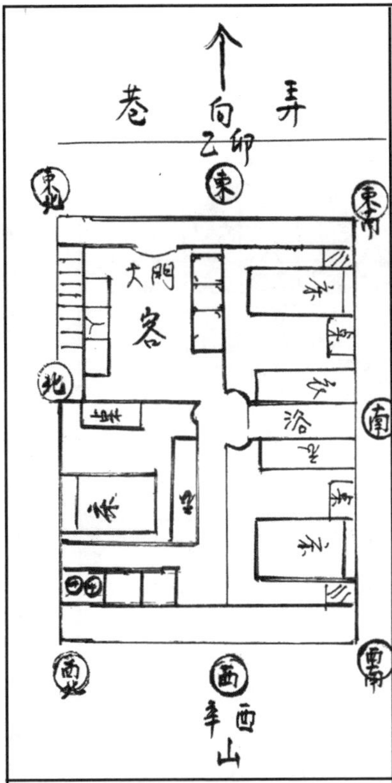

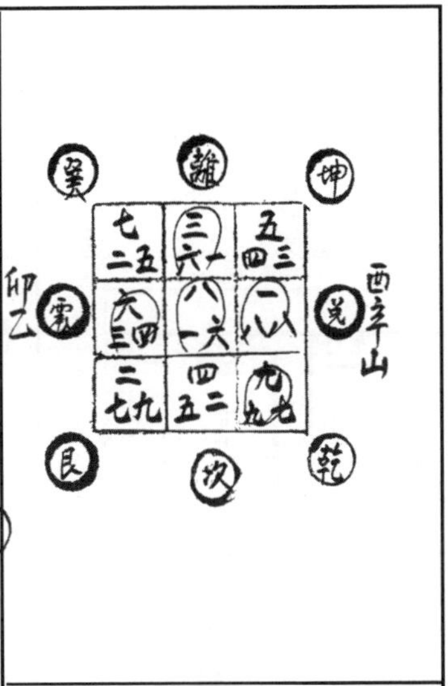

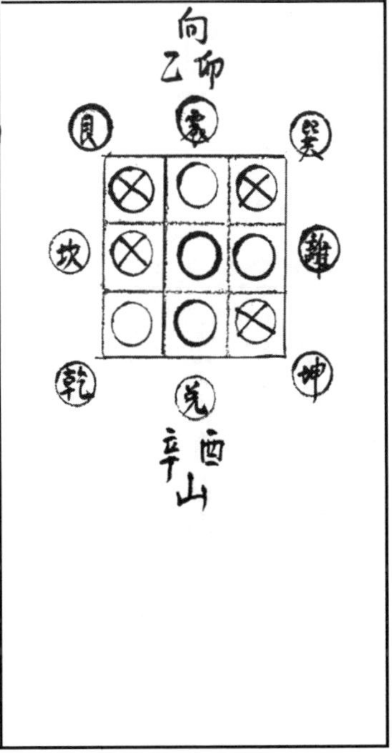

此局大門設在震方。
床位安在乾方、離方。
書桌位安在離方。
灶爐位安在乾方。
住之平安。

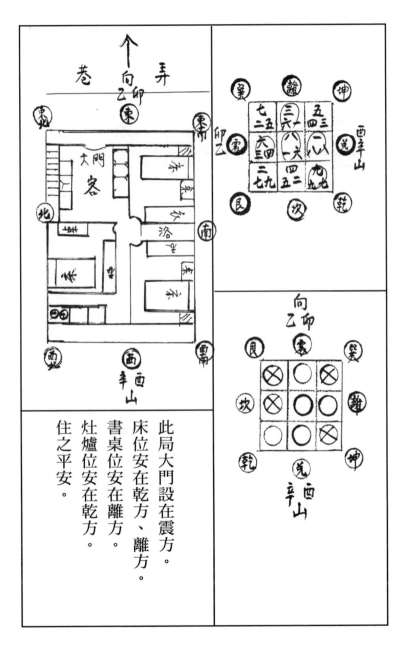

天運八運戌山辰向室內佈局（坐西北向東南）

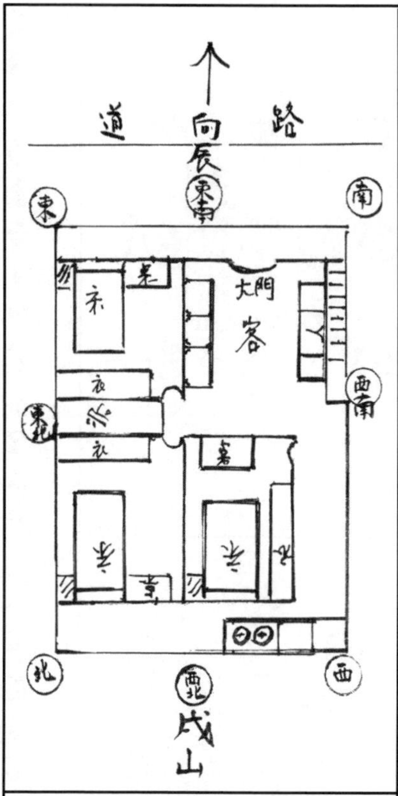

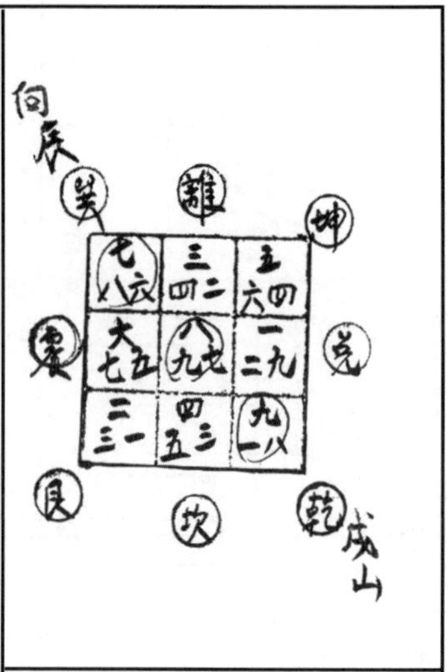

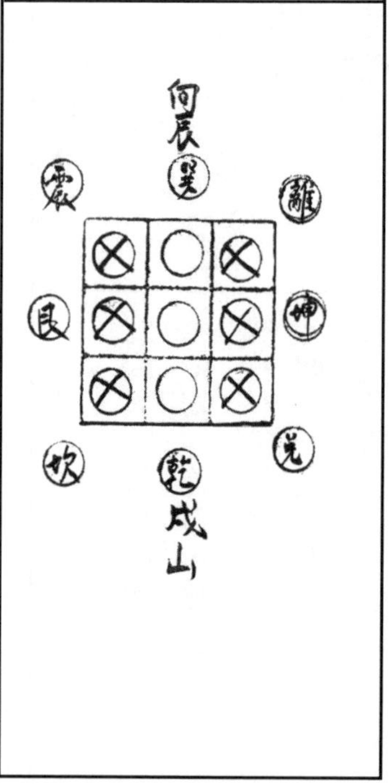

此局大門設在巽方。
床位安在乾方、巽方。
書桌位安在巽方。
灶爐位安在乾方。
住之平安。

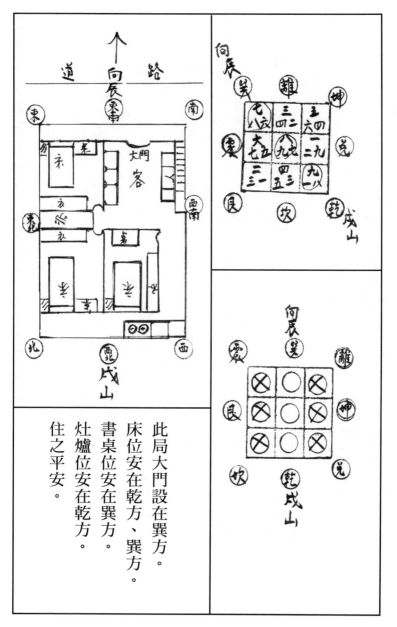

天運八運乾亥山巽巳向室內佈局（坐西北向東南）

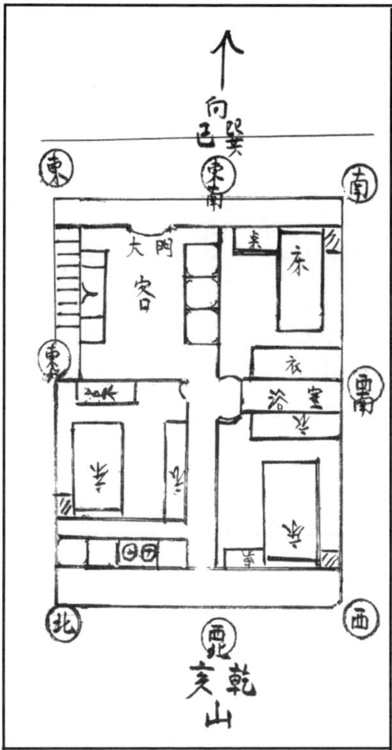

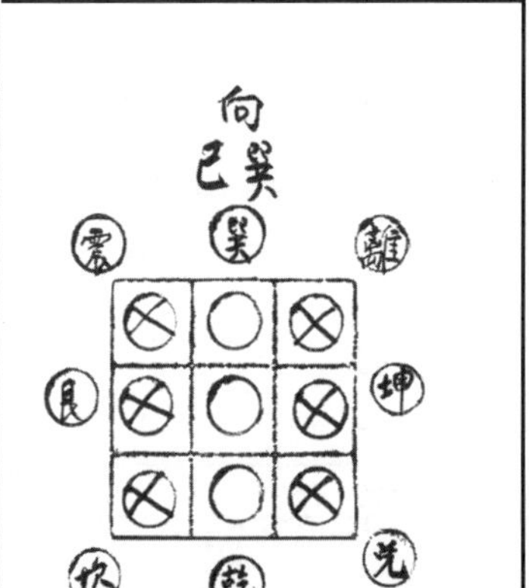

此局大門設在巽方。
床位安在乾方、巽方。
書桌位安在巽方。
灶爐位安在乾方。
住之平安。

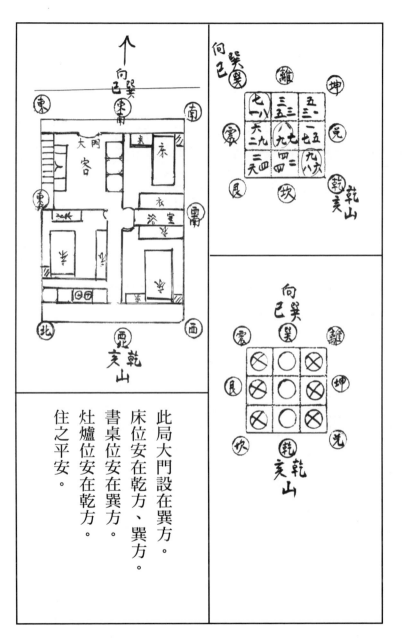

天運九運壬山丙向天心正運（坐北向南）

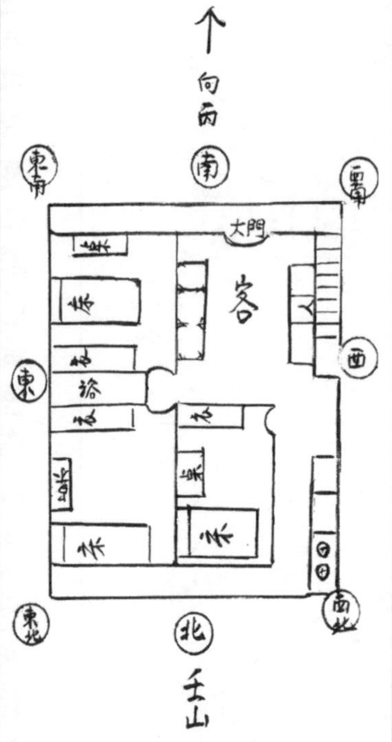

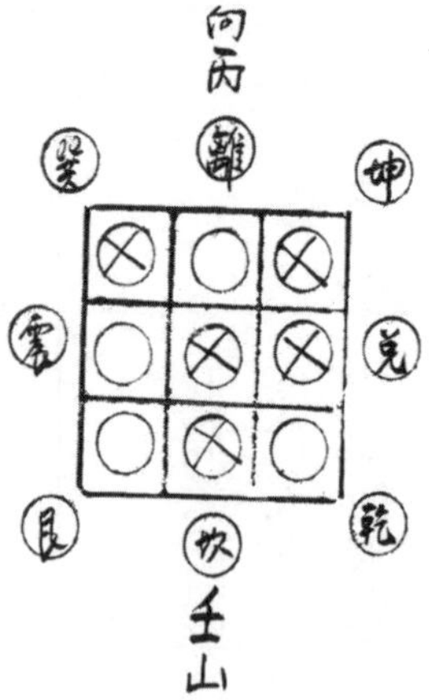

此局大門設在離方。
床位安在艮方、震方。
書桌位安在震方。
灶爐位安在乾方。
住之平安。

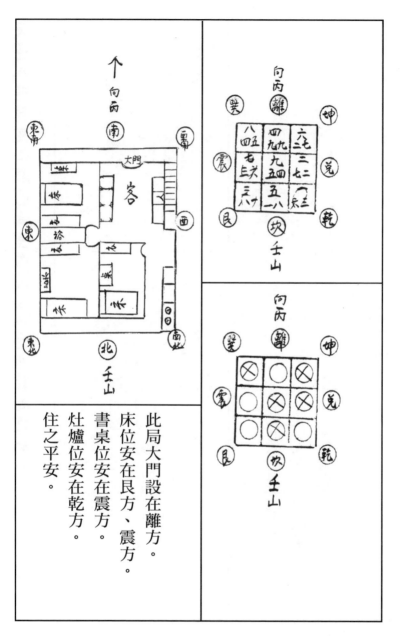

天運九運子癸山午丁向室內佈局（坐北向南）（一般公寓）

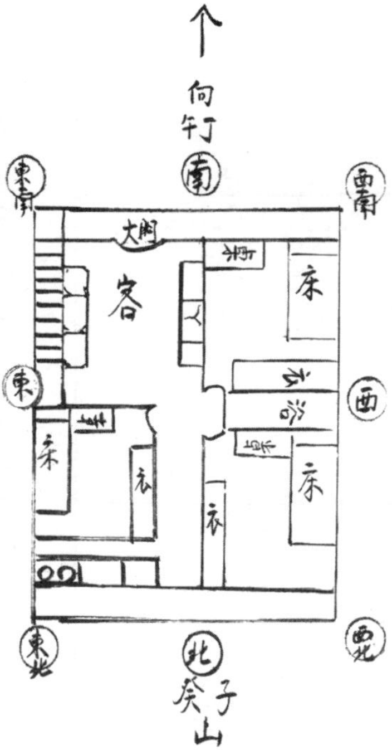

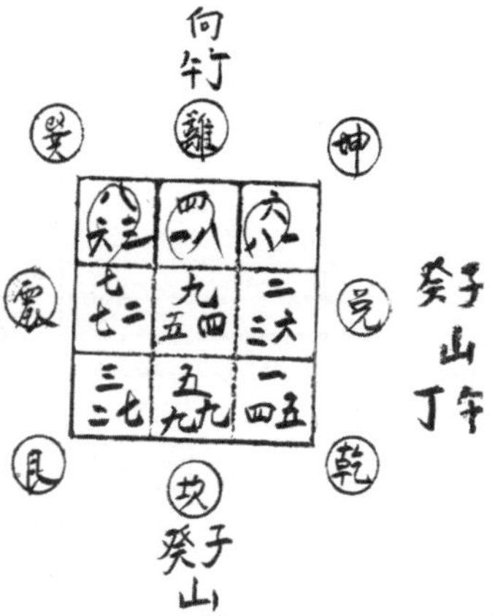

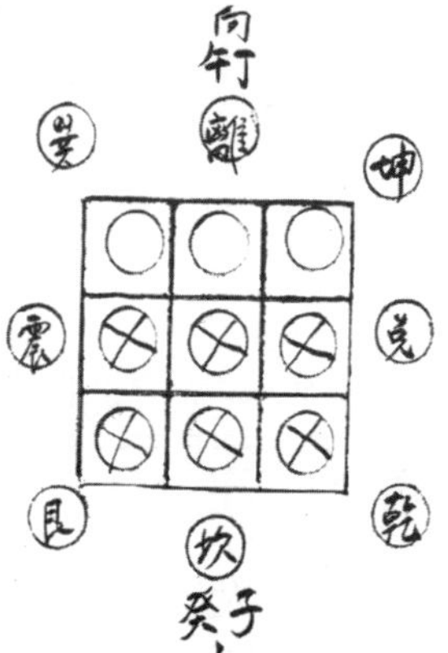

此局大門設在離方。
床位安在坤方、巽方。
書桌位安在離方。
灶爐位安在艮方。
住之平安。

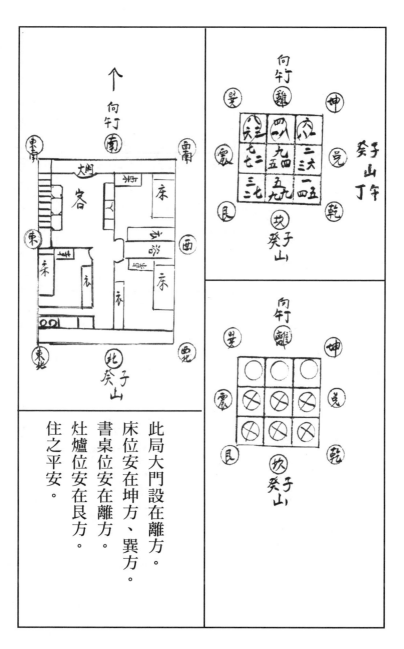

天運九運丑山未向天心正運圖（坐東北向西南）

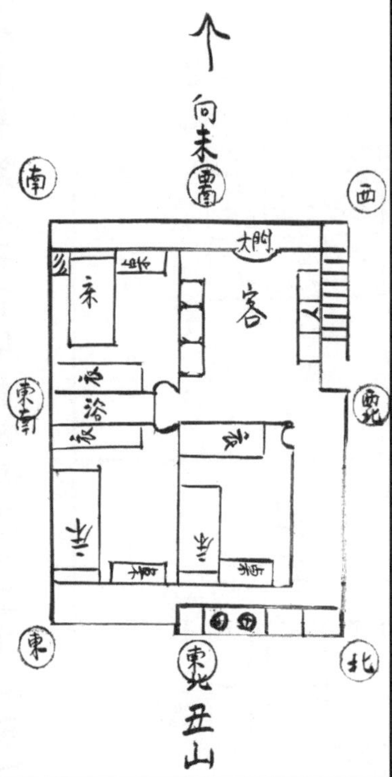

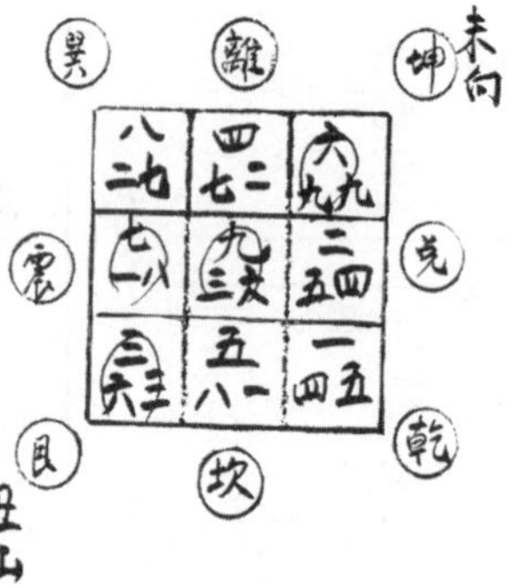

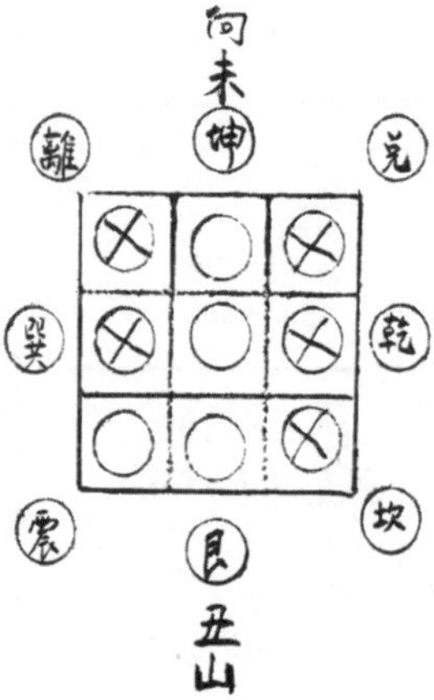

此局大門設在坤方。
床位安在震方、坤方。
書桌位安在坤方。
住之平安。

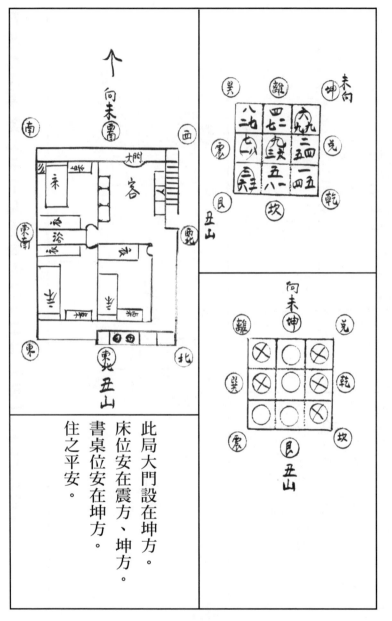

天運九運艮寅山坤申向室內佈局（坐東北向西南）

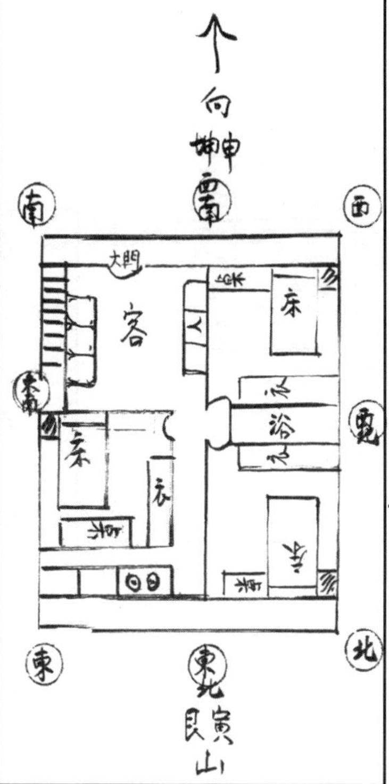

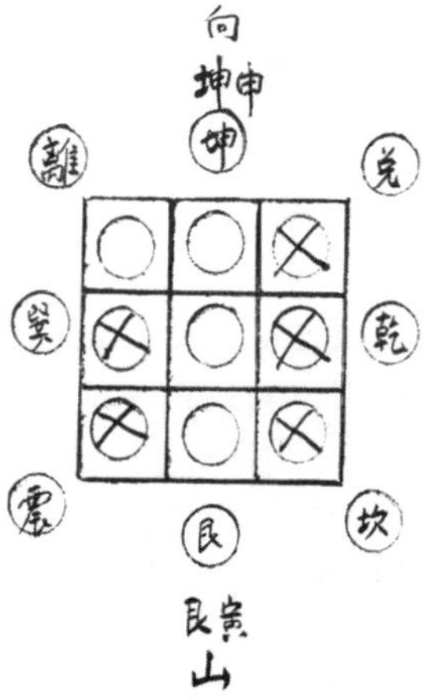

此局大門設在坤方。
床位安在艮方、坤方。
書桌位安在離方。
灶爐位安在艮方。
住之平安。

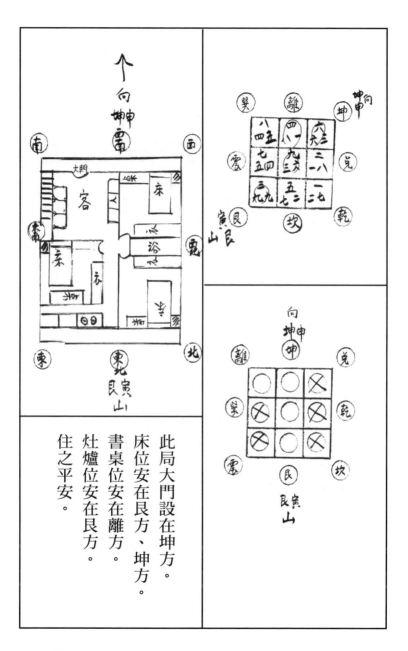

天運九運甲山庚向天心正運圖（坐東向西）

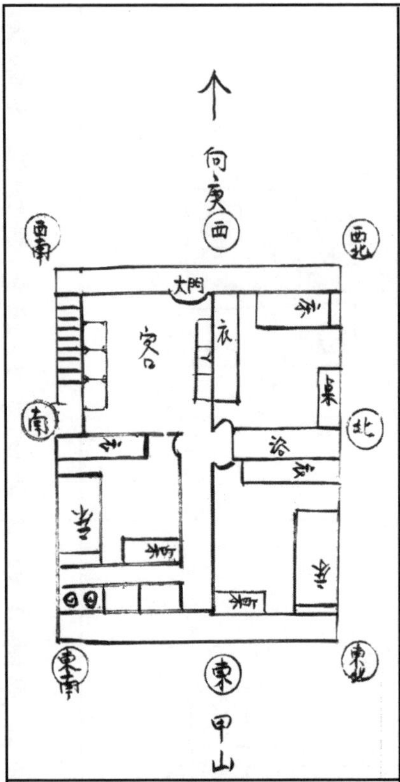

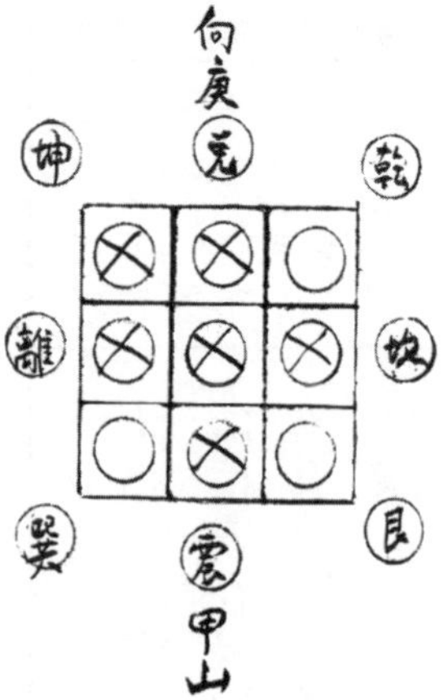

此局大門設在乾方。
床位安在巽方、艮方。
書桌位安在乾方。
灶爐位安在巽方。
住之平安。

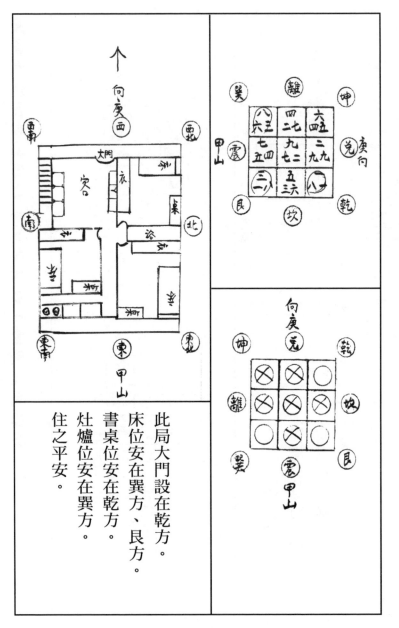

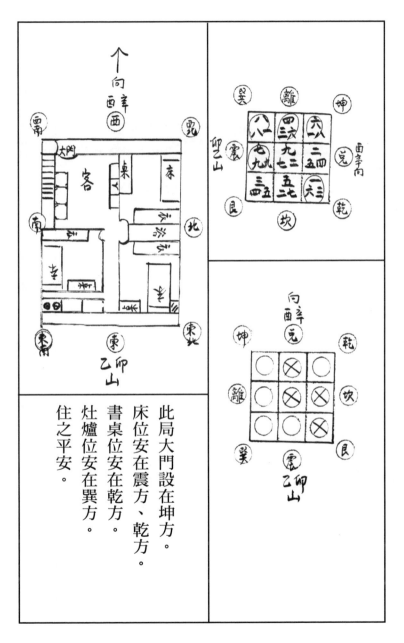

天運九運卯乙山酉辛向室內佈局（坐東向西）

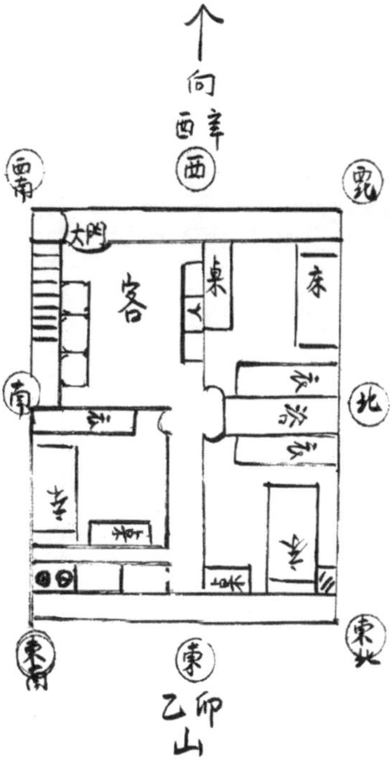

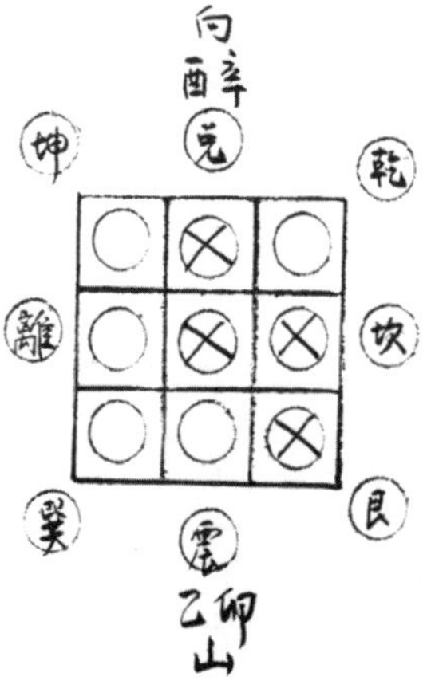

此局大門設在坤方。

床位安在震方、乾方。

書桌位安在乾方。

灶爐位安在巽方。

住之平安。

天運九運辰山戌向天心正運圖（坐東南向西北）

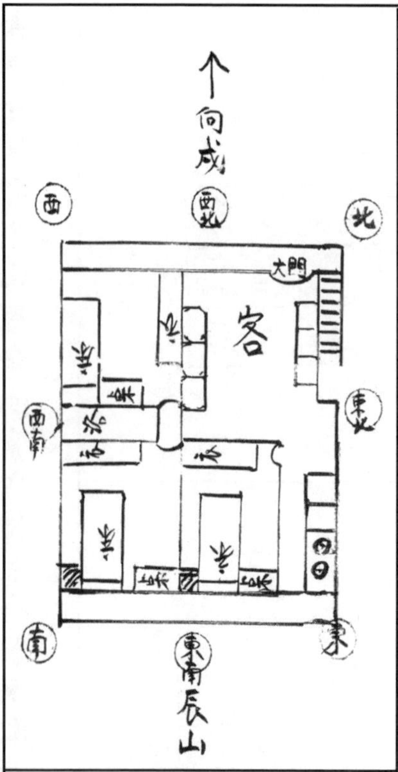

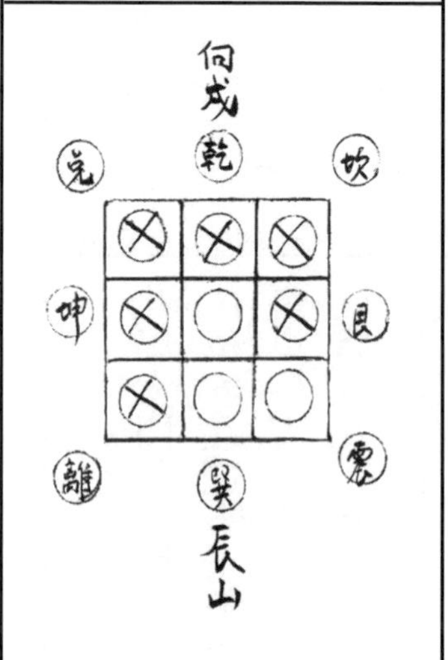

此局大門設在坎方。
床位安在巽方。
書桌位安在震方。
灶爐位安在震方。
住之平安。

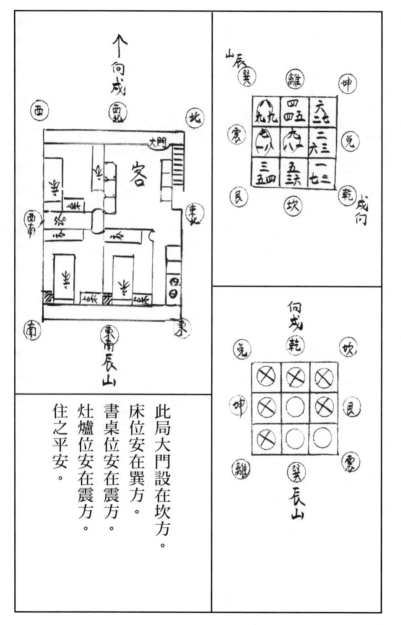

天運九運巽巳山乾亥向室內佈局（坐東南向西北）

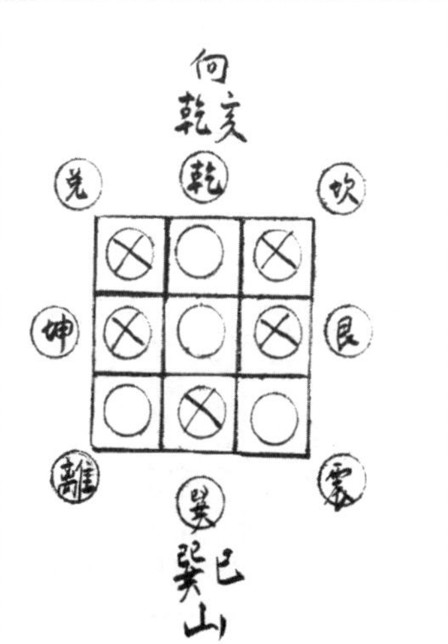

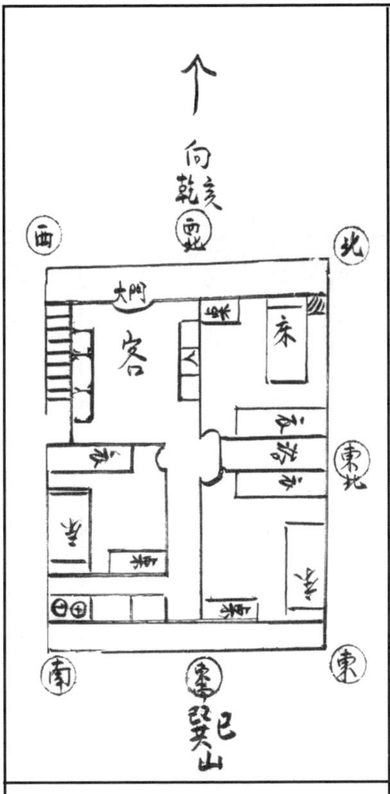

此局大門設在乾方。
床位安在離方。
書桌位安在乾方。
灶爐位安在離方。
住之平安。

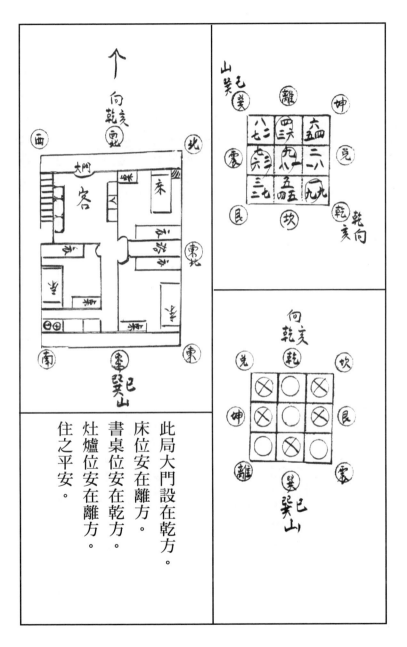

天運九運丙山壬向天心正運圖（坐南向北）

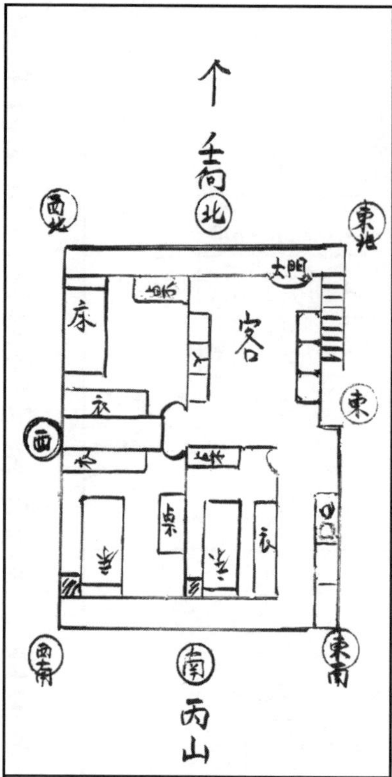

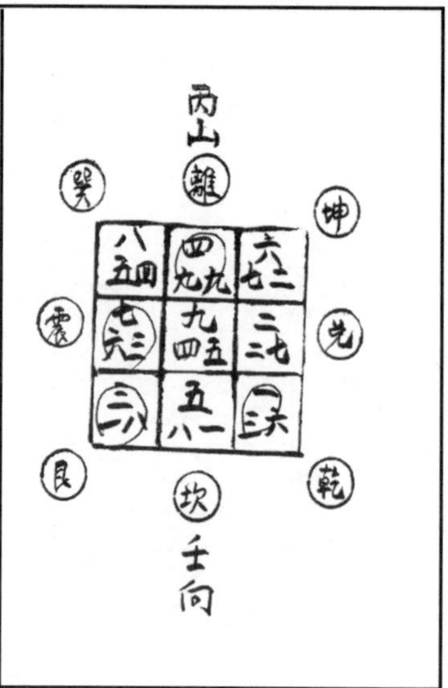

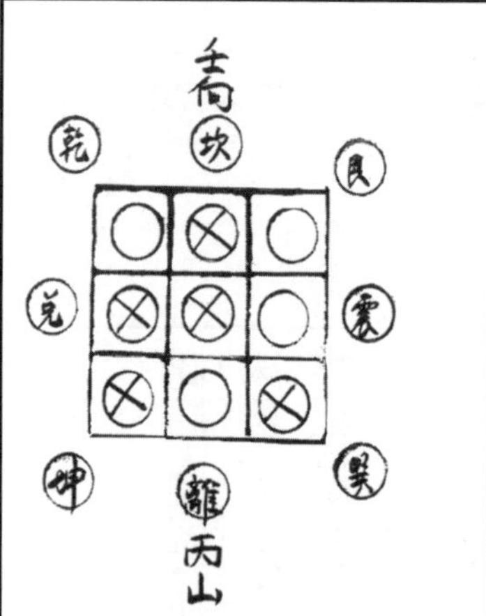

此局大門設在艮方。
床位安在乾芳、離方。
書桌位安在乾方。
灶爐位安在震方。
住之平安。

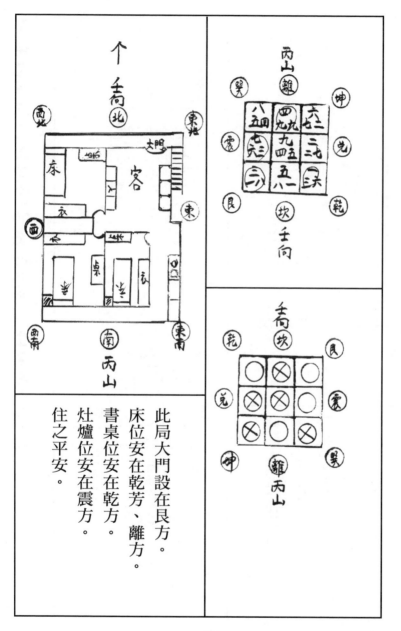

天運九運午丁山子癸向室內佈局（坐南向北）

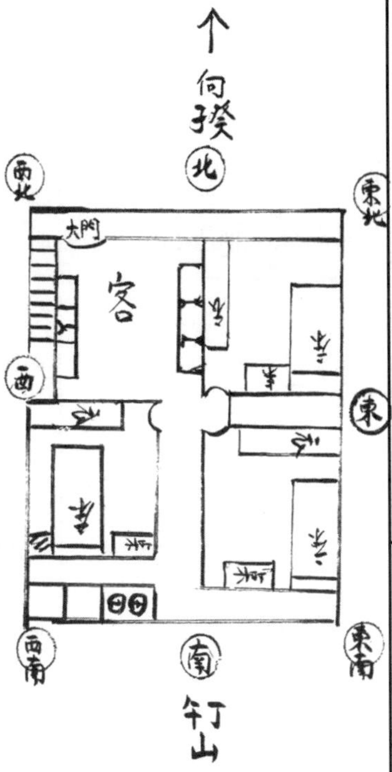

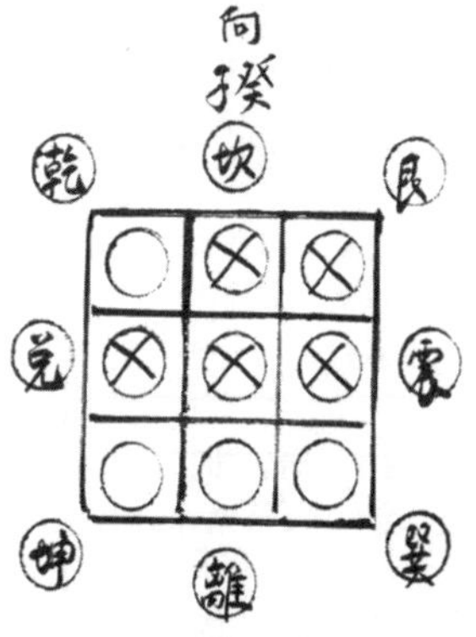

此局大門設在乾方。
床位安在離方、巽方。
書桌位安在坤方。
灶爐位安在離方。
住之平安。

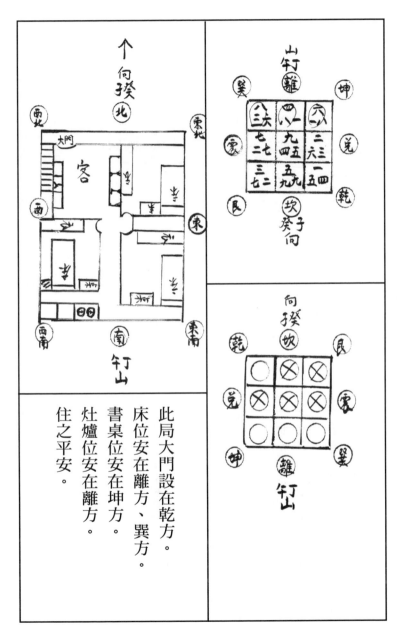

天運九運未山丑向天心正運圖（坐西南向東北）

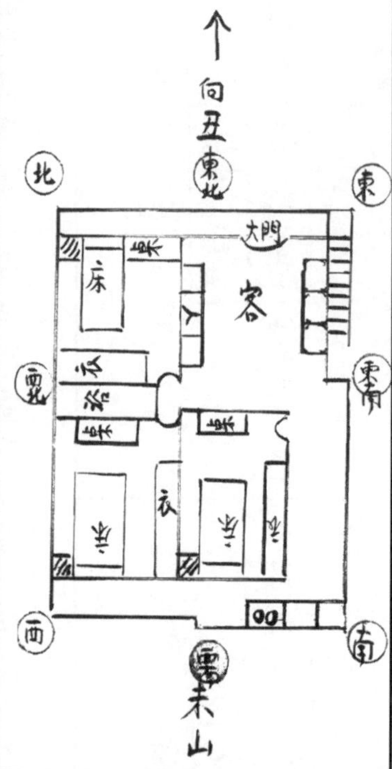

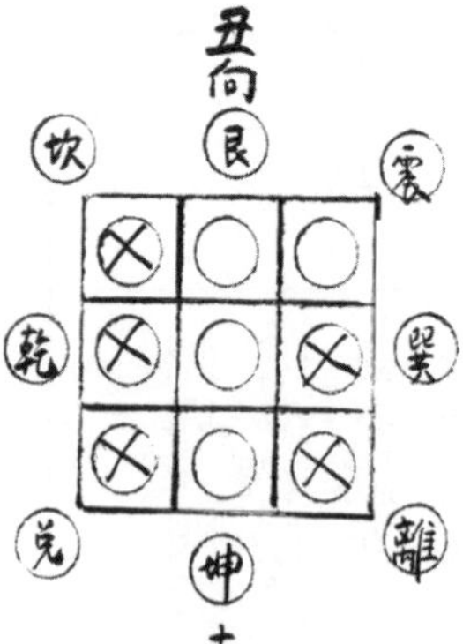

此局大門設在艮方。
床位安在坤方、艮方。
書桌位安在震方。
灶爐位安在坤方。
住之平安。

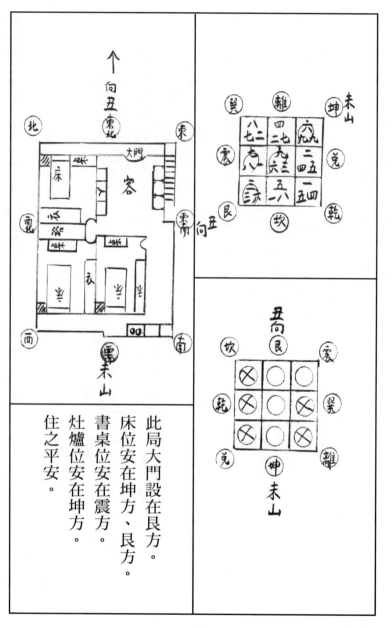

天運九運坤申山艮寅向室內佈局（坐西南向東北）

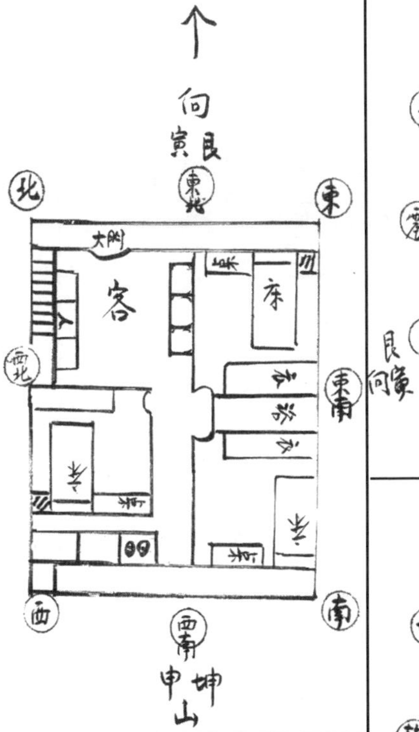

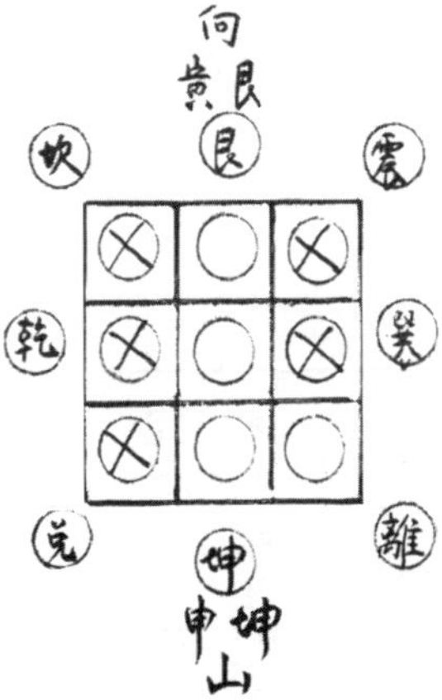

此局大門設在艮方。
床位安在艮方、離方。
書桌位安在離方。
灶爐位安在坤方。
住之平安。

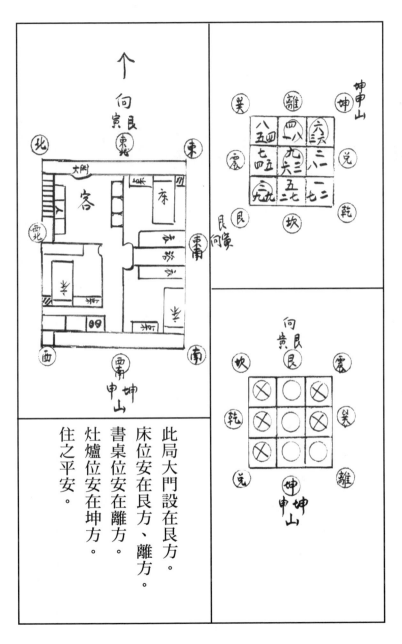

天運九運庚山甲向天心正運圖（坐西向東）

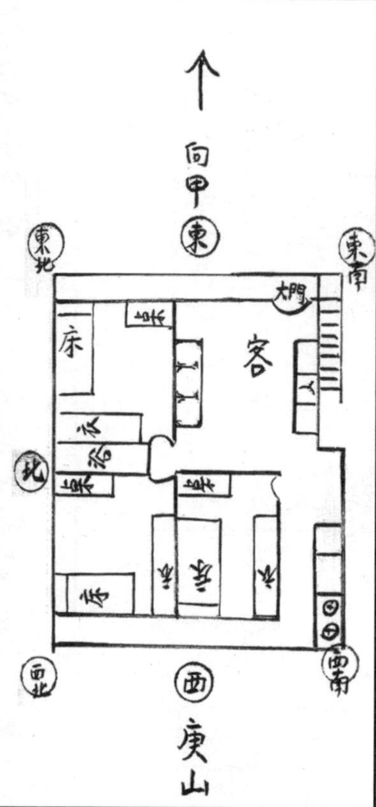

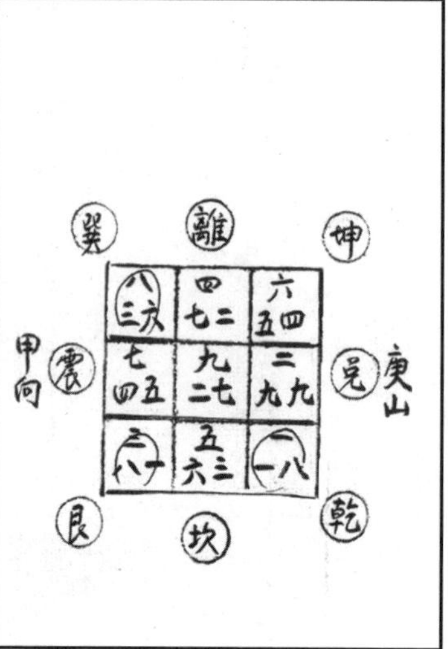

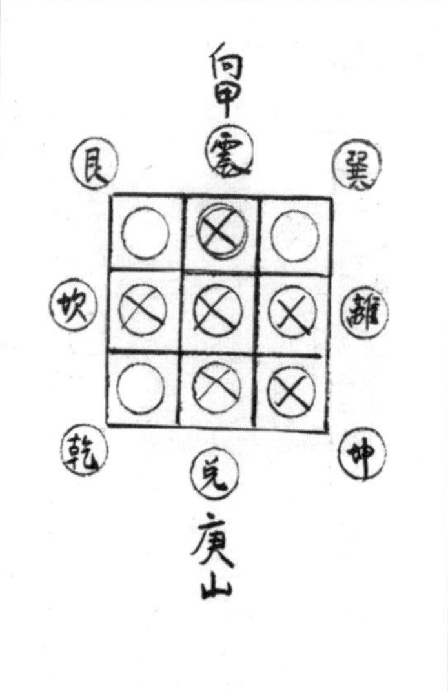

此局大門設在巽方。
床位安在乾方、艮方。
書桌位安在艮方。
灶爐位安在坤方。
住之平安。

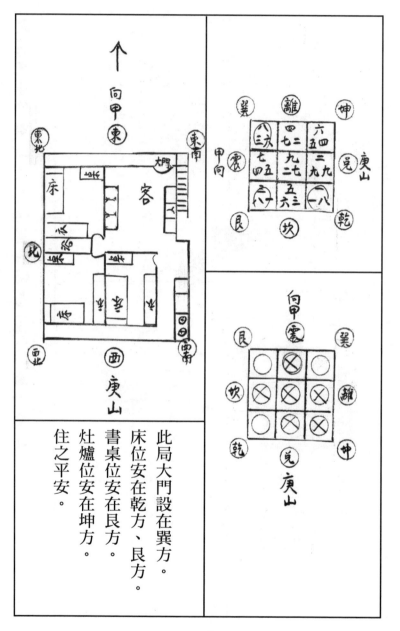

天運九運酉辛山卯乙向室內佈局（坐西向東）

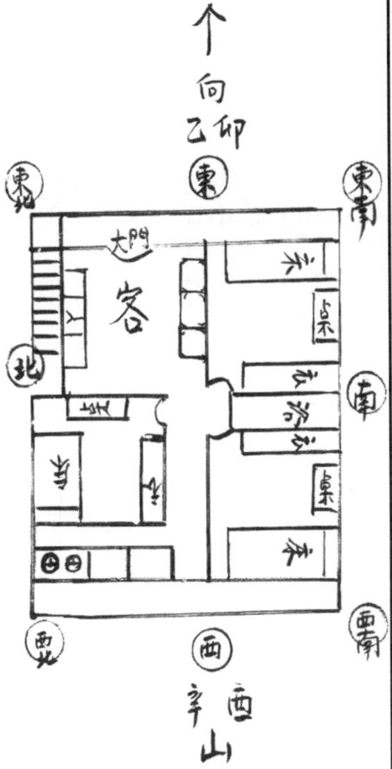

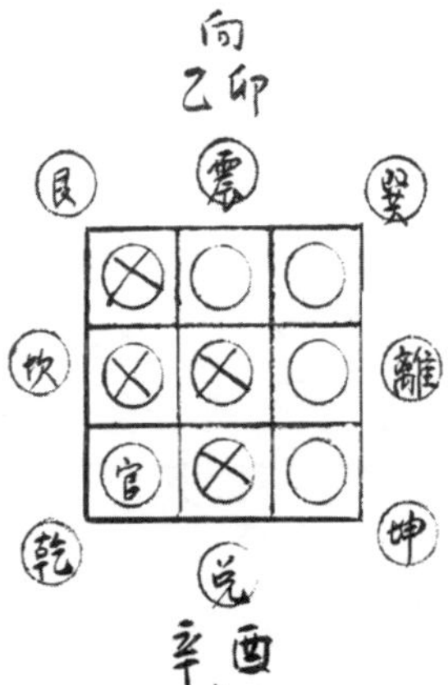

此局大門設在震方。
床位安在乾方、坤方。
書桌位安在坤方。
灶爐位安在乾方。
住之平安。

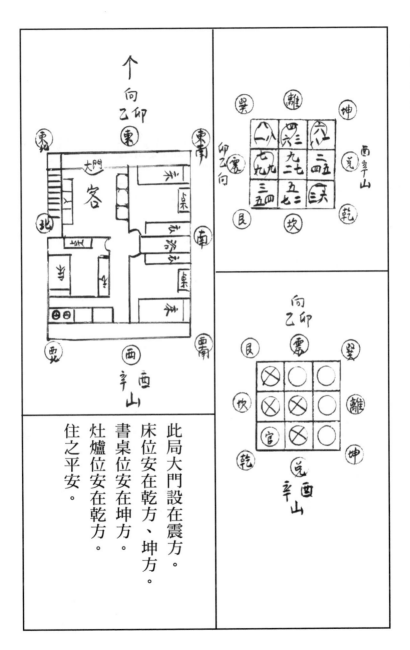

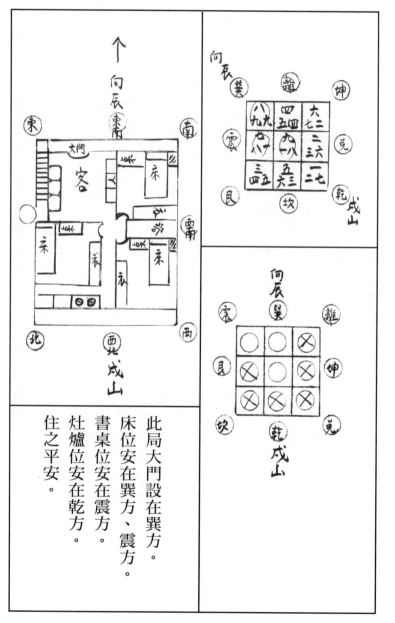

天運九運戌山辰向天心正運圖（坐西北向東南）

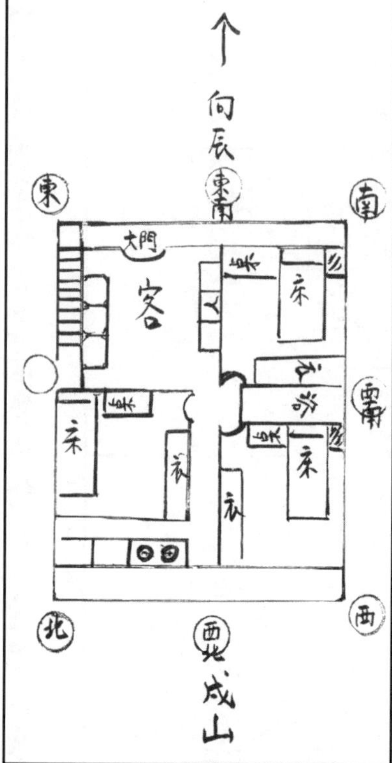

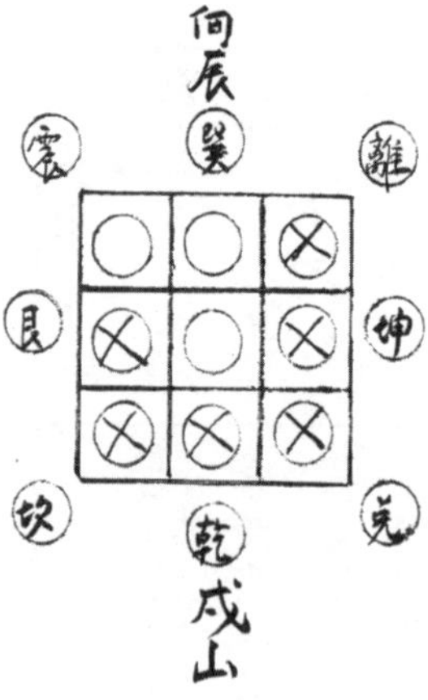

此局大門設在巽方。
床位安在巽方、震方。
書桌位安在震方。
灶爐位安在乾方。
住之平安。

天運九運乾亥山巽巳向室內佈局（坐西北向東南）

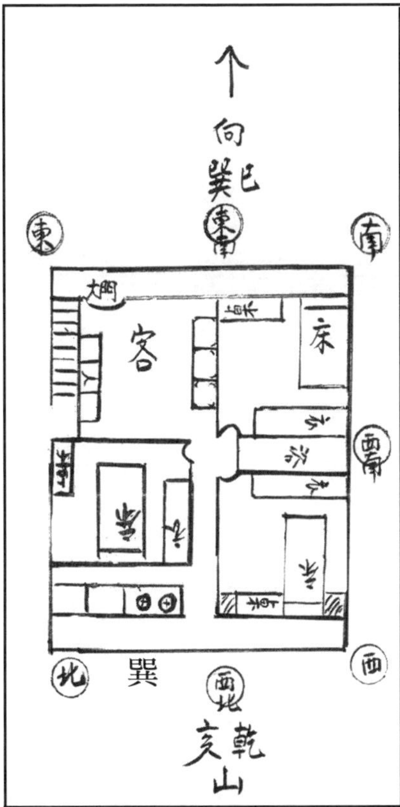

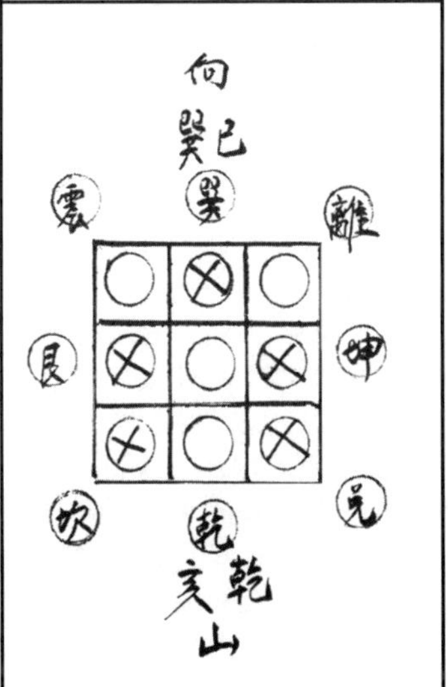

此局大門設在震方。
床位安在乾方、離方。
書桌位安在震方。
灶爐位安在乾方。
住之平安。

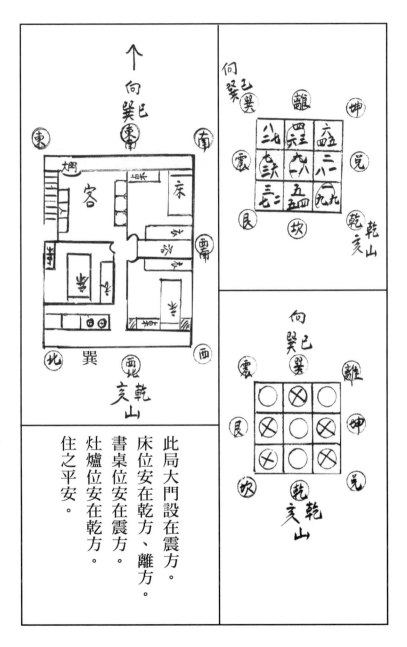

國家圖書館出版品預行編目資料

三元地理陽宅方位學室內佈局 / 彭聖元著.
--初版. -- 臺北市：博客思, 2018.05
面；　公分. --（術理系列；3）
ISBN 978-986-95955-9-9(精裝)
1.相宅
294.1　　　　107005131

術理系列 3

三元地理陽宅方位學室內佈局

作　　者：彭聖元
編　　輯：陳勁宏
美　　編：陳勁宏
封面設計：陳勁宏
出 版 者：博客思出版事業網
發　　行：博客思出版事業網
地　　址：台北市中正區重慶南路 1 段 121 號 8 樓之 14
電　　話：(02)2331-1675 或 (02)2331-1691
傳　　真：(02)2382-6225
E—MAIL：books5w@yahoo.com.tw 或 books5w@gmail.com
網路書店：http://bookstv.com.tw/
http://store.pchome.com.tw/yesbooks/
博客來網路書店、博客思網路書店、三民書局、金石堂書店
總 經 銷：聯合發行股份有限公司
電　　話：(02) 2917-8022　　傳 真：(02) 2915-7212
劃撥戶名：蘭臺出版社　帳號：18995335
香港代理：香港聯合零售有限公司
地　　址：香港新界大蒲汀麗路 36 號中華商務印刷大樓
C&C Building, 36,Ting, Lai, Road, Tai,Po, New,Territories
電　　話：(852)2150-2100　　傳真：(852)2356-0735
經　　銷：廈門外圖集團有限公司
地　　址：廈門市湖里區悦華路 8 號 4 樓
電　　話：86-592-2230177　　傳 真：86-592-5365089
出版日期：2018年5月 初版
定　　價：新臺幣 3500 元整（精裝）
ISBN：978-986-95955-9-9